CHRONIQUES

ET

TRADITIONS SURNATURELLES

DE LA FLANDRE.

Se trouve aussi chez

LECOINTE ET POUGIN, quai des Augustins.

LEVAVASSEUR, au Palais-Royal.

SOUS PRESSE :

CONTES MISANTHROPIQUES, par M. S. Henry Berthoud.
1 vol. in-8, orné d'une jolie vignette. Prix : 7 fr. 50 c.

IMPRIMERIE DE A. BARBIER,
Rue des Marais S. G., n. 17.

CHRONIQUES

ET TRADITIONS SURNATURELLES

DE LA FLANDRE

PAR Mr S. HENRY BERTHOUD.

PUBLIÉES PAR M. CH. LEMESLE.

PARIS

WERDET, ÉDITEUR,

RUE DES GRANDS-AUGUSTINS, N. 21.

V^E CHARLES-BÉCHET,

Quai des Augustins, n. 59.

M DCCC XXXI.

CHRONIQUES

ET

TRADITIONS SURNATURELLES

DE LA FLANDRE.

BEAUDUIN BRAS-DE-FER.

8ſ1.

> Il existe encore, en patois flamand, des chansons pleines d'originalité, et qui doivent remonter à l'époque la plus reculée. Telle est, entre autres, celle de Beauduin Bras-de-Fer.
>
> (LE CARPENTIER, *Histoire de Cambrai.*)

I.

« FLANDRE, à la rescousse! gare au bras de fer! » tel était le cri de guerre du comte Beauduin Bras-de-Fer.

II.

Quand on ouissait tel cri au plus fort de la mêlée, vous pouvez être bien sûrs qu'il s'ouvrait aussitôt un vaste passage; car le trépas était immanquable à qui n'aurait point fui devant la grande épée du comte Beauduin Bras-de-Fer.

III.

Si les guerroyeurs, la nuit, autour d'un grand feu, racontaient les prouesses d'un chevalier; s'ils frappaient sur leur écu en disant : « Notre-Dame lui soit en aide! car nul ne mérite à meilleur droit le nom de preux, » tenez-le pour certain, ils parlaient du comte Beauduin Bras-de-Fer.

IV.

Un jour il se mit à l'entrée de sa tente, fit sonner du clairon et se prit à crier lui-même et à faire répéter par ses hérauts : « Venez tous, venez ouïr votre seigneur et maître, le comte Beauduin Bras-de-Fer. »

V.

« Gens de guerre et féaux compagnons, dit-il, la Flandre est le plus beau comté des comtés. » Tous les soudarts répondirent aussitôt : « Et le plus brave des comtes, c'est le comte Beauduin Bras-de-Fer. »

VI.

« Mes compagnons, reprit-il, laquelle vous semble digne de devenir comtesse de Flandre et d'être mise au lit de votre seigneur et maître, du comte Beauduin Bras-de-Fer? »

VII.

Il se fit un long murmure parmi tous les gens d'armes, et un chacun s'enquérant de son voisin, disait : « Par le salut de mon âme! il n'y en a pas une seule qui soit digne d'être mise au lit du comte de Flandre, Beauduin Bras-de-Fer. »

VIII.

« Si fait, il en est une! s'écria Beauduin. Elle est jeune, elle est belle, elle est féconde ; elle est de si haute lignée, que l'on ne peut demander mieux : elle est embéguinée du chaperon de reine. N'est-ce point là ce qu'il faut au comte Beauduin Bras-de-Fer ? »

IX.

« La fille du roi Charles de France, la veuve du roi Édouard d'Angleterre, madame Judith, qu'un chacun renomme *la belle veuve*, s'en revient d'outremer pour aller auprès de son père. Quatre mille lances l'escortent; elle a dix-huit charriots pleins d'or. Elle passera tout à l'heure auprès de Mons. La voulez-vous pour votre comtesse, pour la femme du comte Beauduin Bras-de-Fer? »

X.

« Si! si! Nous la voulons! » Voilà ce que hurla comme une mer en courroux la voix de l'armée. « Si! si! Nous la voulons, la belle veuve, pour comtesse de Flandre, la belle veuve, pour femme du comte Beauduin Bras-de-Fer. »

XI.

« Or sus, serrez les courroies de vos cuissarts, enfourchez vos destriers, et venez conquester à la pointe de vos lances une comtesse pour la Flandre, une femme pour le comte Beauduin Bras-de-Fer. »

XII.

« Aux armes! aux armes!... » Une heure après, il ne restait plus un homme d'armes des quatre mille lances anglaises. Un chevalier tout couvert de sang ouvrait la litière de madame Judith, la belle veuve d'Angleterre; et il lui disait avec courtoisie : « Noble dame, vous voici venir un époux, le comte de Flandre, le comte Beauduin Bras-de-Fer. »

LA

PARTIE D'ÉCHECS DU DIABLE.

1131.

> Seigneurs et dames qui avez entendu réciter de belles histoires, s'il vous plaît écouter et bien retenir, j'en raconterai une plaisante.
>
> Ainsi, qu'il vous plaise prendre ce petit livre en gré, en corrigeant les fautes, si aucunes y sont trouvées, lequel livre a été nouvellement translaté de vieilles rimes en prose.
>
> (*Histoire de Richard-Sans-Peur*, PROLOGUE.)

Le sire de Clairmarais était à la chasse depuis l'heure de matines. La châtelaine son épouse occupait les loisirs d'une longue soirée d'automne à broder, dans son oratoire, un voile de drap d'or, tissu précieux destiné à l'ornement de la châsse miraculeuse du bienheureux saint Bertin. Ses dames d'atour ouvraient autour d'elle en silence; car leur maîtresse était trop hautaine pour deviser avec des vassales, et même pour leur permettre d'élever la voix devant elle lorsqu'elle ne les en requérait point.

Depuis une heure le vent avait cessé d'apporter au château les derniers sons du couvre-feu tinté au beffroi de Saint-Omer, ville distante d'une demi-lieue environ, quand tout-à-coup on ouït à la poterne du manoir le son du cor. Il y avait dans cette fanfare je ne sais quoi d'étrange et de sauvage qui fit tressaillir la châtelaine et ses femmes. Un page alla s'enquérir de ce que c'était, et il revint apprendre à sa maîtresse qu'un chevalier de haute apparence, et se disant le sire Brudemer, demandait l'hospitalité.

Si quelque pauvre manant, en danger de vie, eût été se lamentant au bord des fossés, la châtelaine n'aurait eu garde de faire abaisser le pont-levis pour lui donner asile dans le manoir; mais il en était tout autrement d'un noble seigneur. Elle donna ordre qu'on l'admît dans le château et qu'on l'introduisît auprès d'elle.

Et puis elle se mit, suivant la coutume, à préparer de ses propres mains l'hypocras que l'on doit offrir à ses hôtes en signe de bienvenue. Elle n'avait point fini de verser le breuvage dans une coupe d'argent, lorsque le sire Brudemer fut amené par le page.

Il s'avança vers la châtelaine avec cette courtoisie avenante et noble qui appartient à un chevalier de haut lignage, et commença par remercier gentillement la dame de l'hospitalité qu'elle lui octroyait.

« Je me suis égaré dans ce domaine, dit-il. Je maudissais naguère encore la fougue de mon destrier qui, me séparant de mes veneurs, m'entraîna parmi des marais et des ravins, au plus fort de ce bois; mais depuis que j'ai l'heur d'être admis en la présence d'une dame aussi merveilleusement belle, je ne compte plus pour rien fatigues, dangers, ni inquiétudes. »

Au premier abord, la voix de l'étranger avait quelque chose d'amer et de rude, que faisait bientôt oublier néanmoins la grâce emmiellée de ses propos.

Les dames d'atour qui, suivant l'usage, s'étaient retirées dans le fond de la salle, de manière à voir ce qui s'y passait sans toutefois entendre les discours que l'on pouvait y tenir, se faisaient tout bas remarquer entre elles la richesse des vêtemens de Brudemer, l'élégance de sa tournure, la régularité de sa physionomie, et l'expression sauvage de son regard de feu. Aussi n'était-il pas étonnant que la châtelaine trouvât un charme inexprimable dans la société de son hôte, elle qui n'avait d'autres compagnes que des vassales sans naissance, et dont les entretiens se bornaient aux longs récits de batailles et de tournois du vieux seigneur son époux, meilleure lance que galant aimable.

Profitant avec habileté de ses avantages, Brudemer ne tarda pas à mêler dans ses discours quelque chose de plus flatteur et de plus tendre que ne le permettaient même les mœurs chevaleresques de l'époque. La châtelaine, ordinairement si dédaigneuse et si fière, subjuguée par un pouvoir inconnu, l'écouta sans colère, puis bientôt avec une émotion toujours croissante.

Se plaçant alors, sans affectation, de manière à cacher la dame de Clairmarais aux regards de ses femmes d'atour, il s'empara d'une main qu'on ne songea pas à lui retirer, et la porta tendrement à ses lèvres; puis son genou pressa tendrement un genou qui tremblait.

Il serait difficile d'exprimer les sensations de la châtelaine : un feu âpre, infernal, circulait douloureusement dans ses veines : il étreignait son front, il faisait haleter sa poitrine. Elle n'éprouvait rien de cette douce langueur, de cette ivresse ineffable, doux et cruels symptômes du mal d'amour : c'était plutôt l'angoisse, la sueur froide et les frissons d'un pécheur qui trépasse; c'était plutôt l'horrible stupéfaction d'un pélerin qui voit s'attacher sur lui le regard mortel d'un basilic.

Dans son trouble, la dame de Clairmarais laissa tomber le voile qu'elle brodait. « Oh! si l'on m'octroyait le don d'une semblable écharpe, dit Brudemer, si la dame dont les belles mains l'ont façonnée me prenait pour son chevalier, que de lances je romprais en l'honneur d'elle, en champclos et dans les batailles! »

Elle la releva avec un mouvement convulsif, et lui dit : « La voilà. »

Brudemer porta l'écharpe à ses lèvres, pour cacher un horrible sourire qu'il ne pouvait réprimer.... Mais il la jeta soudain, avec un frisson de terreur, et comme si elle eût été de feu. Or, le chapelain l'avait examinée, le soir même, après vêpres, et les mains encore humides d'eau bénite.

Mais, remis aussitôt de son émotion, il se rapprocha plus encore de la châtelaine, et baissant la voix :

« J'ai été conduit jusqu'à votre châtel par un vieillard ayant grande hâte de rencontrer le sire de Clairmarais. Il l'attend à la poterne pour lui révéler un secret important, et qui vous concerne. »

La châtelaine pâlit à ces mots.

— « Je me suis informé, continua Brudemer, des motifs qui lui faisaient rechercher votre époux avec tant d'empressement. C'est, m'a-t-il répété, pour lui découvrir un mystère; un mystère qui amènera bien du changement dans le manoir de Clairmarais. »

« La châtelaine m'a fait chasser ignominieusement du château; elle m'a menacé d'un cul-de-basse-fosse si j'y revenais. L'ingrate! je la dépouillerai de ses titres et de ses richesses, dont elle est si orgueilleuse. »

« Comme je ne voulais point ajouter foi à ses menaces, il me raconta que sa femme avait été nourrice de la fille du comte d'Érin; que le nourrisson était mort sans que personne au monde ne le sût, excepté lui; qu'il vous avait mise, vous, sa propre fille, dans le berceau de la jeune comtesse trépassée, et que vous aviez été élevée et mariée comme l'enfant du seigneur d'Érin. Il m'a fourni des preuves nombreuses et irrécusables de sa fraude.

« Une fois ce mystère connu, le sire de Clairmarais ne tardera pas à répudier une vassale, la fille d'un serf ignoble dont il a été dupe. »

La châtelaine se tordit les mains avec désespoir.

— « Écoutez, continua Brudemer en baissant encore davantage la voix, et de manière pourtant que la dame de Clairmarais ne perdît pas une de ses paroles, écoutez : Le vieillard, enveloppé de son manteau, dort au pied de la poterne : ce poignard... venez. »

— « Mon père!... »

— « Non, vous avez raison, répliqua Brudemer avec une froideur ironique. Que sait-on? On daignera peut-être, par pitié, vous admettre parmi les dames d'atour de la nouvelle épouse du sire de Clairmarais. Au pis-aller, vous ne serez que rasée, enfermée dans un couvent... »

La châtelaine se leva brusquement, fit un geste à ses femmes pour leur défendre de la suivre, et donnant la main à Brudemer, tous deux prirent le chemin de la poterne.

Après avoir chassé toute la journée, le sire de Clairmarais revenait où il lui tardait de se trouver, près d'un foyer bien chaud, à côté de la belle châtelaine son épouse.

Il avait tant de hâte d'arriver, qu'il précédait de quelques pas ses veneurs, quand tout à coup voilà son cheval qui refuse d'avancer, qui se cabre, et qui donne tous les signes d'un grand effroi. Force est au vieux seigneur de mettre pied à terre.... Oh! quelle est sa surprise et son chagrin! le père nourricier de son épouse est là, étendu sans mouvement, et une large blessure à la poitrine.

On s'empresse autour de lui, et les secours qu'on lui prodigue ne restent pas inutiles. Le voilà qui entr'ouvre les yeux. Il se soulève avec effort, et, se penchant vers l'oreille du sire de Clairmarais, il y murmure d'une voix défaillante quelques paroles qui font tressaillir d'horreur le châtelain; puis il retombe, et expire.

Le vieux seigneur, sans proférer un seul mot, marche droit à l'oratoire, où se trouvait son épouse. Le front couvert d'une pâleur mortelle, elle était assise devant une table étroite; et, pour déguiser son trouble affreux, elle feignait de jouer aux échecs avec Brudemer.

Celui-ci, à la vue du sire de Clairmarais, partit d'un horrible éclat de rire. La châtelaine partagea cette exécrable hilarité, et il fallait bien souffrir pour rire ainsi.

Alors le sire de Clairmarais ne douta plus de ses malheurs; car jusque-là il n'avait pu croire aux crimes dont le vieillard mourant avait accusé la châtelaine. « Satan! s'écria-t-il, au comble de l'indignation et du désespoir, Satan! je t'abandonne la parricide, l'épouse adultère, et le château qu'elle a souillé de sa présence. »

— « J'accepte, » dit Brudemer; et en même temps une couronne de feu jaillit autour de sa tête, et il étendit sur les blanches épaules de la châtelaine deux terribles mains armées tout à coup des griffes infernales.

Il y avait plus de deux cents ans que le sire de Clairmarais était mort en odeur de sainteté, dans l'abbaye de Saint-Bertin, lorsqu'un soir, un religieux de l'ordre de Saint-Benoist s'informa d'un bourgeois de Saint-Omer quel était le manoir dont on voyait s'élever les tours au milieu d'un bois entouré de marais immenses.

— « Que Notre-Dame et les saints vous soient en aide! répondit le bourgeois en se signant avec dévotion : c'est le château de Clairmarais, endroit maudit, hanté par le démon. Chaque nuit, il est éclairé par une lueur soudaine; chaque nuit, le diable et je ne sais combien de revenans s'y rendent dans leurs charriots de feu. »

« S'il faut en croire les anciens du pays, le démon qui habite ce château a nom Brudemer, et force les insensés qui pénètrent dans sa demeure à jouer aux échecs leur âme, en échange de la propriété du domaine et de tous les trésors qu'il renferme. Vous sentez bien que nul, jusqu'à présent, n'a su gagner le diable, et que nul par conséquent n'est revenu de Clairmarais. »

Le moine écouta le bourgeois en silence, et puis, après avoir réfléchi quelques instans, il marcha d'un pas ferme vers le manoir diabolique.

Il y pénétra sans obstacle, et alla s'établir dans un oratoire meublé richement, et au milieu duquel se trouvait une table étroite sur laquelle étaient posés un damier et toutes les pièces du jeu d'échecs.

Tandis que le moine examinait ces objets que l'obscurité commençait à ne plus rendre très-distincts, une lumière vive se répandit tout à coup dans l'oratoire, et le religieux fut au même instant entouré d'une foule de varlets, de pages et de dames d'atour vêtus à l'antique. Tous s'acquittèrent en silence des devoirs de leur charge, sans qu'on entendît le bruit de leurs pas, et, chose merveilleuse, sans que leurs corps produisissent une ombre lorsqu'ils passaient devant la lumière.

Peu après s'avança lentement un seigneur richement vêtu, qui portait sur son pourpoint blasonné, en guise d'armoiries, un écu aux deux fourches de sable, avec cette devise : *Brudemer.* Sur son bras s'appuyait une femme, jeune encore, et dont la belle physionomie était couverte d'une pâleur de cadavre; et puis suivaient huit pages courbés sous le poids de quatre lourds coffrets remplis d'or.

Brudemer se mit près de l'échiquier, et fit signe au moine de s'asseoir devant lui. Le moine obéit, et tous deux commencèrent à jouer sans proférer un seul mot.

Par une combinaison savante le moine croyait

avoir fait mât son adversaire, quand la dame pâle, qui était restée debout derrière Brudemer et appuyée sur le dossier de son grand fauteuil, se pencha vers lui, et du doigt lui montra un pion. Alors la partie changea de face, et ce fut le moine qui se trouva en danger d'être mât.

Ce coup joué, Brudemer et la dame se mirent à rire aux éclats, et tous ceux qui se trouvaient dans l'oratoire se groupèrent autour des joueurs, et prirent part à cet effroyable accès de gaîté que ne sauraient faire comprendre des paroles humaines.

Le religieux commença à se repentir de sa témérité. Une sueur de glace ruisselait sur son front, et il aurait donné tout au monde pour se trouver à cette heure dans son couvent. Néanmoins, il ne désespéra pas de la bonté divine, et il se mit à intercéder mentalement son bienheureux patron saint Benoist; car un miracle seul pouvait le tirer de ce pas dangereux. Tout à coup, et par une inspiration céleste, il s'aperçut qu'une combinaison nouvelle pouvait encore lui faire gagner la partie, et il allait faire avancer le pion qui la lui assurait, quand les éclats de rire qui retentissaient autour de lui se changèrent en hurlemens effroyables; puis il n'entendit et ne vit plus rien.

Le moine, après avoir passé toute la nuit en

oraison, vit enfin renaître le jour avec une joie que l'on se figure aisément. Il trouva, à la place occupée la veille par la dame si pâle, un squelette couvert des lambeaux de riches vêtemens de femme.

Resté possesseur du château et des trésors qu'il renfermait, le religieux fit de cet endroit maudit un monastère dont il fut nommé le supérieur. Il ne reste plus aujourd'hui que de faibles vestiges de ce cloître, détruit à l'époque de la révolution.

Telle est la légende de la partie d'échecs du diable.

Combien je regrette de n'avoir pu la raconter dans le patois naïf et avec l'expression de crédulité de la bonne vieille femme qui me l'a dite, un soir d'automne, dans une pauvre chaumière éclairée par une seule lampe et le feu rouge de l'âtre, tandis que la pluie tombait par torrens, et que le vent s'engouffrait en mugissant dans le bois immense de Clairmarais !

LA

DAME AUX FROIDS BAISERS.

1183.

Vers l'an 1187, Godescalque, abbé de Vaucelles, s'estant lassé de sa charge et voulant mieux s'enfoncer dans la contemplation du ciel, la résigna à Jean, laquelle il fut obligé de luy remettre deux ans après, parce qu'il ne se sentoit assez fort, ny assez rigoureux pour remédier aux débauches, mutineries et confusion déplorables de ses religieux.

(Le Carpentier, *Histoire de Cambrai*, tome 1er. Abbaye de Vaucelles.)

A mes transports, elle a cédé mourante,
Et son bonheur ne fut qu'un long soupir.

(F. Delacroix. *Le Rapt*, poème.)

La vallée de l'Escaut est un des sites les plus pittoresques de la Flandre. Il n'est point un voyageur qui ne s'en émerveille et qui ne demande : Quel est ce vaste bâtiment dont le triple corps, diapré de fenêtres, s'élève parmi des étangs, des prairies et des bois ?

A présent c'est une fabrique ; jadis c'était l'abbaye de Vaucelles.

Jadis les bois qui couronnent l'immense vallon s'étendaient bien plus loin qu'ils ne s'étendent aujourd'hui. Jadis de nombreuses allées, ménagées avec un art extrême, ne laissaient point perdre aux moines un seul des points de vue dont on s'ébahit de toute part.

Des troupeaux, propriété de l'abbaye, couvraient ces plaines de verdure, à travers lesquelles s'alonge l'Escaut dont la source est voisine de Vaucelles. Les eaux vierges du fleuve, encore ruisseau, alimentaient les étangs que vous voyez. A tout moment se berçaient sur leur surface tranquille des nacelles surmontées de dais, et sur les coussins desquelles les moines, mollement étendus, goûtaient le plaisir de la pêche et les délices de la fraîcheur.

L'abbaye de Vaucelles offrait la réalité des retraites que rêve l'imagination d'un épicurien, des retraites comme on voudrait en posséder une, pour y mener, loin des inquiétudes et des fatigues du monde, une vie insoucieuse, de bien-être et de paresse.

Le costume des moines était d'étoffe blanche, fine, soyeuse, et toujours d'une propreté exquise; leurs cheveux, légèrement bouclés derrière la tête, retombaient sur un scapulaire noir, et l'élégance de leur chaussure recherchée était passée en proverbe.

Sous l'épiscopat de Maximilien de Berghes, et vers l'année 1569, un homme caché soigneusement dans les plis d'un grand manteau, errait la nuit autour de l'abbaye de Vaucelles, et s'avançait avec précaution, en marchant contre le mur, et de manière à n'être point vu. Il tourna ainsi le bâtiment, et, parvenu sous le dortoir, il toussa à mi-voix. Soudain une échelle de corde tomba de la fenêtre, où elle resta attachée par une extrémité. L'inconnu monta légèrement, et fut reçu par deux moines à demi-nus. Le jeune homme, dont les vêtemens offraient un mélange du costume religieux et du costume séculier, se mit à leur raconter, à voix basse, je ne sais quelle aventure où il se mêlait souvent un nom de femme; après quoi, ils se séparèrent et s'en furent reposer chacun dans leur cellule.

Le jeune moine, car c'était un religieux de Vaucelles, se retira comme les autres et alla se jeter haletant sur sa couche. Mais agité par des souvenirs qu'il ne pouvait chasser, il essaya inutilement de dormir: en vain se leva-t-il pour s'inonder le front d'une eau fraîche; en vain ouvrit-il la fenêtre de sa cellule pour respirer un air moins lourd : rien ne put le réconcilier avec le sommeil.

Allumant alors une lampe qu'il approcha de sa couche, il prit un gros manuscrit dont les feuilles de parchemin étaient surchargées d'ornemens dorés et aux couleurs les plus vives. Il lut au hasard, à l'endroit où le livre s'ouvrit, et tomba sur les pages qui racontaient la fondation de Vaucelles.

« Lecteurs chrétiens, il vous faut lire attentive-
» ment et méditer ce véridique récit, si vous vou-
» lez savoir quand et comment, monseigneur
» Hugues d'Oisy, seigneur de Crèvecœur, et vi-
» comte de Cambrai, après avoir contesté avec
» son évêque comme ses ancêtres, après n'avoir
» rien eu que son intérêt en recommandation,
» après avoir mesuré le juste et l'injuste par leur
» utilité, et cru la bonne conscience importune à
» ses desseins, fut ému tout à coup de componc-
» tion et d'horreur pour ses crimes. Vous y verrez
» après cela de quelle façon il fit marcher la
» gloire et l'avancement de la Maison de Dieu à
» la tête de toutes ses actions, et prit un soin si
» tendre de toutes les églises et hopitaux du Cam-
» bresis et des environs, qu'il y est révéré par-
» tout, ou comme bienfaiteur ou comme fonda-
» teur.

» Mais il vous faut savoir que monseigneur » Hugues d'Oisy possédait, au lieu où s'élève à » présent l'abbaye de Vaucelles, un château-fort » avec quatre tours crénelées et gardées par des » gens-d'armes aussi mécréans et durs que l'était » en ce temps leur seigneur.

» Le plus mauvais d'entre eux tous était, sans » contredit, un vieil écuyer que l'on ne pouvait » regarder sans frayeur. Il y avait dans ses petits » yeux brillans une expression méchante et lubri- » que; et à voir la couleur brûlée de son cuir, on » aurait cru qu'il était un démon échappé du feu » d'enfer, ou bien un maléficier que le bourreau » avait laissé fuir du bûcher. Ce vilain homme » prétendait avoir combattu en Terre-Sainte, et » pris son teint hâlé sous le ciel brûlant où trépassa » notre seigneur Jésus-Christ pour le salut des » hommes.

» Mais si son corps avait porté les armes pour » une sainte cause, il n'en était point revenu de » profit à son âme, car le vieux Pecquigny (ainsi » le nommait-on) accoutrait laidement de blas- » phêmes et injures tous les saints du paradis, » sans en excepter (notre seigneur m'octroie par- » don de redire de telles choses!), sans en excepter » elle-même la très-sainte Vierge-Marie, mère du » sauveur des hommes, et source pure et imma- » culée de tous mérites et de tous biens.

» Pecquigny, malgré tant de mauvaises habi-
» tudes, parmi lesquelles ont été omises buverie jus-
» qu'à l'ivresse, pillerie sans frein et colère et re-
» buffades, avait pu trouver moyen pourtant d'être
» en grande faveur près de son jeune maître, Hu-
» gues d'Oisy. Il est vrai qu'il employait l'expé-
» rience de sa vieillesse et les ruses de son inven-
» tif esprit à servir les passions fougueuses du
» jeune sire; et puis, il excellait à dompter un des-
» trier, lui suffisant de murmurer quelques pa-
» roles, ou seulement de jeter un regard, pour ren-
» dre doux, ainsi que timide agnelet, le cheval le
» plus intraitable.

» Or, monseigneur Hugues d'Oisy ne mettait
» rien au-dessus du plaisir de chevaucher sur un
» beau palefroi ou d'étreindre une gente bache-
» lette; et avec Pecquigny et ses conseils cauteleux
» et déloyaux, onc il ne se trouvait pour sire
» Hugues plus de fillettes rétives que de des-
» triers.

» Il advint qu'un jour sire Hugues rencontra
» une jeune fille, laquelle venait de la châtellenie
» d'Espienne, pour aller accomplir en un couvent
» de Cambrai le dessein pieux que le ciel lui avait
» donné d'entrer au cloître et d'y finir sa vie dans
» la voie du salut, en perpétuelles oraisons. Forte
» de sa benoite résolution, elle marchait seule,

» son chapelet à la main, et ayant pris par avance
» le voile et l'accoutrement d'une béguine.

» Monseigneur Hugues d'Oisy se déchaperonna,
» par habitude plutôt que par esprit de dévotion,
» à la rencontre de la béate fille. Ce voyant, Pec-
» quigny éclata de rire, et si fort qu'il faillit en
» tomber de cheval. Par le diable d'enfer! s'écria-
» t-il, par sa fourche et sa queue! il m'est avis que
» vous revêtirez tantôt, mon jeune maître, un froc
» et une capuche; et qu'au lieu de ressentir sur
» votre cuirasse le tranchant d'une épée, vous
» fouaillerez vos épaules nues des cordelettes d'une
» discipline... Prou de moi! pour laisser passer la
» fillette, vous vous tenez chaperon bas, comme
» si elle était un saint ciboire! je lui ferai un autre
» compliment, moi.

» Et, se mettant en course, il courut après la
» jeune fille, et l'amena devant son seigneur.

» Elle raconta naïvement pour quelles raisons
» elle se rendait en la ville de Cambrai, et mon-
» seigneur Hugues d'Oisy ne se sentait point d'aise
» en ouïssant voix tant douce, propos tant sim-
» plets, et en voyant grands yeux noirs tant
» pleins de volupté et de langueur.

» Il soupira; et crainte de mauvaises pensées,
» enjoignit à la jeune fille de reprendre son che-
» min.

» Elle obéissait déjà quand elle s'ouït rappe-
» ler par Pecquigny.

» Hola! eh! criait-il, ne vous aventurez point à
» cette heure: la route est dangereuse, et les lar-
» rons et les ribauds pourraient vous faire mal ad-
» venir. Vous le voyez, nous sommes gens dévo-
» tieux, et qui se déchaperonnent devant un voile
» de béate, ajouta-t-il en jetant à Hugues un regard
» moqueur. Venez au châtel que voici tout près:
» vous y passerez la nuit commodément et sans
» nulle départie; et demain, s'il vous agrée encore,
» vous continuerez votre route.

» La jeune fille suivit ce perfide conseil.

» Seigneur, Dieu de miséricorde! Sainte-Vierge,
» modèle de pureté! qu'est-il advenu au châtel
» durant la nuit? Des plaintes de femmes, des gé-
» missemens, des cris à l'aide furent ouïs jusqu'à
» devers minuit; et le lendemain on enterra un
» cercueil, sans que le prêtre, après l'offrande,
» nommât, ainsi qu'il est d'usage, le trépassé pour
» lequel il fallait dire des prières.

» Une année après cette triste aventure, mon-
» seigneur Hugues d'Oisy épousa en légitime ma-
» riage Heldiarde de Beaudour. La noce se fit au
» châtel de Vaucelles; et le moment où, après la
» bénédiction du lit nuptial, les époux restèrent
» seuls, arriva enfin; mais bien lentement au gré
» de Hugues d'Oisy.

» Demeuré avec son épouse, il s'avança en toute » hâte vers la couche, où reposait la belle Heldiarde; mais à peine s'y trouva-t-il, que des bras » glacés l'étreignirent? qu'une poitrine glacée reposa sur sa poitrine, que des lèvres glacées donnèrent un baiser à ses lèvres.

» Et puis, l'appartement s'éclaira faiblement » d'une lueur douteuse, et il vit un pâle cadavre » de femme qui lui prodiguait des caresses, écartant d'une main Heldiarde qui mourait de » frayeur, et n'interrompant ses froids baisers » que pour répéter : Hugues, c'est de moi que tu » es l'époux. J'ai perdu pour toi ma chasteté, j'ai » perdu pour toi mon divin époux Jésus-Christ; » j'ai perdu pour toi le salut de mon âme : tu » m'appartiens; je suis ton épouse.

» La fiancée funèbre ne disparut qu'au point du » jour.

» Et elle revint le lendemain, et elle revint le » jour suivant, et elle revint chaque nuit, avec ses » caresses froides, ses étreintes raides, et ses horribles paroles d'amour.

» Et ce fut en vain que Hugues partit avec Heldiarde pour son château de Crèvecœur : la dame » aux froids baisers le suivit partout, et chaque » fois qu'il jetait un regard sur sa femme, chaque » fois qu'il lui tendait la main, le spectre venait se

» tenir entre eux deux, et répétait : C'est de moi, » de moi seule que Hugues est l'époux.

» Hugues et Heldiarde en seraient morts tous » les deux, si le bienheureux abbé de Clairvaux, » saint Bernard, ne fût advenu en Cambresis.

» Il ouït parler de l'effroyable merveille qui » vient d'être racontée, et il n'eut pas de peine à » reconnaître que, pour un châtiment si grand, il » devait y avoir un crime plus grand encore.

» Voulant ramener la paix dans le châtel de » Vaucelles, et bannir à tout jamais le démon des » lieux qu'il désolait, saint Bernard vint trouver » monseigneur Hugues d'Oisy, et le trouva dans » un état à faire pitié au plus dur.

» Il est un moyen, dit l'homme de Dieu, il est » un moyen de faire cesser les persécutions du ma- » lin esprit : consacrez-vous à la sainte vie monas- » tique, foulez aux pieds les vanités du monde, » revêtez la robe du solitaire. Le cloître et ses » pieuses austérités guérissent l'âme de ses habi- » tudes criminelles, purifient la conscience de ses » iniquités, élèvent un rempart entre le fidèle et » le tentateur, consolent des peines les plus pro- » fondes, et ouvrent le chemin de la vie éternelle.

» Imitez Jésus-Christ, notre sauveur, continua- » t-il en redoublant d'énergie. Il a passé quarante » ans sur la terre dans la chasteté et la conti- » nence; son bonheur était la solitude, la médi-

» tation et la prière. Embrassez la vie du cloître, » pécheurs misérables tout couverts d'iniquités, » et bénissez le Très-Haut qui dans sa miséricorde » vous octroie, à vous indignes et faibles mor- » tels, d'imiter un Dieu, un Dieu immense, tout- » puissant, et qui est mort pour votre salut.

» Je vous le dis et je vous le répète : hors du » cloître point de paradis. N'est-il pas écrit au li- » vre des évangiles qu'un chameau passerait plu- » tôt par le trou d'une aiguille, qu'un puissant » n'entrerait au royaume des cieux? Embrassez » donc la vie du cloître; faites pénitence, et le » royaume des cieux vous adviendra, et Satan » tombera vaincu, et le serpent aura la tête » écrasée.

» Heldiarde poussa un profond gémissement, » car elle ne pouvait consentir à renoncer à l'a- » mour de Hugues. A ce gémissement son époux » sentit son cœur se navrer, et il resta immobile » et sans répondre.

» Le vieil écuyer Pecquigny, dont les regards » discourtois ne s'étaient point détournés de des- » sus saint Bernard, prit alors la parole :

» De par ma vieille mule aveugle! dit-il, les poi- » gnets sur les hanches et avec ricanerie, vous contez » des propos à mourir de rire. Bonté du diable! A vous » entendre, il faut nouer dur et ferme ses aiguil- » lettes, devenir de vilains impuissans comme il

» s'en fait chez les infidèles, que l'on va com» battre en si lointain pays, et laisser périr le » monde, sauf à engendrer des bâtards, ainsi que » le pratiquent bien des moines qui se repentent » du vœu qu'ils ont juré. Par ma bonne épée! je » lis et je commente aussi les écritures que vous » dites saintes, et il y est écrit tout du long : *allez,* » *croissez et multipliez.* Qu'en dites-vous, compère » à la tête chauve?

» Une sainte indignation empourpra les joues » du bienheureux. *Vade retrò, satanas!* s'écria» t-il d'un ton d'autorité et de colère; car il eut » soupçon que le diable seul, en personne, pouvait » lui tenir des propos impies à tel point.

» Pecquigny trembla et perdit son audace. » *Vade retrò, in nomine patris et filii et spiritûs* » *sancti !*

» Saint Bernard n'avait point encore prononcé le » nom du sauveur des hommes, qu'un bruit déchi» rant comme la foudre éclata subitement, et qu'il ne » resta plus à la place où se tenait l'écuyer qu'un tas » de cendre exhalant une odeur de soufre à soulever » le cœur.

» Il fallut bien que le comte d'Oisy et son épouse » se rendissent à ce dernier prodige, et ils obéirent » en tout point aux ordres de saint Bernard.

» Le lecteur verra par la suite de cette édifiante » histoire comment monseigneur Hugues d'Oisy

» donna son château de Vaucelles pour y bâtir une » abbaye dotée de grands biens, et comment » saint Bernard y amena douze moines de très- » bonne vie qui moururent tous en odeur de » sainteté. Il s'émerveillera au récit des miracles » faits par le bienheureux abbé de Clairvaux, à » savoir : une fontaine qui surgit pour désaltérer » les ouvriers, et un chariot de fer qui transpor- » tait les pierres, arbres et autres objets, sans être » traîné ni par chevaux ni par êtres visibles. » Quand l'abbaye fut bâtie, le chariot de fer s'en » retourna dans les bois, où, depuis ce temps, onc » il n'a été revu malgré les grandes recherches » que l'on y a faites.

» La dame aux froids baisers disparut du jour » où l'abbé Raoul, anglais de nation, vint habiter » le couvent avec ses moines.

» Monseigneur Hugues d'Oisy et son épouse » madame Heldiarde, se proposaient de se retirer » dans un cloître, pour obéir aux monitions de » saint Bernard ; mais ledit saint vit en songe notre » seigneur Jésus-Christ qui lui ordonna de ne point » séparer ces deux époux, qui vécurent long- » temps ensemble dans la crainte de Dieu et la » dévotion la plus édifiante.

» Depuis ce temps, la dame aux froids baisers » reparaît encore, et vient étreindre de ses bras » glacés des pécheurs, qu'elle remplit d'effroi.

» C'est quand les moines de l'abbaye de Vau-
» celles manquent au vœu de chasteté qu'ils ont
» juré.... »

En ce moment, une secousse d'un être invisible frappa la lampe du jeune moine, inonda son visage et sa poitrine de je ne sais quelle liqueur glacée, et le laissa dans une obscurité profonde. Il crut que c'était la dame aux froids baisers, et il jeta des cris de terreur. Des moines accoururent, et le trouvèrent pâle, défait, et tout couvert de l'huile de sa lampe; et puis une chauve-souris vint voltiger autour des flambeaux qu'ils tenaient.

Le jeune moine sourit, allégua quelque rêve pénible qu'il avait fait et durant lequel il avait renversé sa lampe.

Après cela, il s'endormit d'un profond sommeil.

LE TROU D'ENFER.

1186.

> Mon doux seigneur, prenez en compassion de piteuses gens qui grelottent à l'huis de votre logis, par bise à tourbillons, et torrens de pluie qui fouettent le visage.
> —Quand on entre ici, l'on n'en sort plus.
> (Le père Mathurin, l'*OEuvre de miséricorde.*)

A présent, le Trou-d'Enfer est un hideux quartier de Cambrai : des rues tortueuses, des maisons chétives, un air empuanti, un bras de l'Escaut immonde et resserré.

Jamais il n'y fait tout grand jour ; et lorsqu'il lui faut traverser ce quartier réprouvé, une femme honnête presse sa marche, ne lève pas les yeux, et ne respire à son aise qu'après s'être éloignée.

Je le crois bien! On ne voit aux portes de noires masures que des prostituées infâmes, accroupies sur la pierre du seuil; on n'y rencontre que de vieilles femmes arrachées par la décrépitude à la prostitution, et qui luttent de paroles exécrables avec des soldats ivres et des hommes en haillons.

Il est certains jours de la semaine où glapit dans le Trou-d'Enfer un orchestre maigre et faux: cela ajoute encore je ne sais quoi de sinistre à des lieux aussi mal avenans.

Si vous vous sentez du courage, pénétrez dans le cloaque où jouent les ménétriers; et, sur mon âme! vous y verrez un étrange spectacle: vous y verrez un cabaret de mauvais lieu. Je l'ai vu, moi: j'en ai frissonné de dégoût et d'horreur.

On n'y respire qu'un air chargé de fumée de tabac, obscurci de cendres de houille et de la poussière rougeâtre que produisent et font élever de toutes parts cent paires de souliers qui frottent les carreaux de brique dont la grande chambre est pavée. Joignez à cela l'odeur nauséabonde de la bière; des voix qui grondent et qui glapissent, les juremens des violons et les cris nasards de la clarinette. Figurez-vous encore, parmi la lueur jaune de rares quinquets, un mouvement confus d'hommes, de femmes, de soldats, qui vont, viennent, se mêlent, circulent, se groupent, se dispersent; de longues tables garnies de buveurs; le bruit des pots d'étain, le cliquetis des verres; et vous aurez une idée à peu près exacte de l'aspect d'un cabaret, aspect qui éblouit et frappe d'une sorte de vertige la vue indécise du spectateur.

Le Trou-d'Enfer n'est point un meilleur séjour durant la nuit : la plupart du temps, il s'y élève quasi sans relâche des cris plaintifs, des coups que l'on assène, des voix rauques qui profèrent des juremens. Et puis, lorsqu'attirée par le tumulte, survient une patrouille; tout disparaît, les portes se ferment; il n'y a plus qu'un seul bruit parmi ce grand calme menteur : le pas lent et mesuré de la garde. A peine ce pas, s'est-il perdu au loin comme un murmure indécis, qu'aussitôt de toutes parts jaillissent avec fracas la confusion et le désordre, et que l'insomnie renaît pour les gens paisibles, si toutefois il s'en trouve en pareil endroit.

N'est-il pas vrai? le Trou-d'Enfer, comme je vous le dépeins, est un hideux quartier.

Eh bien! il y a sept cents ans, c'était bien pis encore.

On n'y voyait point de rues, on n'y voyait point de maisons. C'était un vaste marais de vilaine renommée, et au milieu duquel se trouvaient de grandes ruines. Jamais chrétien n'osait y mettre le pied, car, ainsi que le donnait clairement à entendre son nom, le Trou-d'Enfer était hanté par le mauvais esprit, et l'on racontait à cet égard des choses épouvantablement merveilleuses : elles n'égalaient cependant pas encore la vérité. Prêtez-moi l'oreille avec attention, et vous jugerez si je vous dis vrai.

Les ruines qui gissaient au milieu du Trou-d'Enfer étaient celles d'un château-fort, habité il y a long-temps, par un seigneur ayant nom Truandre, et que sa mère avait vendu dès le berceau au démon et à sa puissance.

Les chroniqueurs racontent que ce mécréant adorait le père du mal, et qu'il commettait mille horreurs lubriques et impies pour plaire à son dieu. Des jouvencelles de bon lieu étaient enlevées à leurs familles, et détenues captives en des clapiers horribles; on égorgeait des enfans en bas âge pour préparer de leur graisse des onguens diaboliques, et les pélerins qui, par malheur, venaient demander asile au château, se voyaient forcés de renier le saint nom de Dieu, ou de mourir de faim au fond de cachots plus affreux que l'on ne saurait le dire.

Mais c'était particulièrement aux prêtres et surtout à l'évêque qu'en voulait Truandre : il faisait appréhender tous les serviteurs de Dieu qui ne se tenaient pas bien sur leurs gardes, et quand ils refusaient de lui dire en quels lieux ils tenaient cachés les trésors de l'église, et qu'ils ne voulaient pas lui abandonner les rentes de leurs abbayes, il les fouettait lui-même jusqu'à tomber morts sous ses coups, ou bien il les étendait sur des charbons ardents, et les y brûlait à petit feu.

Le ciel prit enfin en pitié les malheurs du Cambresis, et durant un violent orage, Truandre fut frappé de la foudre, ainsi que les complices de ses crimes et tous ses hommes d'armes. Quelques serviteurs furent seuls épargnés.

Ces serviteurs allèrent trouver l'évêque, et lui firent offre de grosses sommes d'argent pour qu'il enterrât en terre sainte, et comme il convenait à un sire de haut lignage, leur seigneur trépassé. Mais l'évêque ne voulut pas tant seulement les ouïr, et fit jeter le corps dans les fossés du château même de Truandre, auprès d'un gibet énorme. En outre, il déclara excommunié et relaps à la sainte église quiconque toucherait à ce corps autrement que pour lui conspuer au visage et faire avanie.

Il n'était besoin de cette excommunication; car l'on n'eut pas plutôt jeté le corps où l'évêque avait dit, que la terre d'alentour commença à prendre feu et à jeter des flammes continuelles, et si horribles que les pluies survenues durant l'espace de quatre ans ne furent pas capables de les éteindre. Mille petits démons travaillaient sans cesse à jeter de l'huile et de la poix pour alimenter le feu de cet enfer, dont l'approche était gardée par un grand dragon.

On entendait nuit et jour les clameurs de Truandre et les doléances de ses serviteurs; on voyait leurs âmes qui cherchaient à fuir, et que les démons armés de fourches rejetaient sans pitié au milieu des flammes. Des chants comme la bouche d'un homme n'en saurait dire, comme son esprit n'en saurait concevoir, des éclats de rire semblables aux déchiremens du tonnerre, se mêlaient aux cris des infortunés; souvent aussi les démons les saisissaient de leurs mains brûlantes, et les forçaient de se mêler à leurs danses et de tournoyer avec eux dans les airs, d'où soudainement ils les laissaient retomber sur la terre.

Le bon évêque, touché de compassion par les souffrances de l'âme de Truandre, persuada à un vassal de ce défunt de faire pénitence pour lui, en soulageant les nécessités des pauvres et en donnant aux églises tous les biens dont il avait hérité de son maître. Ce vassal pieux n'eut pas plutôt accompli les bons conseils de l'évêque, que le marais, qui avait vomi du feu et fait paraître, durant quatre années, tout ce que l'enfer, les démons et les réprouvés ont de plus hideux, reprit sa verdure sombre et ses eaux stagnantes et immobiles.

LE TRÉPASSÉ.

1136.

Le prêtre. *Requiescat in pace.*
Le diacre. *Amen.*

Il est triste de voir que, dans ce siècle encore désordonné, le clergé, pareil à une grande nation, eût sa populace comme il avait sa noblesse, ses ignorans et ses criminels comme ses savans et vertueux prélats. Depuis ce temps, ce qui lui restait de barbarie fut poli par le règne de Louis XIV, et ce qu'il eut de corruption fut lavé dans le sang des martyrs qu'il offrit à la révolution. Ainsi, par une destinée toute particulière, perfectionné par la monarchie et la république, adouci par l'une, châtié par l'autre, il nous est arrivé ce qu'il est aujourd'hui, austère et rarement vicieux.

(Alfred de Vigny, *Cinq-Mars*, chap. ii.)

Gilles-Amalric Delavigne, écuyer de sire Gérard de Saint-Aubert, retournait en toute hâte vers le château de son maître. « Béni soit monseigneur Liétard! songeait-il. Béni soit plus encore le digne prévôt de l'église, messire Nicolas de Chièvres, par l'intercession duquel l'évêque de Cambrai a daigné m'accorder une dispense pour me mettre en route aujourd'hui, grande fête de la Toussaint! Sans cette dispense, je n'aurais pu revoir que demain seulement ma gentille épousée Gertrude. Par saint Gilles mon patron! depuis que monseigneur m'a fiancé lui-même avec Gertrude, et qu'il l'a si richement dotée, une vesprée loin d'elle me paraît longue comme une veillée de Noël, lorsque l'on attend la messe de minuit. »

« Elle sera bien surprise, elle sera bien joyeuse, lorsque tantôt elle me verra de retour!... Quand je me départis de Saint-Aubert pour aller à Cambrai : Oh! me dit-elle avec façon accorte et triste, que le temps va sembler sans fin à la pauvrette Gertrude, durant ces deux longues journées d'absence! »

« Elle ne m'attend que demain, et me voilà sur la route de Saint-Aubert. Dans une demi-heure je l'embrasserai. »

Ces pensées firent donner au destrier de l'homme d'armes un coup d'éperon qui, d'emblée, changea son allure du pas au grand trot. D'ailleurs, outre le désir de voir sa femme, tout autre à la place d'Amalric aurait préféré un manoir au chemin fangeux et difficile qui conduisait à Saint-Aubert. Le vent soufflait de bise et avec violence; la pluie tombait par torrens, et c'était l'heure où les âmes des trépassés, couvertes de longs suaires blancs, vont heurter d'un doigt desséché à la porte de leurs parens et de leurs amis, pour se recommander à leurs prières.

Et puis, chacun le sait: quiconque, par meurtre, passe de vie à trépas, le jour de la Toussaint, ne repose jamais tranquillement dans sa bière avant d'avoir puni celui qui l'a fait trépasser. On raconte à ce sujet des choses épouvantables et merveilleuses.

Or, le brave écuyer Gilles-Amalric avait plus d'une fois guerroyé en ce jour de mauvais renom, notamment l'an passé, lorsque monseigneur Gérard fut si terriblement puni d'avoir profané la sainteté d'une grande fête. Car il fut battu et fait prisonnier lui et les siens par les *Francs*, à l'heure même où il sortait de la forteresse de Hugues d'Oisy, son beau-père, pour aller surprendre le châtel de Cambrai, tandis que l'on disait vêpres pour les trépassés.

Dieu seul et la sainte Vierge savent combien il en a coûté à monseigneur Gérard pour se racheter. Voici la cinquième fois que lui, Gilles-Amalric, porte à l'évêque Liétard une lourde sacoche de cent marcs d'argent, sans compter tous les domaines gagnés la lance à la main, et qu'il a fallu rendre. Après cela, le pire de tout : une damnée garnison de cent hommes d'armes plus insolens que des sires de haut lignage, et qui, durant six grands mois, vinrent s'héberger et gruger au château de Saint-Aubert. Grâce à Notre-Dame, ils s'en sont allés depuis la fête de Sainte-Anne, il y a nonante et huit jours.

Tandis que ces pensées faisaient monter le rouge au visage du brave homme d'armes, et que machinalement il en étreignait plus fort le bois de sa lance, il aperçut bien loin, à travers les arbres, une lumière dont l'aspect changea subitement le cours de ses idées.

Dieu soit loué! dit-il en respirant plus à son aise, c'est le château de Saint-Aubert! Cette lumière brille dans la tour qui flanque l'aile gauche du manoir. C'est un vrai phare d'amour; car elle m'annonce que ma Gertrude veille dans cette tour habitée par nous deux seuls. En bonne chrétienne et en fidèle épouse, elle dit assurément quelqu'oraison à saint Julien pour le pauvre voyageur Amalric.

Comme il terminait ce monologue mental, les pieds de son bon cheval normand glissèrent sur les larges pierres de grès où venait poser le pont-levis dressé alors, suivant la coutume de tous les soirs. Faisant reculer de quelques pas son destrier, il sonna du cor. Le pont-levis s'abaissa, et une sentinelle vint reconnaître le survenant : Entrez, maître écuyer, dit-elle.

A quelques pas de là était un homme de figure vénérable, vêtu d'une robe de camelot noire, avec un carcan d'argent suspendu autour du cou. C'était maître Wirembault Delavigne, intendant de la maison de Gérard de Saint-Aubert, et frère d'Amalric.

— « Jésus mon sauveur ! dit-il en se signant : est-ce bien vous, mon frère? sainte Vierge ! vous avez osé, au mépris des commandemens de l'Église, vous mettre en route un jour de fête comme celui-ci ! S'il ne vous est pas arrivé de malheur pour un si grand péché, vous êtes assurément plus heureux que sage. »

— « Rassurez-vous, mon dévot frère; faites trève à vos remontrances. J'ai obtenu de monseigneur l'évêque de Cambrai une dispense pour voyager aujourd'hui. Grâce à ce parchemin béni, je n'ai fait rencontre fâcheuse ni de farfadets ni de revenans. Il est vrai de dire cependant, moi qui ne reculerais point devant une baliste chargée de pierres, que je croyais voir sans cesse apparaître le visage de squelette de quelqu'homme d'armes occis par moi, il y a un an à pareil jour...

Holà ! eh ! varlet ! cria-t-il, en s'interrompant, à un palefrenier qui passait : menez mon cheval à l'écurie, et donnez-lui bonne provende, car il vient du châtel de Cambrai, où les destriers ont de la litière jusqu'aux genoux, et où l'intendant ne lésine pas, comme certains de ma connaissance, pour une botte de paille et une poignée d'avoine. »

Durant ces paroles, Amalric était descendu de cheval et avait jeté les rênes au varlet. Traversant ensuite le long corridor, il entra dans une salle immense et solitaire.

Les murailles étaient tapissées d'armures brillantes sur lesquelles venait se refléter la lueur d'une lampe suspendue au plafond. Plus loin on voyait amoncelés en divers tas des instrumens de guerre, des balistes, etc.

Amalric déposa sa lance et son bouclier à quelque distance des armes de son maître. Ensuite il quitta une sorte de grandes bottes en mailles flexibles de fer, revêtues intérieurement d'un cuir épais. Après cela, il dépouilla une camisole tissée également en petits annelets d'acier, dont le bout des manches enfermait la main dans un gant sans doigts. Ce gant était fendu sous la paume, afin de laisser aisément tenir l'épée et manier les rênes. A la hauteur des épaules, la tunique de fer se terminait en un capuchon du même tissu que le reste, et qui se rabattait sur le visage au moment de combattre. Trois mailles plus larges que les autres laissaient voir les yeux et respirer la bouche. Cette espèce de sac, maintenu de forme ronde par sa doublure en buffle, était les seuls casques dont on se servît alors.

Débarrassé d'un aussi lourd accoutrement de guerre, Amalric resta en pourpoint de daim, vêtement étroit qui dessinait sa taille maigre et nerveuse. Il se mit ensuite à monter avec prestesse l'escalier en spirale conduisant à la chambre que lui et sa femme habitaient dans le château. Chemin faisant, il lui prit idée de causer à Gertrude une joyeuse frayeur en venant jusqu'à elle à pas de larron, ce pour quoi le servait merveilleusement sa chaussure de daim molle et douce. Le voilà donc qui monte chaque degré avec précaution, et ayant bien de la peine à ne pas éclater de rire : il entr'ouvre la porte... O rage! Gertrude était dans les bras de Gérard!... Il cherche son poignard..... il est sans armes... Ils ne l'ont point vu, non... Ah! sa vengeance ne sera que différée... Et dans le plus affreux désespoir qui jamais ait frappé de vertige un infortuné, il veut descendre à la salle d'armes... Il s'est trompé de corridor : c'est sur la plate-forme de la tour qu'il marche... Il fait encore un pas... Tout à coup l'eau du profond fossé retentit d'un bruit sourd... Amalric venait d'y tomber.

Quelques instans après, on ouït tinter l'heure de la prière du soir. Les gens d'armes, les varlets, les dames d'atour, entrèrent dans la chapelle et s'y agenouillèrent. Dame Gertrude, le teint animé d'une légère rougeur, prit place parmi ces dernières, à côté du prie-dieu de la belle et malheureuse Ermangarde d'Oisy, épouse de Gérard. Délaissée, victime à chaque instant de l'humeur brutale du châtelain, Ermangarde opposait aux plus durs traitemens une résignation angélique. Toute la journée en oraison, elle n'avait qu'un seul passe-temps, celui d'aller consoler les souffreteux, et il n'en manquait pas à Saint-Aubert. Elle administrait aux uns des baumes, et aux autres elle donnait quelque riche aumône. Tous étaient réconfortés par les bons propos de sa douce voix. Ces braves gens, quand elle sortait de leur chaumière, se disaient entre eux, en hochant tristement la tête : « Notre pauvre dame est bien pâle et bien malade! Las! si jamais elle venait à trépasser, (la sainte Vierge nous en garde!), que deviendrions-nous? qui intercéderait pour nous miséricorde près de monseigneur? qui nous guérirait quand nous devenons malades? qui nous consolerait quand nous sommes affligés? »

Après que l'aumônier eut récité toutes ses patenôtres et que chacun eut répondu amen, gens d'armes, varlets, dames d'atour et le reste s'en furent, les uns monter la garde, et les autres dormir tranquillement. Maître Delavigne, sortant un des derniers, vint accoster gravement sa belle-sœur qui devisait avec Gérard.

— « Vous devriez bien, dame Gertrude, admonester votre époux, afin qu'il ne s'abstienne pas ainsi de la prière commune, au saint jour de la Toussaint. »

— « Maître Delavigne, répliqua-t-elle d'un ton folâtre, je suppose bien qu'Amalric s'est acquitté dévotement de ses devoirs de chrétien. Si l'on manquait aux préceptes de la dévotion chez un évêque!.... »

— « Cette feinte n'est pas de saison, interrompit avec humeur l'intendant. La première personne qui tantôt ait vu mon frère, c'est moi. »

Gertrude pâlit, et Gérard parut éprouver quelqu'embarras. Delavigne, convaincu par le ton solennel de Gertrude, et plus encore par sa vive émotion, joignit les mains avec étonnement.

— « Et qu'est-il donc devenu? demanda-t-il dans une anxiété inexprimable. Il n'a pu ressortir du château : le pont-levis est dressé et la herse abaissée. Puisse ce mystère ne point cacher quelque grand malheur! »

Et tandis que Gertrude, versant des larmes, allait près de sa maîtresse s'acquitter des devoirs d'une dame d'atour, maître Delavigne, escorté de deux varlets, parcourait tout le château, en appelant son frère à haute voix.

Le jour commençait à poindre, qu'il n'avait rien découvert encore.

Wirembault avait plus de dix fois exploré les remparts. Néanmoins, la sentinelle chargée de veiller au pont-levis aperçut le malheureux intendant qui les parcourait encore, quoiqu'il ne sût que trop bien d'avance l'inutilité de cette nouvelle recherche.

— « Hubert, dit le vieil homme d'armes à son camarade qui se chauffait près de là, à moitié assoupi devant un grand feu, Hubert, il faut en convenir, la disparition de l'écuyer Amalric est chose bien étrange ! »

— « L'écuyer Amalric? » demanda celui-ci en bâillant.

— « Eh quoi! tu ne sais pas qu'il est rentré hier un peu avant la prière du soir, et qu'on ne sait, depuis ce temps, ce qu'il est devenu? »

— « Pardieu! je pourrais bien le dire, moi, car les nouvelles que tu contes m'expliquent l'étrange bruit que j'ai entendu hier, tandis que j'étais de garde près de la tour, auprès du grand fossé. Amalric est noyé. »

— « Que dis-tu là? d'où le sais-tu? » demanda le vieillard, en se rapprochant de son camarade avec curiosité.

— « Il faisait un froid de tous les diables, et j'étais enveloppé dans mon manteau, à moitié endormi... »

— « Damné paresseux ! s'endormir quand on est en faction ! » grommela le gardien du pont-levis.

— « Eh bien, n'est-ce pas une grande faute que de sommeiller au pied d'une tour défendue par trente pieds d'eau !... Tout à coup j'entends un cri, puis comme une masse énorme qui frappait l'eau. La nuit était des plus noires, tu le sais : je ne pus donc rien distinguer. Mais si l'écuyer a disparu, il n'y a guère à en douter, c'est lui qui s'est précipité du haut de la tour qu'il habite seul avec sa femme. »

— « Et qui pourrait l'avoir poussé à une pareille action de désespoir ? »

La voix du soldat devint alors plus basse et plus mystérieuse.

— « Monseigneur Gérard aime dame Gertrude. Je l'ai encore vu hier matin qui l'embrassait tendrement ; et, par le salut de mon âme ! elle se laissait faire à plaisir. C'est un bon moyen, pour se débarrasser d'un mari jaloux, que... la nuit... du haut d'une tourelle..... Gérard, Maufilâtre de surnom parce que, disent quelques-uns, il a empoisonné son père pour être plutôt châtelain de Saint-Aubert..... »

— « Silence ! silence ! De tels propos, Hubert, te vaudraient le gibet... et cependant, hélas ! je ne suis que trop tenté de croire à ce que tu dis. Hier soir, quand maître Delavigne parla de son frère monseigneur fit un mouvement!... Gertrude pâlit... Que Dieu ait pitié de nous!... S'il en est ainsi, malheur à notre maître! C'était hier le jour de la Toussaint : quiconque est occis ce jour-là ne repose en paix dans le tombeau qu'après avoir puni son meurtrier. »

Les deux soldats tressaillirent tout à coup : un cri aigu venait de se faire entendre au pont-levis.

— C'est la voix d'Amalric!

— « Eh bien, imbécille, il était noyé dans le fossé de la grande tour! tu auras fait un mauvais rêve. Voilà ce qu'une sentinelle gagne à s'endormir à son poste. Viens m'aider à baisser le pont. »

Tous deux, riant de leurs sombres conjectures, allèrent introduire l'écuyer. A la vue d'Amalric, ils échangèrent un regard de terreur et se signèrent. Miséricorde! il ressemblait plus à un cadavre qu'à un vivant. Ses joues étaient pâles et caves, son regard terne et fixe. Lorsqu'il parlait, à peine voyait-on remuer ses lèvres blanches; et quand sa main étreignit la main des hommes d'armes, elle leur parut froide et raide comme celle d'un mort.

— « Mon frère! mon frère!... »

C'était Delavigne qui accourait plein de joie. A la vue de l'étrange changement survenu dans les traits d'Amalric, il s'arrêta tout à coup, et laissa retomber les bras qu'il tendait pour embrasser son frère.

Amalric, sans paraître surpris de la terreur produite à son aspect, marchait en silence. Il donna enfin une marque d'émotion : ce fut lorsqu'il rencontra tout à coup sire Gérard.

Sa figure pâle le devint encore davantage : jamais cadavre déterré ne parut aussi livide.

Gérard ne sembla pas moins stupéfait que tous les autres; mais il déguisa son trouble sous un air de sévérité et de mécontentement.

— « Amalric, d'où venez-vous à pareille heure, sans armes et trempé de pluie, comme si vous aviez traversé à la nage les fossés du château? Vous êtes arrivé d'hier; Delavigne me l'a dit : pourquoi n'êtes-vous point venu incontinent me conter de quelle façon vous aviez exécuté mes ordres près de l'évêque de Cambrai? Pourquoi, comment êtes-vous ressorti du château? »

Amalric répondit d'une voix rauque et lente qui ne ressemblait en rien à sa manière habituelle de parler :

— « Je me suis aperçu que j'avais perdu quelque chose de précieux.... le parchemin remis pour vous par l'évêque, le reçu de la rançon que vous lui deviez... J'ai escaladé la poterne pour faire la recherche de ce titre : le voici. »

— « Et dans quelles dispositions as-tu trouvé ce vieil ivrogne d'évêque? »

— « Il ne veut pour rien au monde lever l'excommunication lancée contre votre seigneurie. Si j'étais que de vous, je ne tiendrais guère compte de ses excommunications : je me vengerais de lui; je récupèrerais mes dix mille marcs d'argent. Le châtel est mal gardé: les travaux de réparation que l'on y fait en rendent la défense impossible; en outre, l'évêque part aujourd'hui pour aller trouver l'empereur : les chanoines l'ont desservi près de ce prince. Il emmène pour escorte la moitié de la garnison : deux cents hommes d'armes s'empareraient à l'aise et sans coup férir de cette riche forteresse. »

— « Que dis-tu là, Gilles? »

— « Oui; ils sont d'une sécurité qui leur coûterait cher si vous saviez en profiter. »

Alors le seigneur et l'écuyer se mirent à parler plus bas encore, et se dirigèrent ensemble vers l'appartement du châtelain.

Une demi-heure après, la plus grande agitation régnait dans la cour du château de Saint-Aubert: quatre cents hommes d'armes équipaient leurs chevaux et se couvraient de camisoles de combats; Gérard allait de l'un à l'autre pour faire hâter un chacun.

Debout sur le perron, le pâle Amalric contemplait cette scène avec un regard qui faisait mal à voir.

Tandis que le tableau animé qu'il avait sous les yeux semblait l'absorber tout entier, une petite main blanche vint se poser doucement sur son épaule.

— « Amalric! Amalric! après les tristes angoisses que vous m'avez causées cette nuit, vous allez repartir sans m'avoir dit un mot, sans m'avoir vue! Amalric, vous ne m'aimez plus! je le vois bien. »

Il tourna lentement vers elle sa figure livide, et se prit à sourire horriblement. La pauvre Gertrude frissonna de tous ses membres.

— « J'apprécie comme il le faut votre tendresse ; je vais vous le prouver, Gertrude. » Et saisissant sa main dans la sienne, il l'attira vers la tourelle qu'ils habitaient.

— « Amalric! tout le monde est à cheval : vous n'êtes seulement pas encore armé! Maudits soient les nouveaux mariés! ils songent plus à essuyer des larmes de femmes qu'à se couvrir d'une camisole de mailles.

— « Quelques instans de répit me suffiront, monseigneur. Octroyez-les moi : je vous rejoindrai avant que vous n'ayez atteint le bout de l'avenue. »

Les gens d'armes se mirent aussitôt en marche : Amalric resta seul avec Gertrude.

Il attacha sur elle un regard qu'elle ne put supporter; mais secouant avec force le bras qu'il étreignait dans son gantelet, il obligea Gertrude à lever la tête.

— « Vous êtes une fidèle épouse ! lui dit-il enfin avec un sourire inexprimable. »

Gertrude tomba évanouie.

Amalric, debout et sans faire un mouvement, attendit qu'elle revînt à elle.

Quand elle rouvrit les yeux, l'inexorable Amalric était encore là : le sourire infernal de ses lèvres n'était seulement pas effacé.

— « Grâce ! grâce ! »

Sans proférer un mot, il l'enleva d'un bras nerveux et glacé, monta rapidement jusque sur la plate-forme de la tourelle, et lui montra du doigt l'abîme ouvert sous ses pieds.

— « Ayez au moins pitié du salut de mon âme ! » s'écria-t-elle avec désespoir.

— « Sois donc sauvée, toi... mais ton séducteur sera damné. »

Elle essaya de prier :

— « Amalric ! Amalric !... grâce ! grâce !... »

Il ne répondit pas, saisit Gertrude par les cheveux, la tint quelques instans suspendue au-dessus de l'abîme comme pour prolonger son exécrable agonie.... Puis c'en fut fait.

L'aspect de Cambrai, en 1136, était bien différent de celui qu'il présente aujourd'hui : cette ville s'alongeait, étroite et resserrée, depuis le château de Selles jusqu'au pied du Mont-des-Bœufs; là, elle étendait tout-à-coup deux ailes immenses qui couvraient la colline; une église sous l'invocation de saint Médard et de saint Cloud dominait ce vaste amphithéâtre.

La ville formait donc deux parties très-distinctes : l'une noire et habitée par les pauvres gens; l'autre séjour plus avenant de la noblesse et de la bourgeoisie aisée. Ces deux parties ne tenaient entre elles que par une sorte d'isthme que formait une place entourée de palissades. C'était le clapier des filles folles de leur corps, *la ruelle des Bellottes*, et la demeure du bourreau.

On ne pouvait s'y méprendre, en voyant quelques misérables femmes malpropres, demi-nues, et portant une ceinture de clinquant fané, errer dans cet enclos fangeux.

Quant au logis du bourreau, il était encore moins méconnaissable : devant le seuil, un gibet s'élevait entre deux poteaux énormes; le poteau de droite était couvert d'oreilles de larrons; à celui de gauche pendait, au bout d'une longue chaîne de fer, la dague étroite et pointue que l'on faisait rougir pour en percer la langue des blasphémateurs. Ce lieu se nommait alors, comme il se nomme encore aujourd'hui, *Coupe-Oreille*.

A l'autre extrémité de la ville, pas bien loin de la porte de Selles ou de Saint-Jean, au milieu de fortifications anguleuses, on voyait surgir le clocher de l'abbaye de Saint-Aubert, le palais épiscopal, et les tours à demi-ruinées de la cathédrale.

Les nombreux ouvriers qui travaillaient à réparer cet immense édifice incendié, l'année précédente, par Gérard Maufilâtre, étaient la plupart vassaux des seigneurs du Cambrésis, et envoyés par leurs suzerains à cette pieuse corvée.

Le soir commençait à venir : les ouvriers sortaient pour retourner par troupes à leurs villages, car les chemins n'étaient pas sûrs alors. Si quelque imprudent s'était hasardé à sortir de la ville seul et sans armes, il aurait infailliblement été détroussé par les brigands qui infestaient le pays. D'ailleurs, en se réunissant ainsi, ils étaient dispensés du droit de péage levé par chaque seigneur sur les voyageurs qui traversaient son domaine. La remise de ce droit était accordée aux ouvriers, en faveur des motifs chrétiens qui les avaient fait envoyer à Cambrai.

Chacun de ces ouvriers ôtait respectueusement son chaperon devant messire Nicolas de Chièvre, prévôt de l'église, debout sur le pont-levis de Bon-

Secours. Il les dénombrait à mesure qu'ils passaient devant lui : c'était pour s'assurer que personne d'entre eux ne restait au château. Il remplissait en cela les devoirs de sa charge, devoirs prescrits par la défiante prudence de ces temps de guerre et de troubles.

Les vêtemens de messire de Chièvre étaient ceux des laïcs du douzième siècle : une longue robe de couleur brune descendait jusqu'à ses pieds, dont la molle chaussure en cuir gris était tailladée autour de la cheville. Par-dessus cette robe, il portait un manteau étroit qui laissait voir un grand chapelet placé autour des épaules, et qui retombait sur la poitrine ; ce manteau, doublé de menu-vair, couvrait à demi l'escarcelle attachée au côté gauche de la ceinture, et dont l'usage était le même que celui de nos poches actuelles.

Mais l'objet le plus singulier de son costume était sans contredit la coiffure, bonnet d'étoffe brune terminé par une longue pointe ; cette pointe se roulait deux fois autour de la tête, et venait retomber en cordonnet étroit au-dessus du front. Messire Nicolas pouvait avoir trente ans : sa physionomie pâle et régulière offrait un mélange de fermeté et de mélancolie qui n'était pas sans grâce ; son regard distrait, son vague sourire donnaient à penser qu'il avait subi de ces longs chagrins que le temps adoucit mais qu'il n'efface pas, de ces chagrins, funeste privilége d'une âme ardente et sensible.

Tandis que le personnage dont nous venons de tracer le portrait s'occupait à faire le dénombrement des ouvriers, il vit un homme d'armes accourir au galop. Telle était la manière dont il pressait son cheval, que le pont retentissait sous lui avant qu'on eût eu le temps de songer à l'arrêter. Cet inconnu jeta un rouleau de parchemin aux pieds de messire Nicolas, et, faisant faire avec prestesse volte-face à son destrier, il s'évanouit comme une apparition, sans qu'on pût savoir ni d'où il était venu, ni où il était en allé.

Or, voici la teneur dudit parchemin :

« On fait savoir à monseigneur Liétard, que Gé-
» rard dit Maufilâtre, suzerain de Saint-Aubert,
» s'est départi de son domaine avec quatre cents
» hommes d'armes, pour, à la nuit tombante,
» surprendre, incendier et piller le châtel épis-
» copal. »

— « .... Levez le pont-levis de Bon-Secours, et laissez tomber les herses ! »

« Ouvriers et gens de corvée, que personne de vous ne s'en aille: montez sur le rempart; chargez de pierres les balistes; que l'on se tienne prêt à en jeter dru et de grosses. »

« Holà ! capitaine des arbalétriers ! vous voici à propos, rassemblez vos compagnies; que chacun des archers ait avec lui une bonne sacoche remplie de flèches. »

« Quant aux hommes d'armes, sénéchal, qu'ils endossent leurs camisoles de mailles, et que les chevaux, tous bardés, soient tenus prêts à être montés. »

« Pour vous, messires les chanoines, tandis que nous combattrons pour la maison du Seigneur, veuillez aller prier dans l'église à l'intention de ceux qui recevront aujourd'hui le martyre, et implorer pour notre sainte cause la protection de Jésus-Christ et de la Vierge immaculée. »

Soudain on vit se disperser de toutes parts la foule qu'avait rassemblée autour de messire de Chièvre l'apparition étrange de l'homme d'armes, apparition dont la nouvelle s'était répandue aussitôt dans le châtel. Quelques momens suffirent pour exécuter les mesures prudentes ordonnées par le prévôt. On y mettait d'autant plus d'empressement, que déjà quelques personnes racontaient avoir vu s'évaporer dans les airs le messager mystérieux. D'autres allaient plus loin : ils avaient été éblouis de l'auréole lumineuse qui scintillait autour de sa tête ; ils l'avaient vu déployer ses deux grandes ailes blanches. Les plus crédules ne révoquaient pas en doute qu'il ne fût le bienheureux archange saint Michel, envoyé par l'intercession de Notre-Dame, afin de préserver de sa ruine l'église cathédrale de Cambrai.

Un an s'était écoulé.

Il commençait à faire nuit : messire Nicolas de Chièvre s'était mis debout sur le pont-levis de Bon-Secours: il dénombrait comme de coutume les ouvriers qui sortaient, lorsque maître Delavigne, vêtu de noir, aborda le prévôt, qui lui tendit affectueusement la main.

—« Que Notre-Dame vous soit en aide! maître Wirembault Delavigne. Soyez le bien venu! Encore quelques instans, et je suis tout-à-fait à vous. Levez le pont, hommes d'armes: les ouvriers sont sortis. Que personne n'entre ou ne s'en aille, à moins qu'il ne dise le mot de reconnaissance. »

« Maintenant, ajouta-t-il en se tournant vers Delavigne, dites, maître, ce qui me vaut si tard l'honneur de votre visite. »

Delavigne, appuyé contre un des piliers du pont-levis, était plongé dans une rêverie profonde. Il fallut pour l'en tirer que Nicolas de Chièvre lui adressât la parole une seconde fois.

— « Je désire parler sur-le-champ à monseigneur Liétard, répondit-il enfin, et je viens vous conjurer de m'introduire de suite auprès de lui. »

Cette demande contraria évidemment celui à qui elle était adressée: Liétard soupait en ce moment-là; et, comme il n'avait guère coutume de boire avec sobriété et qu'il chancelait presque toujours en sortant de table, il répugnait au prévôt de l'église de le laisser voir en pareil état. Alléguant en conséquence quelques excuses, il engagea Delavigne à différer jusqu'au lendemain son entrevue avec le prélat.

— « Oh! non : il faut que je le voie; il faut que je lui parle sur-le-champ. Il y va du salut de mon âme; le moindre retard peut me damner pour l'éternité. »

La chaleur avec laquelle s'exprimait le vieillard, son extrême agitation, firent céder Nicolas de Chiêvre : quoiqu'à regret, il conduisit Delavigne dans la vaste salle où se trouvait Liétard.

A l'aspect du prévôt, la grosse gaîté peinte sur la figure triviale et pédantesque du prélat fit place au sérieux contraint d'un écolier surpris en faute par son régent.

Liétard rajusta précipitamment sa soutane, toute débraillée sur sa poitrine, et se redressant dans le grand fauteuil où il était à demi-couché :

— « Eh! voilà notre digne prévôt!... *Benedico tibi!*

« *Vade retrò*, *Satanas!*... ajouta-t-il tout bas, à l'oreille d'un gros chanoine assis à sa droite. Il aurait bien dû nous laisser souper en repos. »

« Par notre mître! voici également le riche argentier, maître Wirembault Delavigne! Ah! je comprends : vous venez réclamer les quatre cents marcs d'argent que vous avez eu tant de mal à nous prêter, malgré les garanties que nous vous donnions. Vous prenez mal votre temps, maître: nous avons été châtiés par le fer et par le feu. Les serviteurs de Notre-Dame-de-Grâce sont bien pauvres ; car le maudit Maufilâtre a détruit de fond en comble la maison du Seigneur ; et si l'archange Michel ne l'avait foudroyé il y a un an... »

— « Ce n'est pas ce motif.... »

— « Alors, parlez librement... Mais un instant... Hola ! échanson, deux gobelets et une nouvelle bottrine de vin. »

— « Monseigneur, interrompit de Chiêvre, d'un ton à la fois respectueux et sévère, maître Delavigne demande à vous entretenir secrètement. »

— « Secrètement ?... Sans doute vous avez à me proposer quelque prêt avantageux ? Messire de Chiêvre, toujours vigilant pour les intérêts de l'église, et qui en connaît les besoins, a su ménager cette affaire : nous le reconnaissons bien là, ce digne prévôt ! Voyons, ne soyez pas trop exigeant, maître Delavigne, et nous arrangerons cela, *inter pocula.* »

— « Au nom du salut de votre âme ! s'écria le vieillard en joignant ses mains tremblantes, daignez m'écouter sans autre témoin que messire de Chiêvre. »

— « Allez donc, messieurs les chanoines, et veuillez excuser notre incivilité. Vous le voyez, la crosse d'un évêque est plus lourde qu'on ne le pense : les devoirs de notre ministère nous accablent même après le souper, lorsqu'à vous il ne vous reste qu'à digérer paisiblement et à vous coucher dans un bon lit. »

« A présent que nous voilà seuls, maître Delavigne.... Mais un instant encore... Deux gobelets nets. Versez, et remplissez le mien... maintenant parlez, maître, nous vous écoutons. »

Un silence de quelques minutes s'écoula encore avant que Delavigne, rassemblant ses idées, commençât à expliquer les motifs qui l'amenaient. Peut-être aussi attendait-il que Liétard eût achevé de remplir son gobelet, et de se placer commodément dans son fauteuil.

— « Je viens, dit-il enfin d'une voix lente, je viens, monseigneur, vous supplier de permettre à moi, Wirembault Delavigne, et à Marie Dauvillers, mon épouse légitime, de faire vœu de continence entre vos mains, ma volonté étant de consacrer à des fondations pieuses tout ce que je possède, et de me retirer dans l'hôpital Saint-Julien, pour y passer le reste de mes jours au service des malades; vous suppliant humblement de recevoir dans l'abbaye de Saint-Aubert mes deux fils, Luc et Guillaume; Enfin, de vous employer près de monseigneur l'archevêque de Rheims, pour admettre ma fille Berthe dans une communauté de religieuses; le tout, dans l'espoir d'obtenir du divin Rédempteur le pardon des péchés de notre famille, et particulièrement de mon frère défunt, Gilles Amalric Delavigne. »

— « C'est un digne, c'est un louable, c'est un pieux dessein! s'écria Liétard, tremblant de joie et se frottant les mains. Nous recevons avec reconnaissance le don que vous nous faites. Sur l'épitaphe que l'on posera dans le chœur de la cathédrale quand vous ne serez plus (car vous serez enterré dans les caveaux de notre église), il sera gravé que vous avez consacré vos biens à la réédification de la demeure de votre évêque persécuté par les hérétiques. Notre prévôt, messire Nicolas de Chièvre, qui ne le cède à aucun rubricateur pour écrire, va dresser sur-le-champ l'acte. »

— « Mais, au nom de notre sainte patrone! demanda avec anxiété le prévôt stupéfait, qui donc a pu vous inspirer une si grave résolution? Je vous ai vu, il y a deux jours: vous paraissiez disposé à vivre dévotement en bon chrétien, comme vous l'avez fait jusqu'à ce jour, mais non pas à vous dépouiller vous et votre famille de tout patrimoine. »

Durant ces propos de Nicolas, l'évêque lui jetait des regards courroucés, et cherchait à lui imposer silence.

— « C'est l'âme de mon frère qui m'est apparue hier, à la Vesprée, dans l'église des Carmes. »

— « Vous avez vu hier l'âme de votre frère? demanda l'évêque en se signant. *Requiescat in pace!* Que le ciel me préserve de semblables visions! »

« Vous l'avez vue? bien vue? continua-t-il avec l'intérêt que prend une commère à une histoire qui lui fait peur et qui l'amuse. »

— « Hélas ce n'est pas la première fois, monseigneur. Si vous me le permettez, je vous ferai le récit des malheurs de mon frère et de ses incompréhensibles aventures.... »

— « Je le veux bien : jamais de ma vie je n'ai ouï conter aussi merveilleuse histoire que celle que vous dites, maître Delavigne... Mais auparavant, mettons-nous à deux genoux, et récitons dévotement un *de profundis* pour les trépassés. »

Tous les trois s'agenouillèrent, et quand ils furent relevés :

— « Vous vous rappelez qu'au jour des trépassés de l'année dernière, le châtel épiscopal fut assiégé par feu monseigneur Gérard de Saint-Aubert... »

— « Sainte Vierge! Oui, je m'en souviens! si j'étais tenté de l'oublier, les ruines de l'église et de mon propre palais, les bonnes sommes qu'il m'en a coûté pour les relever, ne m'en feraient souvenir que trop amèrement! Sans la prudence de messire de Chièvre, car nous n'étions pas à Cambrai en ces jours de désolation ; sans la protection miraculeuse du bienheureux archange saint Michel, c'en était fait pour toujours de nos trésors... Car Maufilâtre ne respectait guère plus les vases sacrés et les reliques, que s'ils eussent appartenu au plus misérable juif. »

— « Monseigneur Gérard avait à peine quitté d'une heure le manoir de Saint-Aubert pour venir surprendre le châtel épiscopal, que l'on trouva dans le grand fossé de la tour le cadavre de ma belle-sœur Gertrude. Vous avez ouï conter qu'un soldat y avait vu tomber la veille son malheureux époux, mon frère Amalric, et que l'âme du trépassé vint le lendemain donner à monseigneur le fatal conseil d'attaquer le châtel. Nous avons su depuis que dame Gertrude avait commis le péché d'adultère avec monseigneur Gérard... »

— « Voyez-vous? Je le reconnais bien-là, ce joyeux compagnon, le plus déluré compère que j'aie rencontré de ma vie! »

— « Sans doute le malheureux Amalric, qui revint à Saint-Aubert sans y être attendu, découvrit l'infidélité de sa coupable épouse, et, de désespoir, il se précipita dans le fossé de la tour. Or, c'était la fète des trépassés; et vous savez que le corps de quiconque périt violemment ce jour-là ne demeure paisiblement dans sa bière qu'après s'être vengé de celui qui est cause de sa mort. »

« A la nouvelle de l'accident fatal arrivé à sa femme d'atour, madame Ermangarde éprouva de si horribles convulsions, que le physicien déclara qu'il ne lui restait plus une heure à vivre. Je montai sur-le-champ à cheval, et courus en toute hâte pour annoncer cette fâcheuse nouvelle à monseigneur. »

« Quand je parvins à l'atteindre, il était proche de Cambrai, et mon frère venait seulement de le rejoindre, ce qui me surprit beaucoup, car il était parti du château fort peu d'instans après monseigneur. Cependant il avait galopé toute la route : son cheval était baigné de sueur. »

» Après m'être acquitté de mon triste devoir auprès de mon maître, qui ne parut guère s'en soucier et qui continua à faire hâter ses hommes d'armes, je m'approchai de mon frère, ne sachant quelle précaution prendre pour lui annoncer la mort funeste de sa femme.

— « Gertrude !.... Gertrude !.... Les sanglots me coupèrent la voix, et je ne pus proférer que ce nom. »

— « Eh bien? dit-il, en fixant sur moi ses yeux immobiles, et sans presque remuer ses lèvres blanches. »

— « On vient de retrouver son cadavre dans le fossé de la tour. »

« Il se mit à rire... Rire à une pareille nouvelle !.. Je me hâtai de m'éloigner; car son rire était affreux, comme doit l'être celui du diable. »

« Le cœur horriblement serré, car je ne le voyais que trop, hélas ! ce n'était pas mon frère, mais un revenant qui était là, j'accostai monseigneur afin de prendre congé de lui et de m'enquérir des ordres qu'il avait à me donner pour Saint-Aubert. »

— « Aucun, me dit-il ; suis-moi à Cambrai : j'ai besoin de toi. Tu sauras tout à l'heure pour quel motif. »

« La nuit était venue sur ces entrefaites. »

« Quand nous arrivâmes sous les murs de l'évêché, le plus grand silence régnait autour de nous. On dresse les échelles ; les hommes remplissent le fossé, et s'apprêtent à prendre d'assaut le châtel sans défense et dont tous les habitans sont endormis... Vous savez le reste : une décharge terrible de flèches et de pierres accabla les assiégeans, et une embuscade de deux cents hommes d'armes cachés près de là, vint nous attaquer par derrière. »

« Jamais carnage ne fut aussi prompt et aussi affreux. »

« Pour moi, j'errais dans l'obscurité, au milieu des pierres et des flèches qui sifflaient de toutes parts. Je menais en lesse un cheval frais, afin de le donner à monseigneur Gérard ; car il ne lui restait plus qu'à prendre la fuite. Hélas ! je le trouvai blessé d'un coup mortel et demandant à grands cris un prêtre. Après avoir pansé de mon mieux sa large blessure, j'allais me mettre à chercher un prêtre que j'avais vu, à quelques pas de là, confessant les blessés... quand une main glaciale, et douée d'une force surnaturelle, me saisit et m'arrêta... C'était l'âme de mon frère! Cette fois, il n'y avait plus à le mettre en doute: »

« Jamais vivant n'eut un visage et un regard semblables. »

— « Un prêtre! dit-il, un prêtre! Toi, Gérard? Non. Tu seras damné! Assassin de ton père, bourreau de ta femme, séducteur de Gertrude, tu seras damné, damné dans l'éternité! »

« Au même instant, la main qui me retenait me lâcha; une pierre énorme vint broyer la tête de monseigneur, et l'âme de mon frère disparut. »

« Hier au soir, après avoir ouï l'office des trépassés à l'église épiscopale, je passai devant le couvent des Carmes. J'eus idée d'y faire une station dans la chapelle qui était déserte. J'avais à peine récité la moitié d'un *de profundis*... que je vis un fantôme venir droit à moi. Il agitait les bras avec désespoir; il poussait des gémissemens inarticulés... Oh! sainte Vierge! C'était mon frère Amalric! Je le vis comme je vous vois. Mes forces m'abandonnèrent... Quand je recouvrai le sentiment, l'église était devenue déserte. »

« De retour chez moi, où je revins à grand' peine, chacun fut effrayé de ma pâleur et de mon agitation. Mon trouble était si grand, que je ne pus dire un mot de mon épouvantable aventure; il fallut me mettre incontinent au lit. La fièvre secouait mes membres de façon à me rendre un objet de pitié pour le plus endurci. »

« Après une longue nuit de délire et sans sommeil, je m'assoupis vers le point du jour. »

« Tout à coup, une main glacée pesa sur ma poitrine; elle m'étouffait : j'aurais voulu crier, me débattre : je ne pus ni proférer un mot ni faire un mouvement. L'âme de mon frère était encore là. »

« Priez pour moi, priez pour moi, depuis ma-
« tines jusques à vêpres. Je brûle des feux du pur-
« gatoire. Sauvez mon âme ! Il faut pour la ra-
« cheter plus de *de profundis* qu'il n'y a d'âmes
« en enfer. »

« Aucune bouche ne disait ces paroles, et cependant je les entendis fort distinctement, jusqu'à trois reprises différentes. Après cela, la main s'ôta de dessus ma poitrine, et je retombai dans un profond sommeil, jusqu'à l'heure de midi. »

« A mon réveil, je rassemblai ma famille, et je me mis à lui raconter ce qui m'était advenu depuis hier au soir. Alors, monseigneur, tous d'un commun accord, nous avons résolu de consacrer le reste de notre vie à racheter du purgatoire l'âme de mon frère. Je vous ai dit tantôt en quel lieu chacun de nous désire se cloîtrer. »

« Pour les biens que j'ai acquis, j'en ferai trois parts : l'une servira à rétablir l'église de Notre-Dame, la seconde à la dotation du logis hospitalier de Saint-Julien où je compte terminer mes jours au service des malades; de la troisième je rachèterai le droit de péage établi à la porte de Selles. Chaque voyageur n'aura plus ni une obole, ni une mesure d'avoine à y donner, pourvu qu'il récite un *de profundis* à l'intention de mon frère défunt, Amalric Delavigne. »

« Voilà d'étranges aventures ! dit Nicolas de Chiêvre, d'un air pensif. »

— « Oui, de bien étranges aventures, continua Liétard. Mais vous avez, maître Delavigne, pris une résolution sage et sainte. Nous l'approuvons beaucoup, et il ne tiendra pas à nous qu'elle n'ait une prompte exécution. »

« Nous nous chargeons de racheter à sire Fulcard le droit de péage de la porte de Selles, que lui a donné en dot madame Hildeberge son épouse. En notre considération et en faveur de votre pieux motif, il vous en fera bon marché. »

« Maintenant, messire Nicolas, allez dresser de ce pas l'acte de donation de tous ses biens que maître Delavigne fait à l'église de Notre-Dame et au logis hospitalier de Saint-Julien. Mettez-y : *Perturba-*

tores precipitentur in infernum cum Dathan et Abiron; conservatores æternæ beatitudinis gaudio donentur (1). Ajoutez qu'il s'en rapporte à notre sagesse pour le partage. »

— « Une telle détermination, hasarda le prévôt, demanderait à être mûrie sagement et durant quelques jours. »

— « Sainte Vierge! quand le ciel a parlé, vouloir empêcher d'obéir à ses ordres! Allez, messire Nicolas, obéissez promptement à ce que nous vous mandons, ou craignez d'encourir notre disgrâce. »

Le prévôt obéit, quoiqu'évidemment à contrecœur. Maître Wirembault Delavigne signa au bas du parchemin, qui fut scellé du grand sceau de l'église cathédrale.

— « Maître, dit Liétard quand tout fut terminé, dès demain vous serez reçu parmi les religieux hospitaliers de Saint-Julien. Quant au reste de vos volontés, elles seront observées comme celles d'un père à son lit de mort. Nous ferons plus : nous joindrons nos prières aux vôtres pour le repos de l'âme de Gilles-Amalric Delavigne, écuyer en son vivant. Demain il sera célébré à son intention un office solennel. »

(1) Propres expressions de l'acte de rachat.

« Maintenant, recevez notre bénédiction et allez en paix, plein de confiance en la miséricorde du Seigneur. »

Le lendemain matin, Liétard dormait encore d'un profond et doux sommeil, quand on vint lui dire que le supérieur des carmes demandait avec instance à lui parler sans délai. Après quelques plaintes amères du prélat sur les fatigues de son ministère, le religieux fut introduit.

— « Monseigneur, dit-il après s'être agenouillé, afin de recevoir la bénédiction de Liétard, je vins, il y a un an environ, vous consulter relativement à la demande d'un inconnu de faire un riche don à notre couvent, pourvu qu'on l'y admît comme novice, sans jamais s'enquérir de son nom. »

— « Eh bien? je vous le permis, il m'en souvient. »

— « Cet homme exerçait sur son corps les plus cruelles austérités; il passait les nuits à gémir, ne quittait jamais son cilice, et se déchirait par des macérations atroces. A en juger par la rigueur de sa pénitence, il fallait qu'il eût commis de bien grands péchés. »

« Ce matin, on l'a trouvé mourant dans le chœur de la chapelle. J'ai voulu l'encourager à ses derniers momens : rien n'a pu calmer ses remords. Il a rendu le dernier soupir en désespérant de la miséricorde de Dieu, et en s'accusant du meurtre de sa femme, de la damnation du seigneur Gérard de Saint-Aubert..... »

A ces mots, Liétard se leva avec précipitation sur son séant.

— « Sous peine de péché mortel, frère-supérieur, s'écria-t-il, troublé par une émotion qui ne lui était pas ordinaire ; oui, sous peine de péché mortel, je vous défends de dire jamais un mot de tout ceci ; particulièrement au prévôt de notre église, à maître Nicolas de Chièvre. Songez-y bien, frère-supérieur, sous peine de péché mortel ! »

« Maintenant, allez : faites, sur l'heure, enterrer le défunt, avec le capuchon rabattu sur le visage. C'est pour plus grande marque d'humilité. Priez, vous et vos religieux, qu'il repose en paix. La miséricorde du Seigneur est infinie. »

« L'étendue du repentir témoigné par le novice lui fera sans doute trouver grâce devant Dieu. Le secours de nos prières épiscopales y aidera autant que le peut leur faible mérite. *Requiescat in pace* ! mon frère. »

« *Amen !* » répondit le carme ; et il s'en fut.

LA

NOCE DE CAVRON SAINT-MARTIN.

1440.

Non, tu danseras,
Tu chanteras
Et tu riras!

(*Tentation de saint Antoine.*)

Je vivrais cent ans et plus, qu'il me souviendrait encore de la noce de Jean Saveux comme il m'en souvient aujourd'hui.

J'étais parti de bon matin de mon village, car je devais traverser la forêt d'Hesdin pour aller prendre, comme me l'avait recommandé mon oncle, son vieux compère le berger Nicolas Meuron, lequel était invité à la noce.

Il refusa obstinément de m'accompagner, disant qu'on ne le verrait pas à de telles épousailles, quand même on lui paierait cent doubles à la rose; mais il ne voulut jamais me faire connaître pourquoi. J'étais éloigné de sa maison au moins déjà de quatre *Ave*, quand il courut après moi et me rappela : c'était pour me remettre une petite bouteille qu'il me recommanda vingt fois au moins de ne pas quitter une minute, durant tout le temps que je serais à Cavron-Saint-Martin, chez Jean Saveux. Elle devait, disait-il, me préserver des embûches du malin esprit, lequel ne manquerait pas de faire des siennes.

Hélas! le vieux berger ne prédit que trop vrai, comme on le verra par la suite de cette histoire.

Je ne connaissais pas le futur de ma cousine Marguerite, et quand je le vis à mon arrivée, je me sentis devenir tout triste de ce qu'il allait avoir pour femme une si bonne et si jolie fille. C'était, je dois l'avouer, un beau garçon; mais il y avait dans ses yeux enfoncés sous de grands sourcils, il y avait dans sa figure pâle je ne sais quoi dont la vue faisait mal. On l'aimait peu dans le village, parce qu'il était fier de son argent, n'allait jamais se réjouir au cabaret, et restait quelquefois toute une semaine sans dire un mot à personne. Cela devenait même cause de beaucoup de propos divers : les uns le croyaient sous un sort; les autres, au contraire, le prenaient pour un jeteur de maléfices. Tant il y avait que, malgré les bonnes sommes et la grande ferme à trois granges qu'il apportait en dot, il s'en trouvait plus qui blâmaient ma cousine Marguerite de faire ce mariage, qu'on n'en rencontrait disant: « Marguerite se marie à Jean Saveux : cela fera un ménage comme il faut. »

La noce se fit, et tout alla bien jusqu'à l'heure de danser. Il advint alors que le ménétrier d'Hesdin, le joyeux Mathias Wilmart, n'avait pas été prévenu. Chacun se lamentait d'un pareil contretemps, lorsqu'on annonça au marié qu'un inconnu demandait à lui parler.

Jean Saveux, qui devisait et batifolait avec sa femme, et que l'on n'avait jamais vu, de mémoire d'homme, d'une humeur si avenante, se leva en pestant contre le malotru qui le dérangeait lorsque c'en était si peu le cas... Mais à l'aspect de l'étranger, qui, las d'attendre, avait pris sur lui d'entrer, il devint pâle comme un trépassé et faillit cheoir de son haut.

— « J'espère que je suis le bien-venu ? » demanda froidement l'inconnu au marié.

— « Vous avez le droit de l'être, » répliqua Jean Saveux; mais son visage pâle et le tremblement de tous ses membres démentaient le bon accueil qu'il s'efforçait de faire au nouvel arrivant.

Celui-ci n'en eut cure. Il se mit gaîment à table, versa de la bière plein une corne, pour le moins de la dimension d'une bottrine, et la vida d'un seul trait. Après quoi, il se servit d'un jambon dont il ne laissa que les os, mangea ensuite plusieurs *tartes* énormes, et but en conséquence. Jamais on n'avait vu soif si sèche, ni appétit si vorace.

Durant tout ce temps-là, il se faisait parmi les gens de la noce un plus grand silence qu'à un dîner d'enterrement. L'étranger qui venait de se mettre si à son aise, et à qui la gêne où son arrivée tenait chacun ne causait pas de souci, croisa paisiblement les jambes, et déboutonnant son pourpoint, lequel apparemment gênait sa digestion, il tourna la tête, et vit alors Jean Saveux debout et plus pâle que jamais.

—« Eh! eh! lui demanda-t-il familièrement, tu ne m'as pas encore montré ta femme, mon camarade. Serais-tu jaloux de moi? Ventrebleu! j'ai dans mon temps été gaillard comme un autre; j'ai fait pécher plus d'une jolie fille; mais autres temps, autres goûts. Tu le sais: maintenant, Jean Saveux, ce ne sont point de jeunes filles que je prends dans mes filets, n'est-il pas vrai? »

Jean Saveux, quoique à contre-cœur, prit Marguerite par la main et l'amena devant cet homme étrange.

« C'est une charmante créature ! Tu as bon goût, Jean, excellent goût. Il est malheureux, ma foi ! que ce soir... Car c'est ce soir », ajouta-t-il à voix basse et presqu'à l'oreille de Jean, qui frissonna de tous ses membres.

— « Mais que veut dire ceci ? continua l'étranger, sans faire attention au désespoir du marié : voilà une noce singulière : il ne s'y trouve même pas seulement un violon. »

Quelqu'un hasarda de raconter que l'on avait négligé de prévenir Mathias Wilmart, et que d'ailleurs, quand on l'aurait fait, la pluie qui tombait depuis midi lui aurait rendu impraticables les chemins de marne qui environnent Cavron-St.-Martin.

— « Parbleu ! si c'est là ce qui vous empêche de danser, dit l'étranger, j'ai précisément un violon ; et sans me piquer d'être excellent musicien, j'espère bien ne pas vous faire trop regretter l'absence de Mathias Wilmart que vous me vantez si fort. »

Il sortit, et revint avec un violon. Cela me surprit de la bonne façon, car je l'avais vu par hasard, lorsqu'il avait frappé à la porte en arrivant, et, j'en jurerais sur ma part de paradis, il ne portait de violon, ni dans les mains ni sous le bras. L'instrument ne pouvait être non plus dans son bissac, car il n'en avait pas.

Quoi qu'il en soit, l'étranger posa une chaise au milieu d'une table, grimpa dessus, et se mit à jouer du violon comme s'il n'avait jamais fait d'autre métier de sa vie. On l'aurait pris sans peine pour un ménétrier véritable; car c'était un petit homme gros et court, à mine réjouie et moqueuse au dernier point; il battait du pied, criait, se trémoussait et buvait comme Mathias Wilmart.

Chacun se mit en place, sauf le marié qui, taciturne et rêveur, se tenait dans un coin, et voulait même empêcher sa femme de danser.

Le joueur de violon s'en aperçut :

— « Que signifie une pareille conduite, Jean Saveux? demanda-t-il en ricanant. C'est aujourd'hui le plus beau jour de ta vie, et tu demeures comme un hibou! Allons! gai, mon camarade, en place! »

Mais pour cette fois, Jean Saveux refusa d'obéir. L'étranger, d'un seul bond, s'élança de la table et vint poser sa main sur l'épaule du récalcitrant. Aussitôt un transport frénétique de gaîté s'empara de Jean, naguère encore si triste. Il se mit à parler, à sauter, à rire, mais tout cela d'une manière tellement sinistre, qu'on l'aurait pris plutôt pour un possédé que pour un homme qui doit, dans une demi-heure, se trouver dans le lit nuptial avec une charmante épousée.

A vrai dire, la musique que jouait l'inconnu produisait une sorte de joie douloureuse que je n'ai jamais éprouvée que cette fois-là. Je me sentais, durant la danse, mille pensers coupables et singuliers; j'étais comme ivre ou faisant un mauvais rêve. Et puis l'air que l'on respirait dans la chambre était devenu lourd et brûlant, et il se répandait de toutes parts une odeur forte, âcre et suffoquante, comme celle que produit un fer rouge que l'on enfonce dans l'eau.

Minuit sonna : l'inconnu mit alors son violon sous le bras, descendit de sa chaise, et s'approchant de Jean Saveux : « A présent ! » lui dit-il.

— « Encore une nuit; rien qu'une seule nuit, » demanda Jean, dont tous les membres étaient secoués d'une manière effrayante.

— « Non, » répondit l'inconnu.

— » Du moins accordez-moi une heure, une heure encore...

— « Non, » répliqua une voix sourde et implacable.

— « Donnez-moi un quart d'heure, » fit encore Jean d'une manière piteuse.

— « Non. »

— « J'ai pitié de toi, ajouta l'étranger, après avoir joui un moment du désespoir de Jean Saveux: que ta femme signe ceci, et je t'accorde encore huit jours. »

Jean prit un rouleau de parchemin rouge à lettres d'or que lui présentait son hôte... mais il le rejeta avec horreur.

— « Alors je vais prendre congé de la compagnie, et vous viendrez me donner un pas de conduite. »

Le petit homme salua poliment chacun, et passant amicalement son bras autour du cou de Jean Saveux :

« Adieu, dit-il à la mariée. Ne vous fâchez pas trop contre moi si j'emmène votre amant : vous ne tarderez pas à le revoir, ma belle. »

Ce ne fut pourtant que le lendemain qu'elle le revit, et il n'était plus qu'un cadavre frappé de la foudre. On l'avait ainsi trouvé, après bien des recherches, gissant au pied d'un chêne de la forêt d'Hesdin.

Quand on le porta à l'église, les cierges bénis s'éteignirent tous à la fois, et l'on m'a raconté que la fosse dans laquelle on déposa la bière fut trouvée vide le lendemain.

LE

SIRE AUX ARMES BRISÉES.

1152.

Voilà des sanglans effets d'une cruelle passion d'un peuple sans teste et sans mercy.

(Jean le Carpentier, *Histoire de Cambrai et du Cambresis.* Maison d'Esnes.)

Au temps jadis, le château d'Esnes était le plus beau château du Cambresis.

A présent, il n'en reste plus que des ruines auxquelles le mélange de constructions rustiques et toutes modernes donne un aspect bien différent.

Au lieu de larges crénelures, deux toits mesquins de pigeonnier dressent leurs triangles d'ardoises sur les tours qui flanquent le pont-levis. On a creusé des fenêtres irrégulières dans l'épaisseur des remparts, et une lourde couche de chaume leur donne apparence de ferme délabrée.

Plus de fossés profonds, plus de fortifications anguleuses : la charrue a transformé les premiers en champs de blés que le vent agite comme des vagues; les autres gissent écroulées, et il ne se trouve point dans le village une seule cabane dont leurs décombres n'aient servi à construire les murs.

Une immense quantité de fumier comble la cour d'honneur; les ruines du perron conduisent à une cuisine, et l'on a tranformé en étables les vastes salles d'apparat. Ainsi l'on n'entend plus que des gloussemens de basse-cour et des beuglemens de ferme, en ces lieux dont l'écho redit tant de fois les chants de la trompette, le piaffement des destriers, les mâles cris des hommes d'armes et les douces paroles des damoiselles.

A droite de l'entrée principale, seul reste intact du vieux manoir, une mince tour de grès élève au milieu des ruines sa tête grise et nue. Un sculpteur du moyen âge a gravé sur le sommet, en caractères du douzième siècle, les douze heures de la journée : une horloge, merveille du pays, promenait sa grosse aiguille dorée autour du cercle de pierre, et indiquait la durée du temps au châtelain et à ses vassaux ; car l'artiste, pour obtenir ce double résultat, avait placé le cadran de manière à ce qu'on pût le voir du dehors et de l'intérieur de la cour.

Ce fut l'an de notre salut mil quatre cent et vingt, vers les fêtes de Pentecôte, et au moment où la cloche de cette tourelle sonnait l'heure de midi, que messire Jean d'Esnes se mit en route pour aller faire un séjour d'assez longue durée au domaine de son vieil ami et vieux compagnon d'armes, messire Jacques de Crevecœur. Chacun s'ébahit de voir le châtelain septuagénaire entreprendre pareil voyage; car, depuis neuf bonnes années pour le moins, il n'était sorti de la grande salle de réception que pour aller au moustier : encore lui fallait-il requérir l'aide de deux varlets vigoureux qui le portaient plutôt qu'ils ne le conduisaient au banc de velours armorié à l'écu d'argent et à la bordure de sable.

Après sept jours bien comptés, messire Jean revint en son domaine. La première chose dont il s'enquit fut pour quelle raison son fils messire Eustache ne se trouvait pas là, afin de lui rendre ses hommages et de lui souhaiter une bonne venue, ainsi qu'il était de son devoir.

Le vénérable chapelain, maître Claude Watremez, fit réponse que le jeune sire s'en était départi depuis une semaine pour le château d'Élincourt, ajoutant qu'il ne manquerait pas de revenir à la vesprée, comme il l'avait fait mander la veille par son écuyer Simon Guyot.

En effet, il advint comme le digne prêtre avait dit; car messire Jean n'avait point encore vidé sa deuxième corne d'hypocras, que son fils entra révérencieusement dans la salle, et se mettant à deux genoux, venait demander la bénédiction de monseigneur son père.

Mais le vieux seigneur, manquant pour la première fois de sa vie aux bienséances de l'étiquette, accola tendrement le jeune homme, sans lui imposer les mains, et se mit à crier plutôt qu'il ne dit : « J'ai fait un bon voyage, Eustache, un voyage duquel proviendront liesse et grandeur pour la noble et vieille famille d'Esnes. Dieu et la benoîte Vierge en soient loués! Le comte de Crevecœur m'a promis la main d'Emme, sa fille unique, pour vous, Eustache, pour vous, et au détriment de maint et maint riche poursuivant. »

Les joues d'Eustache devinrent pâles tout-à-coup; il voulut parler, il ne le put.

Alors, sans prendre attention à ce grand émoi, messire Jean se mit à dire comment il avait su parfaire une telle alliance, et à compter sur ses doigts, qui n'y suffisaient, les riches terres qui feraient l'apanage d'Emme de Crevecœur; sans oublier qu'elle apportait à son époux et suzerain le droit d'accoler à ses armes un écu de gueules à trois chevrons d'or, avec ce cri : *Tour Landry!*

Après quoi il congédia son fils, souriant à part du trouble où il le voyait.

A son âge, pensait-il, tant bonne nouvelle m'aurait fait baller de jubilation, et lui se tient rêveur et confus. Il est vrai de dire que j'étais un autre gars, éveillé comme il faut et prôné à dix lieues à la ronde pour ma joviale et facétieuse humeur.

Ruminant tels pensers de sa jeunesse, messire Jean d'Esnes appela d'un sifflet d'argent ses varlets, qu'on vit accourir soudain, et il se fit mettre incontinent au lit, où, d'après sa croyance, fatigue et joie lui préparaient un somme doux et mollet jusqu'au soleil levant.

Mais il n'en fut pas ainsi.

Vers minuit, il s'éveilla tout en sursaut. Il avait ouï un pas lent et solennel qui froissait la feuillée dont, suivant la coutume, on avait couvert le parquet de la chambre. Pour savoir ce qu'il en était, il souleva la courtine de son lit... Jésus ! sauveur des hommes! un chevalier de piteuse apparence se tenait là devant lui, la tête nue, la face meurtrie, l'armure brisée, et la robe couverte de boue et de sang.

Il attacha sur messire Jean d'Esnes un regard fixe et de compassion; après quoi il se mit à genoux, se frappa la poitrine avec désespoir, comme en *meâ culpâ* de quelque grand péché; et puis, se tournant vers le vieux sire, il proféra ces paroles d'une voix basse et dolente :

« L'enfer à qui fera comme moi! »

Et puis il disparut...

Messire Jean fit alors un tel bruit de son sifflet d'argent que son fils, ses varlets et jusqu'au vieux chapelain accoururent en émoi. Messire Jean dit à chacun de se retirer, et ne gardant près de lui que l'aumônier Claude Watremez, il lui enjoignit au préalable de réciter des oraisons, avec force eau bénite.

Quand ils eurent fait, messire Jean raconta de point en point la merveilleuse vision qui naguère lui était advenue.

Le chapelain l'écouta gravement.

« C'est le sire aux armes brisées, dit-il quand monseigneur eut fini. Il faut que l'on projette dans votre famille quelque mariage contre le gré des fiancés, car le terrible fantôme n'apparaît qu'en de telles circonstances. Vous avez vu tantôt Ulric de Landast, sire de Sommaing et d'Esnes, l'un de vos aïeux. »

La physionomie de monseigneur d'Esnes prit une expression non équivoque de mauvaise humeur.

« Par saint Jean mon patron! de quels propos biscornus venez-vous me gaber? Je suis un vieux guerrier, et les dires d'une tête rasée ne m'abuseront pas; tenez-vous-en pour assuré. »

Le prêtre, habitué aux rudes façons du châtelain, reprit en ces termes :

« Vous avez été de bonne heure mis comme page auprès de monseigneur le duc de Bourgogne, et partant vous n'avez point, je le vois, ouï en votre enfance conter la légende du sire aux armes brisées. Je vais vous la rapporter telle que la disent ici, le soir à la veillée, les bonnes gens de la châtellenie. Que je sois ardé au plus fond de l'enfer si j'en veux permuter une parole! »

» Il y a bien long-temps, (et si j'ai bonne mémoire, c'était vers l'an onze cent et cinquante-trois de notre rédemption, monseigneur Liétard étant évêque de Cambrai), Ulric de Landast, sire d'Esnes et de Sommaing, voulut marier son fils Alard à la châtelaine de Walincourt, demeurée veuve par le trépas du noble sire son époux. Mais Alard aimait d'amour Gillette de Glimes, fille orpheline d'un pauvre chevalier de haut lignage, défunt sans laisser à son enfant autre bien que renom sans tache et l'aide de plusieurs riches bourgeois qui avaient pris sa détresse en compassion. Or, la faible et délaissée créature portait en ses flancs le fruit de cet amour qu'Alard avait juré, sur sa part de paradis, de sanctifier par le mariage. »

» Quand il apprit si fâcheuse nouvelle pour les projets qu'il avait, quand sire Alard eut adjuré son père de l'unir en mariage légitime, non pas à la dame de Walincourt, mais à sa mie Gillette, messire Ulric fit serment que, sa vie durante, il n'en adviendrait rien. Les prières, les doléances, bien loin de l'adoucir, redoublèrent encore sa fureur : il bannit son fils du châtel, et lui donna sa malédiction jusqu'au moment où il consentirait à épouser la dame de Walincourt. »

» Alard s'en fut errer toute la nuit dans la campagne, et quand fut venu le jour il partit pour la ville, afin de revoir encore Gillette, et mourir après cela. »

» Comme il approchait du pont-levis du châtel épiscopal, il vit un grand rassemblement autour du fossé, et de ce rassemblement surgissaient doléances et malédictions. Il donna de l'éperon à son destrier, car la prescience de quelque grande infortune avait resserré son cœur déjà tout navré; mais la foule l'entoura incontinent, l'assaillit de pierres, et il tomba lapidé, près du corps de Gillette, trépassée la veille en se ruant dans le fossé du châtel. »

» Et chacun disait : « Il se trouve navré! il gît! » il est mort! c'est bien fait! C'était bien assez d'a- » voir causé le trépas de Gillette : nous ne pou- » vions le laisser venir rire en voyant sa figure

» pâle, et se frotter les mains en réjouissance, » comme pour signifier : J'en suis quitte : Dieu » soit béni ! »

» Il faut dire que le bruit s'était répandu chez les bourgeois que sire Alard avait consenti à épouser madame de Walincourt. La croyance d'une si vilaine foi-mentie avait donc causé la mort du pauvre jeune homme, advenu si mal à propos quand on retirait de l'eau Gillette, qui s'était noyée de désespoir à la fausse nouvelle de l'infidélité de son amant. »

» Mais Alard avait à peine rendu l'âme, qu'un de ses hommes d'armes, perçant la foule, se jeta en pleurant sur le corps, disant que son jeune seigneur était méchamment occis, et racontant de quelle façon il avait préféré subir la malédiction de son père plutôt que d'abandonner Gillette. Vous pensez bien comme les têtes chaudes de Cambrai furent marries à de tels propos ! Les bourgeois relevèrent les deux amans, et les portèrent avec dévotion, nue tête et pieds déchauds, dans l'église de Saint-Jean et Saint-Paul, au Mont-des-Bœufs, afin qu'il fût récité des oraisons et chanté des messes de *requiem* pour le repos de leurs âmes. »

» Cependant, sire Ulric ayant ouï dire que son fils Alard s'était départi pour la cité de Cambrai à cette fin de revoir Gillette, manda quatre hommes d'armes, et courut à bride abattue afin d'empêcher tel voyage. Mais comme il entrait aux faubourgs, des hurlemens de rage bien autres que naguère partirent de tous côtés. »

» On se rua sur ses hommes d'armes, et ils tombèrent occis en moins de rien. Pour lui, on le jeta à bas de destrier; on lui donna des soufflets redoublés les uns sur les autres, on lui arracha les cheveux, on lui déchira la barbe, et il n'y avait pas jusqu'aux femmes qu'on ne vît courir sus à ce misérable, pour le pincer et tirailler. On le mena après les places publiques, sans être couvert d'autre habit que d'une méchante chemise. Les uns le chargeaient de mortier et de boue, les autres l'accablaient de coups de massue sur la tête, les autres le piquaient avec des alènes et des broches. Bref, tous les Cambrésiens vinrent fondre sur lui, et l'allèrent pendre par les pieds à un gibet, où il reçut le coup de grâce d'une main qui lui passa une épée par la bouche jusqu'aux entrailles. »

» Et depuis ce jour funeste, quand on veut former dans votre noble famille un mariage contre le gré des fiancés, le sire aux armes brisées apparaît dans le château d'Esnes jusqu'à la mort des auteurs de ce mariage. »

Comme le chapelain finissait le récit merveilleux qu'on vient de lire, le jeune Eustache s'avança lentement auprès de monseigneur, et lui fit confession de l'amour qu'il avait voué à la damoiselle d'Élincourt, disant qu'il préférait trépasser plutôt que de mettre à son doigt l'anneau nuptial d'une autre, fût-elle mille fois plus riche et mieux dotée que la demoiselle de Crevecœur elle-même.

Il s'attendait à voir éclater le courroux de monseigneur son père; mais le sire d'Esnes demeura silencieux et rêveur.

Le lendemain matin, à son lever, sire Jean se trouvait pâle, tremblant et dans un émoi extrême. Il envoya le chapelain au château de Crevecœur... et dès que maître Claude Watremez fut de retour, on fit savoir aux vassaux qu'Alard Landast, sire d'Esnes, était fiancé à demoiselle Perrette d'Élincourt; et que désormais on verrait joint à *l'écu d'argent à la bordure de sable*, un *écu de gueules au francs-quartiers d'hermine.*

LA

GRANGE DE MONTECOUVEZ.

Et continuò gallus cantavit.
(S. MATTH., chap. XXII.)

Il y a, de ce que je vais conter, cent cinquante ans environ. La récolte avait été mauvaise, et pour achever de mettre au désespoir les malheureux fermiers, de grosses pluies commencèrent à tomber par torrens, vers le mois de septembre, et mirent en grand péril de se gâter les gerbes qui couvraient les champs; on ne pouvait même pas, suivant la coutume du pays, amasser en meules les bottes de blé : la pluie trouvait moyen de tout percer et de tout pourrir. C'était une désolation générale.

Un jeune paysan, marié depuis peu de mois, ressentit cette calamité plus que tout autre; car se fiant aux beaux jours qui adviennent d'ordinaire en ce pays au temps de la moisson, il avait remis à cette époque de faire bâtir une grange pour abriter ses récoltes. Il avait même été engagé à cela par les anciens des villages environnans: « allez par les champs surveiller les moissonneurs, disaient-ils: l'œil du maître grossit les gerbes, diminue la part du glaneur, et donne un troisième bras aux mercenaires. »

Il écoutait docilement ces préceptes de gens à cheveux blancs et dont les mains, depuis soixante années, s'appuyaient sur la charrue. Mal lui en advint cependant, ainsi que je l'ai dit; mais ceux qui avaient parlé comme on l'a ouï et avaient causé la ruine du pauvre jeune fermier n'en vinrent pas pour cela davantage à son aide, et le laissèrent se désespérer tout seul.

Or, un soir, Pierre Margerin, (ainsi le nommait-on), revenait à son logis, la mort dans le cœur : il songeait qu'il ne pourrait pas tirer trente écus de sa récolte; qu'il lui serait impossible de payer ses rendages, et qu'il lui faudrait se louer comme valet de charrue chez quelque fermier du voisinage. Le ciel est témoin que ce n'était pas à cause de lui qu'il ressentait le plus d'affliction; mais sa femme!....; son enfant qui devait venir au monde à quatre mois de là.....

Il se trouvait en des pensers pareils de quoi pousser un homme à faire quelque mauvais coup. Il se jeta au pied d'un arbre, et tirant un grand couteau de sa poche, il l'examina en silence, et puis il l'approcha de sa poitrine.

En ce moment survint un étranger, qui s'informa de Margerin quel sentier conduisait au château du Câtelet. Il fallut qu'il répétât deux fois sa question, car la rêverie du fermier était si profonde, qu'il n'entendit pas la voix sèche et mordante qui l'interrogeait.

— « Je vais vous servir de guide, répondit-il à la deuxième fois : venez, monseigneur. »

Il lui donna ce titre, parce que l'étranger était richement vêtu, portait épée, et annonçait par ses façons un homme de haut lieu.

Tandis que Margerin marchait avec lui :

— « Vous paraissez bien triste, brave homme, demanda celui qu'il conduisait : vous est-il advenu quelque malencontre? »

— « S'il m'en est advenu! Ma récolte est encore là, au milieu des champs; la pluie la pourrit à loisir, car je n'ai pas de grange pour l'abriter. Voici tantôt huit jours que les ouvriers travaillent pour en construire une... Ils n'avancent en aucune façon, et quand ils auront fini, ce qu'ils bâtissent me sera inutile, car il ne me restera que du fumier à y mettre. Je suis ruiné à tout jamais, hormis que pour me sauver il n'advienne un miracle de Dieu. »

L'étranger pâlit et frissonna. Margerin crut voir dans cette émotion soudaine un signe de grande compassion, et il se remit à conter ses doléances.

— « En effet, vous êtes dans un mauvais pas, et je ne vois qu'un moyen de vous en tirer. »

— « Un moyen ! lequel ? lequel ? dites. S'il en est un, je l'accepte, quel qu'il soit, dût-il m'en coûter la vie ! au moins ma femme et mon enfant seront préservés de la misère. »

— « Eh bien, reprit froidement l'étranger, je vous donnerai cent louis d'or ; je ferai bâtir votre grange, et je la remplirai de blé sec de bonne qualité, et qui vaudra pour le moins sept écus du mencaud. »

— « Que le ciel vous bénisse ! mon généreux seigneur, s'écria Margerin, en passant du plus amer désespoir au comble de la joie... Ma reconnaissance.... » Il s'arrêta tout à coup, car un rayon de la lune, s'échappant alors d'un nuage, éclairait la pâle figure de l'étranger et donnait à sa physionomic une expression effrayante. On aurait dit un cadavre, si ses yeux petits et enfoncés n'eussent brillé d'un éclat surnaturel et d'une joie odieuse.

— « Il me faut pourtant des sûretés ; voyons : voulez-vous signer un contrat avec moi? Voici mes conditions : avant le premier chant du coq, vous aurez tout ce que je vous ai promis; mais vous vous reconnaîtrez mon vassal, et jurerez de me suivre dans un an en ma sénéchaussée. »

— « Votre sénéchaussée est-elle loin d'ici ?

— « Il ne faut pas une heure pour s'y rendre. »

— « Il va s'en dire que vous m'y donnerez un logis qui vaudra le mien, et que ma femme et mon enfant m'accompagneront. »

L'étranger eut de la peine à comprimer un éclat de rire.

— « Mettons aussi votre femme et votre enfant sur le contrat. Je vous donne cent louis pour la femme, et cinquante pour l'enfant. »

— « Affaire conclue! répondit Margerin : allons signer l'acte chez le tabellion. »

— « Il n'est pas besoin de tabellion en cette affaire : je porte sur moi plume et parchemin. D'ailleurs, j'ai grande hâte d'arriver au château, et je ne puis perdre plus de temps pour si mince affaire. Faites-vous une légère piqûre à la main gauche, et nous nous servirons de sang en guise d'encre.

— « Soit fait comme vous dites. »

Le contrat fut transcrit et signé, l'or compté et donné. L'étranger se dirigea ensuite du côté du château, et disparut au milieu du sentier, à la grande surprise de Margerin. Ce dernier revint à son logis, et chemin faisant, il était tourmenté de je ne sais quelle secrète inquiétude sur le marché qu'il venait de conclure.

Qu'est donc ce seigneur? songeait-il : sa sénéchaussée ne se trouve qu'à une lieue d'ici : apparemment c'est le fils du sire de Villers-Outréaux, d'Esnes, ou d'un autre village des environs. Ma foi! deux cent cinquante louis d'or et une grange remplie de bonnes récoltes valent bien la peine que l'on change de village.

A son arrivée devant la ferme, il trouva les ouvriers de l'inconnu qui remplissaient déjà les conditions du contrat. Ils travaillaient avec une promptitude merveilleuse : tandis que les uns posaient les poutres et les pièces de bois, les autres maçonnaient les briques; et il leur suffisait de poser la main sur le mortier pour qu'il durcît et séchât incontinent. Une lueur rougeâtre éclairait tout ce monde, et cependant on ne voyait aucune torche qui la produisît.

Mais ce qu'il y avait de plus incompréhensible, c'était le silence profond qui régnait au milieu d'une telle activité de cinquante maçons, charpentiers et autres. Il n'y a point à minuit de silence pareil dans un cimetière abandonné : le marteau frappait sans retentir, la scie rongeait, s'élevait, retombait, enlevait de grands éclats de chêne, et l'on n'entendait ni la respiration subite de l'ouvrier, ni le déchirement du bois.

Saisi d'une terreur inexprimable, il entra dans sa maison. Il y trouva sa femme surprise et consternée de voir les animaux domestiques, agités d'une terreur secrète, se presser les uns contre les autres et pénétrer dans le corps des bâtimens de la ferme, comme pour se dérober à un grand danger. Les chiens hurlaient lamentablement, et ajoutaient encore à l'horreur de ce qui se passait.

Il y avait dans la ferme un coq d'une rare beauté, et qu'affectionnait surtout la maîtresse de la maison. Cet animal, qui se montrait effrayé plus que les autres, s'élança soudainement sur les genoux de sa maîtresse; surprise par cette irruption brusque et inattendue, elle poussa un cri, se signa et rejeta le coq, qui se mit à chanter.

Soudain on entendit un bruit comme un coup de foudre : la terre trembla, et les ouvriers disparurent, laissant la grange inachevée.

Le lendemain, on s'ébahit dans le village de voir cette grange non seulement construite en une nuit, mais encore remplie de gerbes, sans que l'on eût employé ni charriots, ni valets pour les transporter. Margerin se garda bien de dire ce qui en était.

Après s'être confessé et avoir remercié le ciel du péril auquel il l'avait soustrait, car il était convaincu maintenant que l'étranger était Satan en personne, il se mit à l'ouvrage pour finir un pignon resté inachevé. Mais quand il voulut poser une brique, elle fut soudain renversée par une force surnaturelle, et jamais il ne put venir à bout de terminer ce pignon, qui se trouve encore aujourd'hui dans le même état où les ouvriers infernaux l'avaient laissé.

Et depuis ce temps-là aussi, un coq se met à chanter dans la même ferme bien long-temps avant le lever du soleil, et à l'heure à laquelle prirent la fuite les maçons de Satan.

Margerin mourut dans un grand âge, et avec des sentimens de piété fervente.

Telle est encore une des légendes de la Flandre française, pays si fécond en souvenirs, si riche en traditions. Parcourez chacun de ses villages, chacun de ses hameaux, et l'on vous y racontera de ces récits où, parmi des faits bizarres, étincelle une imagination énergique, sombre et sauvage, où l'on reconnaît l'influence de notre atmosphère brumeuse, de nos sites froids et uniformes, de nos habitudes superstitieuses. Sous le chaud climat de l'Espagne, les paysans chantent de joyeuses *seguedillas*, expression de l'indolence voluptueuse qu'enfante un sol doux et fécond. En Italie, un ciel d'azur, une nature enchanteresse, inspirent des *canzonette* amoureuses et tendres. Mais dans la Flandre, tout ce qui nous entoure est grave, monotone, d'un austère aspect : l'œil ne voit dans la campagne que des marais, des vallées, et des champs riches de culture mais fort peu pittoresques ; la terre n'y cède ses fruits qu'à de persévérans labeurs. Pour faire impression sur des organes endurcis par la fatigue, pour intéresser des hommes habitués à ne voir que des scènes sévères, il faut des récits d'un merveilleux sinistre, et qui deviennent en quelque sorte vraisemblables en se rattachant à des objets et à des lieux connus ; il faut des récits où la terreur soit portée au comble, et qui laissent dans le souvenir une profonde impression. On les redit, le soir, à la veillée ; et au moment où l'intérêt est devenu le plus vif, les rouets des fileuses s'arrêtent ; le cercle se resserre en silence, et l'on n'entend plus que la voix cassée et basse du conteur, tandis que les regards de ceux qui l'écoutent se portent avec effroi derrière eux, comme si les mauvais esprits dont on parle, évoqués par ces récits nocturnes, étaient là debout, leur terrible fourche à la main.

LE FILS DU QUEUX.

1219.

Plus ne m'est rien, rien ne m'est plus.
(*Devise de Valentine de Milan.*)

En 1205, vers le mois de mars, et sous l'épiscopat de monseigneur Jean de Béthune de Hainaut, le roi du *serment*, ou confrérie des *mulquiniers*, vint à rendre l'âme.

Après de longs pourparlers et des discussions sans fin, car parmi les marchands et apprêteurs de fils de batiste, il se trouvait plus d'un riche bourgeois désireux de pareille dignité, on élut, pour successeur au défunt, maître Eustache Dinault, lequel était bon compagnon, de sage conseil et d'humeur joviale.

Vous comprenez bien, et de reste, que ripailles s'ensuivirent, et durant plus de sept semaines.

D'abord le roi des mulquiniers, en l'honneur des trois personnes trois fois saintes de la trinité, hébergea trois jours de suite, et à trois reprises différentes, tous les membres du *serment*, non compris ses parens, ses alliés, ses amis et ses connaissances. Ainsi le voulaient les statuts du *serment*.

D'un autre côté, et comme les us leur en faisaient un devoir, les plus riches membres du *serment* prirent à cœur de festoyer comme il faut, et chacun à leur tour, celui qu'ils avaient élu pour le premier de leur confrérie.

Point n'est, selon moi, chose possible que de rapporter ce qu'il fut dépensé d'écus d'or en achats de victuailles, non plus que le nombre de bottrines, de vin qui, suivant la joviale facétie du roi des mulquiniers, *perdirent l'âme* en cette occurrence.

Mieux est donc d'écrire tout bonnement que les mulquiniers s'accolaient à table devers l'heure de vêpres, et qu'ils s'en départissaient à nuit close, et seulement quand la cloche du beffroi sonnait le couvre-feu; encore chacun geignait-il : « déjà! » quand le son clair et lent venait à tinter.

C'était à pareille heure, et peu de jours après les fêtes de pâques, que l'un des membres les plus honorables de la corporation des mulquiniers, maître Bartholomé Le Baudain, venait de congédier ses convives.

Il ne se trouvait plus dans la grande salle du festin que lui et deux autres personnages bien différens : l'un était monsieur le chanoine Nicolas Watremetz : le second un personnage accoutré d'un pourpoint bigarré et tout couvert de grelots dont la sonnerie argentine bruissait au plus léger mouvement. Pour lors, il faisait hâter les serviteurs du chanoine, qui s'évertuaient à sangler la mule de leur maître; ce qu'ils ne parfaisaient point vîtement, car ils avaient trinqué de si bon aloi en l'honneur de maître Eustache Dinault, que leurs mains avaient de la peine à nouer convenablement les courroies.

Ce voyant, maître Le Baudain enjoignit à l'homme à sonnettes, lequel avait nom Nicolas Parigault et était le *sot-seuris* ou fou du *serment* des mulquiniers, d'accompagner messire le chanoine jusqu'en son logis ou châtel épiscopal. Il lui recommanda mainte et mainte fois en outre de marcher devant la mule du chanoine, une torche à la main, précaution fort nécessaire pour arriver sans encombre au-delà du *clapier maudit* qui se trouvait à mi-chemin.

On nommait de ce nom discourtois l'assemblage de la rue *des Juifs*, du carrefour du *Coupe-Oreille* et de la ruelle des *Belottes*, lieux hantés par des mécréans, des larrons et des femmes bourdelières. La demeure du bourreau, avec sa potence et le gibet, s'élevait en cet endroit de mauvais renom, comme une perpétuelle et salubre admonestance du châtiment réservé à gens de si mauvaise espèce.

Maître Le Baudain avait maison sur la partie la plus élevée du Mont-des-Bœufs, auprès de l'église Saint-Pierre et Saint-Paul. Le trajet jusqu'au châtel épiscopal devant être en conséquence de longue durée, le *Sot-Seuris* se mit en devoir d'égayer, chemin faisant, le riche chanoine favori de monseigneur l'évêque, et qui ne manquerait point assurément de rémunérer comme il faut ses jovialités et bonnes paroles.

A cette fin, le plaisant corps se prit à imiter grotesquement l'ivresse des varlets, et à les ébaubir de contes saugrenus. Le bon chanoine en éclata de rire, et, mis en belle humeur par cet encouragement, l'homme aux grelots redoubla de facéties et railla à outrance toute la compagnie de messire Watremetz.

— « Frère, dit-il en passant le bras sous celui d'un gros varlet qui pouvait à peine se tenir, tant il avait haussé le coude durant le festin, — digne et preux ami, vous faites bien de vous signer de la sorte aux bruits et clameurs provenant du *clapier maudit.* Signez-vous de nouveau, car, Dieu nous soit en aide! le diable en personne vient chaque nuit faire le sabbat dans les lieux que nous traversons. Il y a pour société les pendus qu'il décroche du gibet, et les juifs, ces mécréans dont le plus grand régal est la chair d'un enfant chrétien. Je deviens à chair de poule rien que d'y penser !

« Par sainte Nitouche ! entendez-vous?... Quelles figures noires se remuent là-bas dans l'ombre?... On n'entend plus rien à présent : on ne voit plus rien. N'allez point croire que ce soient des ribauds qui ont pris la fuite à notre vue : je vous le dis, mon frère, nous avons bel et bien vu de pâles revenans, des diables d'enfer, et, Dieu nous garde! bien pis peut-être encore. »

Tandis qu'il gaussait de la façon, au grand plaisir du chanoine, le *Sot-Seuris*, trébuchant sans s'y attendre, tomba la face contre terre, et jeta un cri de détresse. Pour cette fois ce n'était point feintise, mais doléance de bon aloi : figurez-vous que deux mains velues tiraillaient ses cheveux, et que des dents acérées le mordaient à la face et aux oreilles.

» Messire le chanoine, criait-il piteusement, messire le chanoine, je suis, pour peine de mes hérétiques moqueries, oh! je suis aux prises avec le diable d'enfer! »

— « Taisez-vous, je vous l'ordonne, répondit messire Watremetz d'un ton de courroux : trève à de pareils propos. Je ne regarde point comme prudent de s'arrêter en pareil lieu et d'éveiller les ribauds du quartier maudit; il vous en coûtera, maître gausseur, pour avoir éteint la torche en vos ébats malencontreux. »

— « Que le ciel ait pitié de mon âme, reprit le pauvre *Sot-Seuris* en se démenant avec son étrange adversaire; monsieur le chanoine, ce n'est pas une feinte : dites un exorcisme et je serai délivré du diable. »

— « Marchez devant, ordonna messire Watremetz à ses varlets; marchez et laissez là un drole qui prend si mal son temps pour rire. »

A cet ordre, le *Sot-Scuris*, témoigna tant de désespoir, que le chanoine comprit enfin que l'effroi du pauvre hère n'était pas simulé. Mettant pied à terre, car aucun de ses serviteurs n'osait approcher, il ramassa la torche et parvint à rallumer. S'approchant alors du lieu où gissait le *Sot-Seuris*, il ne fut point médiocrement étonné de le voir près du cadavre sanglant d'une femme, et aux prises avec un gros singe qui, à l'aspect de la torche, quitta la partie et alla se réfugier sur un toit.

Messire Watremetz, glacé de peur, s'apprêtait à continuer sa route, d'abord pour sortir d'un pareil coupe-gorge, et ensuite pour faire donner avis au prévôt du meurtre qui venait d'être commis, lorsqu'un vagissement d'enfant se fit entendre sous les pieds même de sa mule. Apparemment tombé des bras de la femme occise, le pauvre petit avait sans doute roulé jusque là.

Ému de compassion à la vue de l'innocente créature, messire Watremetz l'enveloppa de son manteau et l'emporta chez lui, où son premier soin fut de faire éveiller une vieille sœur ayant nom Berthe, qui demeurait avec lui depuis vingt ans.

Après avoir grondé, au préalable, de se voir éveillée brusquement durant son premier sommeil; après avoir demandé à son frère, avec une aigreur quinquagénaire, ce qu'il voulait qu'elle fît d'un enfant; après avoir énuméré les peines, fatigues, soins et veillées dont l'accablerait infailliblement l'éducation de son protégé, la respectable dame se mit à le soigner comme aurait pu le faire la mère la plus tendre.

— « C'est une charmante petite fille, dit-elle à mademoiselle Cunégonde, sa chambrière et sa confidente ; elle est blanche, voyez, comme les colonnes d'albâtre de la chapelle de la Vierge. Allez tôt et vîte chercher du lait, car la pauvre enfant crie et se meurt de faim.... Oh! que vous êtes lente! Jésus, mon doux sauveur! j'y aurais été déjà deux fois pour le moins.... Dieu soit loué! voici enfin ce qu'il me faut.... tenez, regardez comme la chère petiote se jette sur la nourriture!

« Maintenant qu'elle a fini, la voilà qui s'endort. Je veux la garder près de mon lit, afin que sa première doléance me réveille et m'avertisse qu'elle a besoin d'aide. »

La petite fille n'éveilla pourtant point, de toute la nuit, madame Berthe; et quand, le lendemain après Nones, son frère vint s'enquérir d'elle, mademoiselle Cunégonde répondit que sa maîtresse dormait encore d'un profond sommeil.

Le chanoine, à son retour, trouva madame Berthe qui berçait sur ses genoux la petite fille revêtue de langes propres et avenans.

Après avoir écouté patiemment de longues dissertations de sa sœur sur la manière d'élever les enfans, et sur la supériorité de ses connaissances en pareille matière, messire Watremetz, à son tour, trouva moyen de raconter les résultats de l'enquête dressée par le prévôt, à l'occasion de l'assassinat de la veille.

A en juger par son teint noir et ses vêtemens étrangers, la femme occise dans le *clapier maudit* était une bohémienne qui montrait un singe, et le

pour en fabriquer une pareille; à savoir : Taillavant, prime-queux de sa majesté le roi de France, et moi Jacques Magalouffe, qui l'ai inventée avec lui, au temps que j'étais en la bouche royale de Paris. Quelles autres mains que les siennes ou les miennes sauraient de la façon couper des tranches de *pain-primos*, les imbiber en une couche de miel, de vin blanc et de jaunes d'œufs; après quoi les frire en un sain-doux moelleux, et les faire surnager, sans qu'elles aillent au fond, en un jus d'eau-de-rose saupoudré de safran et de paillettes d'or impalpables? »

Durant cette longue digression, l'ire de Magalouffe s'était réfroidie, mais elle bouillonna de plus belle à la vue d'un nouveau paon qu'on lui apporta pour remplacer celui dont il avait rossé le petit Séverin.

« Un festin de pareille ordonnance devait me mériter les éloges d'un chacun! ajouta-t-il en tremblant d'indignation et en élevant la voix du plus haut possible : Malédiction! ce petit réprouvé m'a plongé dans un abîme de confusion et d'opprobre. Il ne me reste qu'à jeter ma baguette blanche de queux épiscopal, et d'aller me cacher humblement derrière la plus pauvre bourgeoise, qui, une seule fois la semaine, — le dimanche, — mette cuir dans un pot de terre une oie fumée, d'un demi-sol.

» J'avais dépouillé de sa peau, sans une écorchure, sans perdre une plume, le paon que voici à mes pieds. Après quoi, enveloppant de bandelettes minces son cou délicat, j'avais mis à la broche, de mes propres mains, le noble volatile, non sans recommander à Séverin d'arroser les bandelettes, de temps à autre, avec une eau bien froide, afin que les plumes et la riche aigrette du paon ne fussent point happées par la flamme.... Sainte Marthe me donne de la patience! Le mécréant s'est pris à étudier je ne sais quel chiffon de parchemin que l'a mis à même de débrouiller le chapelain de monseigneur... Jugez de mon indignation! Quand j'ai cru pouvoir dresser mon paon et le recouvrir de sa peau, j'ai vu, quelle infamie! j'ai vu, messire le chanoine, que son col et son aigrette étaient ardés et noirs comme braise! »

— « Tu sais donc lire, Séverin? » demanda le chanoine à l'enfant qui pleurait.

— « Hélas! oui, messire Watremetz, » répondit le pauvre petit garçon, qui sortit à la fin du coin où il se tenait blotti.

— « Lire! s'écria Magalouffe; lire!... à quoi cela le mènera-t-il? je vous le demande. »

— « A être chanoine, reprit Séverin : le chapelain me l'a dit. »

— « Chanoine? chanoine? Oh!... pour le coup, il perd la tête... Je vais... »

— « Apaisez-vous, mon cher Magalouffe, et pardonnez à Séverin; allons voyons, par amitié pour moi. »

Magalouffe fit une inclination, et rechaperonna son chef dépouillé de cheveux.

— « Puisque votre fils a d'heureuses dispositions pour l'étude, je veux les cultiver moi-même, et nous en ferons, sinon un chanoine, du moins un chapelain avec quelque bon bénéfice. »

— « Hélas! soupira Magalouffe, un étranger, un autre que mon fils, recevra donc de ma main mourante la blanche baguette de queux épiscopal! »

Et les larmes aux yeux, et le cœur resserré d'une profonde tristesse, il se mit à préparer un nouveau paon. Cette fois, il en arrosa lui-même l'aigrette et le cou, afin que sa mésaventure de tout à l'heure ne se renouvelât point.

Tant de soins ne demeurèrent pas infructueux, et il s'éleva parmi les convives un murmure d'admiration, quand Magalouffe servit le bel oiseau, revêtu de ses plumes dorées, la queue étendue, et le cou dressé, comme s'il eût été vivant encore sur le perchoir.

Messire Watremetz tint fidèlement la promesse qu'il avait faite, et Séverin, à dater du lendemain, devint son disciple assidu.

Laissons écouler à présent quatorze années, et reportons-nous sous l'épiscopat de monseigneur Godefroi de Fontaine, en 1233.

Séverin était devenu un jeune homme doux et laborieux. Le bon chanoine Watremetz, lui à dix-huit ans si joyeux compère, s'émerveillait de voir son élève étudier la science peu attrayante de la théologie avec une ardeur et une persévérance extrêmes. La piété fervente de Séverin et le désir ardent, l'idée fixe qu'elle lui inspirait d'entrer dans les ordres, aplanissaient pour ce jeune homme les âpres difficultés d'un travail ingrat.

Le seul délassement que prit Séverin était de passer, chaque jour, deux ou trois heures à copier des missels, des manuscrits, et à en colorier les majuscules et les peintures. Il avait même atteint, dans ce genre de travail, une perfection peu ordinaire, et dont auraient pu tirer vanité les rubricateurs les plus en renom. Messire Watremetz devait à ce talent de Séverin une bibliothèque de quatorze volumes, véritable phénomène, riche trésor littéraire, à l'époque que nous essayons de peindre.

Il a été omis de dire que, depuis quatre années, madame Berthe s'était départie de chez son frère, pour aller demeurer auprès d'un autre parent infirme, vieux, et qui restait en la châtellenie de Marcoing. La digne dame avait emmené avec elle

Lydorie; et on ne les voyait que rarement à Cambrai, quoique son amitié, tout aigre qu'elle était, mais bien sincère pour messire Watremetz, n'eût subi aucune altération. Au départ de sa sœur, messire Watremetz décida le père de Séverin à le laisser venir demeurer avec lui.

Quand le vieux parent de dame Berthe eut rendu l'âme, et qu'elle revint habiter au logis de messire Watremetz, Séverin attendait le moment où il lui serait accordé de recevoir les ordres, époque après laquelle il soupirait avec impatience, et comme après l'objet des vœux de toute sa vie.

Oh! songeait-il avec émotion à chaque instant, béni soit mon Sauveur, bénie soit Notre-Dame sa mère immaculée, qui, dans leur miséricorde, m'ont octroyé de passer le reste de mes jours parmi les saints devoirs et les douces jubilations de la clergie! Aider les souffreteux, réconcilier les pécheurs avec le ciel et avec eux-mêmes, encourager les mourans, consoler les affligés, et sentir battre son cœur plus vîtement après avoir parachevé une œuvre agréable au Seigneur. Et puis accomplir les sublimes mystères d'un Dieu qui, sous les apparences du pain et du vin, descend du ciel à la voix d'un humble prêtre, voilà la vie qui m'attend sur la terre.

Pour le reste du temps, loin des périls du monde, je le passerai aux ébattemens paisibles de l'étude, et du travail de rubriquerie, m'efforçant de témoigner à mon cher bienfaiteur, messire le chanoine Watremetz, combien il se trouve d'heur pour moi à lui prouver ma reconnaissance.

L'élève de madame Berthe, grâce aux bouffées de contradiction et de tendresse, d'aigreur et de complaisance exagérée de celle qui l'avait éduquée, était bien loin de posséder la quiétude de goûts et la douceur de Séverin. Véritable petit démon, tour à tour fantasque, docile, bruyante, taciturne, folâtre, tendre, emportée, elle plaisait toujours, parce qu'il était impossible que si gente créature ne plût à chacun. Messire le chanoine raffollait de Lydorie; madame Berthe la grondait vingt fois de matines à vêpres, et l'embrassait tout autant de fois.

Lydorie allait vêtue aussi cossuement qu'une bourgeoise de qualité. Aucun n'y trouvait à redire: jamais jolie fille, aux grands yeux brillans, n'avait revêtu avec plus d'avenance et de grâce les deux robes de couleurs tranchantes, et dont le bavolet dessinait si bien des formes qui palpitaient.

Chacun au logis cédait à ses moindres caprices: les varlets, messire le chanoine, madame Berthe et Séverin comme les autres.

Un jour qu'elle avisa, par cas fortuit, le jeune

homme peignant un beau missel, il lui prit fantaisie soudaine de devenir elle-même clerc en rubriquerie; et vite et tôt, il fallut que Séverin lui enseignât à étendre les couleurs, et à mettre l'or sur le blanc vélin.

Durant cette leçon, il devint nécessaire que plus d'une fois Séverin guidât de ses doigts les doigts peu dociles de Lydorie : folâtre et rieuse, elle se réjouissait des longues monitions du professeur; et par malice épanchait à plaisir, au beau milieu de la blanche marge, de grosses taches de pourpre ou de noir qui la gâtaient vilainement. Mais elle ne s'en souciait mie, et s'ébattait à recommencer, non sans avoir fait promesse auparavant de se montrer attentive et soigneuse, sans avoir feint une gravité magistrale.

Lorsque Séverin rentra dans sa chambrette, il se mit en oraison. Sans le vouloir, toutes ses pensées devinrent insensiblement des souvenirs de la leçon de tantôt : il ne put songer qu'à cela.

D'abord il en eut affliction comme de péché mortel, et il se promit de ne plus se risquer désormais à pareil péril.

Mais Lydorie vint l'adjurer de façon tant coquette et tant gentille de ne point abandonner l'écolière de si belle espérance; elle se fâcha si joyeusement à ses mous refus, qu'il n'y put tenir, et qu'il lui fallut céder.

Dès ce moment, tous autres pensers que pensers dévotieux et de clergie s'emparèrent de son imagination. La vie de prêtre commença à lui paraître sévère et isolée; et quand il voyait quelque bourgeois se promenant avec son épousée, tandis qu'un jeune gars chevauchait à côté d'eux sur un batonnet, le cœur de Séverin devenait serré : il éprouvait une tristesse vague, et le besoin de je ne sais quel heur; mais il sentait bien du moins qu'on ne pouvait le posséder tout seul et dans le recueillement et l'étude.

De son côté, Lydorie trouvait toujours trop courte la leçon de rubriquerie, et la folâtre jeune fille, de moqueuse et enfantine, devenait rêveuse et plus grave. Assise tout auprès de Séverin, elle se complaisait à faire docilement, ainsi qu'il lui enseignait; ou bien, il lui lisait à voix haute, quelque belle histoire de la sainte Bible, et la voix du clerc devenait tremblottante, et les yeux de Lydorie s'emplissaient de larmes, quand il lisait à la page où se racontent les amours de Jacob et de Rachel.

Or, presque chaque jour Séverin ouvrait le livre à cet endroit touchant.

Cependant la fête de la Trinité était advenue, et l'époque où Séverin devait recevoir les premiers ordres de la clergie arrivait vitement, car c'était pour le jour de la Nativité.

Le pauvre jeune homme versait des pleurs amers à l'idée de ce jour autrefois tant rêvé avec désirs ardents.

Au treizième siècle, on célébrait dans le Cambrésis, par une procession de beaucoup de pompe, les fêtes de la Trinité. De vieux auteurs prétendent même qu'il faut voir dans cette coutume l'origine de la procession de Cambrai qui, jusqu'en 1682, s'est faite effectivement le lundi de la Trinité.

Tous les *sermens* de la bourgeoisie assistaient à cette procession, et, trompes en tête, enseignes déployées, marchaient vêtus de leurs pourpoints distinctifs.

Après la cérémonie, les *sermens* allaient reconduire avec honneur au logis de leurs rois les statuettes des bienheureux patrons qu'ils invoquaient, à savoir : sainte Pélagie pour les tisserans et les merciers; saint Fabien pour les arbalétriers; saint Sébastien pour les archers; saint Maur pour les boulangers, et Notre-Dame du Mont-Carmel pour les mulquiniers.

L'an 1233, le lundi de la Trinité, après que la procession eut fait le tour de la ville, monseigneur l'évêque rentra au châtel épiscopal, non sans avoir au préalable, et du pont-levis, donné la bénédiction aux *sermens*. Alors il se fit un grand bruit de trompes et de violes, et l'on entendit redire de toutes parts les cris des corporations :

saint Antoine! saint Maur! sainte Pélagie! etc.

Par dessus tous les autres dominait le cri des mulquiniers: Notre-Dame! Notre-Dame! car il n'y avait point à Cambrai de *serment* plus riche, plus nombreux que le leur, attendu qu'en la préparation et la vente des fils fins se trouvaient gros bénéfices, et qu'il fallait maint et maint louagers pour les parfaire en bobines propres au tisserand.

Sans contredit, celui qui se pavanait le plus de l'importance de cette corporation était notre ancienne connaissance Nicolas Parigault, le *sot-seuris* des mulquiniers.

La taille encaissée dans un petit cheval de bois sur lequel on aurait dit véritablement qu'il se tenait huché, (car un tapis traînant jusqu'à terre ne laissait point voir s'il se trouvait, par dessous ses grands plis, les jambes de Parigault ou celles de la haquenée de sapin), le *sot-seuris* courait sus à tous les passans, et ne se faisait point faute de brocards et de plaisanteries licencieuses, le tout inspiré par mainte et mainte rasade. Les mulquiniers accueillaient par des éclats de rire et des battemens de mains les dires du grivois plaisant, et vous sentez bien que pareil encouragement ne faisait que l'enhardir et l'exciter.

Madame Berthe et Lydorie, accompagnées de Séverin, regardaient non loin du pont-levis du châtel, le spectacle animé qu'offrait la foule immense naguère serrée en un point, et qui maintenant commençait à s'éparpiller de toutes parts : le *sot-seuris* reconnut la sœur du chanoine, et vint gambader autour d'elle pour s'en faire gratifier de quelques deniers.

Mais il fit faire en pure perte des sauts et des soubresauts à son destrier; il eut beau saluer et resaluer de son épée de bois, madame Berthe ne lui donna pas seulement un double. Le fait est que la dame avait omis de prendre son escarcelle avant que de sortir du logis.

Le *sot-seuris*, dont mainte rasade avait, comme nous l'avons conté plus haut, échauffé la cervelle plus qu'il n'aurait convenu, le *sot-seuris* se mit alors à gausser en termes messéans pour la sœur du chanoine.

Séverin lui enjoignit de se tenir plus circonspect.

« Sainte Nitouche! ma patrone! s'écria Parigault, en allongeant au jeune homme une estocade de son épée de bois; sainte Nitouche! mon fils, vous avez forfait à mon honneur et entaché de fiente le menu-vair de mon écu. Il va nous falloir venir en champs-clos! Vous prendrez pour casque un vieux pot du queux votre père, et un baiser de cette gente bohémienne sera octroyé au mieux faisant. »

A ces dires malotrus, le visage de Lydorie s'empourpra, et elle ne put retenir ses larmes; car il y avait là grande foule, où l'on se réjouissait de cette avanie, attendu que la protégée de madame Berthe s'en faisait accroire quelque peu, et malmenait parfois les gens de basse lignée.

D'ailleurs, les bourgeois étaient, la plupart du temps, en guerre ouverte avec les chanoines pour leurs priviléges, que le Chapitre voulait toujours rapetisser, quand eux cherchaient au contraire à les rendre plus grands. Vous sentez donc combien le menu-peuple se réjouissait de voir baffouer la sœur et les familiers d'un chanoine.

Séverin, voulant mettre terme à ces pourparlers discourtois, chercha à fendre la foule pour regagner le châtel; mais, au lieu de lui faire passage, on se resserra de plus belle; et le *sot-seuris*, soutenu de la façon, entoura de ses bras bigarrés la taille de Lydorie, et fit résonner sur les joues de la pauvre enfant un baiser des plus gros.

A ce dernier affront, Séverin frappa d'un coup horrible le bouffon, qui chut, la face rudement ensanglantée.

Si vous aviez ouï les clameurs qui surgirent de toutes parts quand le *sot-seuris* bien aimé tomba, vous auriez pâli de crainte. Tous ceux qui se trouvaient là, sans calculer que Parigault l'avait bien gagné, se mirent à clamer : *Aïe! aïe! on nous meurdrist, commune bourgeoisie;* et se ruèrent sur Séverin. D'un autre côté, les archers qui gardaient le pont-levis accoururent au secours du jeune homme, et il s'en suivit une mêlée épouvantable.

Mais les bourgeois, qui n'avaient point d'armes, se trouvèrent mal de ce combat; car les dagues des archers les taillaient bel et bien, tandis qu'ils ne pouvaient rendre en échange que des horions à poing fermé ou des coups de bâton, lesquels ils assénaient rudement à vrai dire.

Durant le désordre de cette échauffourée, Séverin put venir à bout de faire rentrer madame Berthe et Lydorie. La chose était malaisée; que l'une gissait en pamoison dans les bras du pauvre clerc, et que l'autre semblait quasi perdue de raison.

Les archers songèrent alors à battre en retraite; car à tout moment il advenait de nouveaux bourgeois pour les assaillir. Grâce à leur bonne contenance, ils en furent quittes pour des meurtrissures, et parvinrent à retourner au châtel et à lever le pont-levis sans laisser aux bourgeois aucun de leurs compagnons.

Les gens de Cambrai, voyant au moins trente bourgeois rudement accoutrés de blessures, allèrent s'emparer des barrières de la ville malgré les dires et les admonestions du grand baillif; d'autres coururent à Saint-Gery et à la Magdelaine, pour y sonner le tocsin et ameuter le reste du menu peuple.

En moins de rien de temps, quatre mille forcenés étaient sous les armes, s'emparaient du château de Selles, que Robert, baillif du chapitre, n'eut pas le courage de défendre; et ils emprisonnaient le grand vicaire, parent de messire Watremetz, lequel, ne pensant à mal, revenait paisiblement de la châtellenie de Marcoing.

Des pilleries et des extorsions se faisaient dans les divers quartiers de Cambrai. On tirait de force de l'abbaye de St.-Aubert un franc-servant qui s'y tenait réfugié, et on ne le lâchait que moyennant grosse rançon. Enfin, les logis de l'archidiacre de Bruxelles et de plusieurs chanoines qui demeuraient en ville furent forcés et butinés.

Tout le monde au châtel épiscopal était dans la consternation. L'évêque tenait conseil pour savoir que faire en si difficultueuse occurrence, et nul ne proposait un bon avis, mais bien maugréait (plus qu'il n'aurait dû convenir à gens de clergie), contre le pauvre Séverin, cause innocente de la révolte.

Cependant, les bourgeois apportaient force échelles pour escalader les murailles, et il n'y avait guère moyen de résister à leur assaut; car les gens d'armes n'étaient qu'en petit nombre au châtel épiscopal, et la prise de la forteresse de Selles par les assaillans rendait la défense presqu'impossible.

Mais n'en eût-il pas été de la façon, on n'avait point des vivres pour deux jours; et passé ce temps, il fallait se rendre à discrétion, à moins que les seigneurs francs-fiévés de l'évêque ne vinssent attaquer les bourgeois. Malheureusement on devait compter peu sur l'aide de ces petits suzerains, disposés plutôt à faire cause commune avec les révoltés qu'à les assaillir et mettre à la raison.

Les choses changèrent néanmoins de face tout à coup, et sans que l'on eût pu le prévoir.

On avait emporté dans sa maison le *sot-seuris* Parigault, que l'on croyait à demi trépassé, quoiqu'il ne fût qu'étourdi du coup asséné par Séverin, et que l'ivrognerie causât, de plus des trois quarts, le grand sommeil où il se tenait.

Mais quand les soins de sa femme lui eurent fait reprendre connaissance et qu'il eut appris ce qui se passait, le rusé compère fit de sérieuses réflexions sur le gros jeu qu'il jouait en laissant courir les choses du train dont elles avaient commencé.

Il faudra toujours que les bourgeois viennent à faire amende honorable, songeait-il, car l'empereur leur secouera rudement les épaules pour la vilaine manière dont ils vont traiter l'évêque. Les gros bonnets s'en tireront moyennant des écus d'or; mais moi, moi, la cause de tout ceci, je payerai de ma peau; et il pourrait bien arriver qu'on me vît gambiller tout au plus haut de la grande potence du Coupe-Oreille... Oh! la gorge me serre rien que d'y songer.

Renfourchant vite son cheval de bois, Parigault accourut devant le châtel, où chacun fut bien ébahi et bien joyeux de le voir. Singeant alors un général, il fit tant de bouffonneries, que les bourgeois en oubliaient de porter leurs échelles et de presser l'assaut.

Il faut dire que les plus sages et les plus riches d'entre eux, parmi lesquels on comptait maître le Beaudin et maître Eustache Dinault, ne voyaient la révolte qu'en rechignant : ils calculaient que leur éparmaille en maigrirait quand l'empereur viendrait venger son évêque, ce à quoi il ne manquerait pas, attendu qu'il en avait juré sa part de paradis, lors de la dernière émeute.

Ils virent donc avec contentement la diversion survenue par la présence du Sot-Seuris, et ils cherchaient à lui dire en cachette de tâcher de mener à fin ce grand remue-ménage, quand le hasard et la malicieuse adresse du fou vinrent les servir merveilleusement dans leur envie de paix.

Ne se doutant point de tout ce qui était advenu, et supposant que les fêtes de la Trinité avaient rassemblé seules, dans les quartiers environnant le château épiscopal, la foule immense dont ils étaient encombrés, Magalouffe revenait tranquille et au pas d'amble de sa mule. Deux clercs de cuisine marchaient derrière lui, et tenaient en bride quatre chevaux chargés de provisions de bouche, que le savant queux avait été quérir lui-même aux lieux où elles se trouvaient les meilleures. Et puis il méditait sur l'importante question de savoir comment il ferait cuire une magnifique truite saumonée qu'il portait en croupe, n'ayant point voulu confier aux soins d'un autre ce poisson, le plus beau qui, de mémoire d'homme, eût été pêché dans l'Escaut.

Il venait enfin de prendre la résolution de servir la truite avec une sauce de vives amandes, de vin vieux et de verjus, quand tout à coup il se sentit arrêté par le Sot-Seuris, lequel lui criait de toutes ses forces : Bon jour, bon heur; soyez le bien-venu, frère ambassadeur de l'évêque.

Magalouffe repoussa dédaigneusement le bouffon; mais celui-ci, redoublant ses gambades, trouva moyen de faire croire que Magalouffe lui parlait à l'oreille, quand, à vrai dire, le queux ne faisait que geindre et maugréer de bon cœur.

Et puis, élevant la voix comme s'il allait conclamer le résultat de cette conférence :

— « Oyez, bourgeois, oyez : Monseigneur l'évêque, pour parfaire la bonne et joyeuse plaisanterie que nous avons commencée, envoie son queux, pour traiter avec votre Sot-Seuris : non sans riches présens, tels qu'en voyez sur ces deux chevaux.

» Monseigneur estime que les choses ont peut-être été un tantinet plus facétieuses qu'elles ne l'auraient dû : mais, en faveur des fêtes de la Trinité, il ne sera non plus tenu compte par lui des événemens de cette journée que s'il n'en était rien advenu : c'est chose réglée entre nous deux sages clercs. »

A ces mots, il se jeta dans les bras de Magalouffe, qui, tombant de son haut, se préparait à répondre; mais le Sot-Seuris s'y prit de façon, et l'étreignit si bien, que l'autre ne put faire entendre un mot.

— « Or, rentrez vite chacun chez vous, continua Parigault, afin que les hommes d'armes du sire d'Esnes, si bellement équipés, qui vont advenir tantôt, ne s'avisent point de croire que vous y alliez tout de bon... Allez, je vous donne ma bénédiction. »

A ces mots, il fit la simagrée de bénir les bourgeois, haussant et baissant son bâton de fou.

« Il a raison ! il a raison ! vive monseigneur Godefroi ! » s'écria-t-on de toutes parts. Et puis chacun s'en fut vitement en son logis, ayant plus envie de clore sa porte avec de bonnes barres de bois, que de prendre d'assaut le châtel épiscopal.

Pendant ce temps-là, Magalouffe, mis au fait par Nicolas Parigault, parvenait, non sans peine, à se faire abaisser le pont-levis du châtel épiscopal, et expliquait ce qui venait de se passer à l'évêque et aux chanoines, ébahis de voir s'en aller paisiblement cette populace, naguère encore endiablée de révolte et de carnage.

Nous dirons de suite qu'une députation des bourgeois vint le lendemain demander merci à l'évêque. Monseigneur Godefroi de Fontaine, après plus d'une remontrance, leur accorda leur pardon aux conditions que voici :

« Que le procureur de la ville, en présence du » magistrat et de quarante bourgeois, restituerait » solennellement tout ce qui avait été enlevé dans » chaque endroit où le dommage avait été causé;

» Qu'ils payeraient deux mille livres tournois » pour les choses qui avaient été détruites et les » autres pertes, pour lesquelles dix bourgeois se- » raient caution;

» Que cent bourgeois en chemise iraient faire » amende honorable en l'église épiscopale;

» Que pour empêcher la bourgeoisie de récidi- » ver, il serait défendu très-sévèrement à quicon-

» que de paraître avec les étendarts de la ville, sans » un commandement exprès du magistrat;

» Qu'enfin la cloche de la Magdelaine, qu'on » avait sonnée pour soulever le peuple, serait en- » levée. »

Comme plusieurs seigneurs relevant de l'évêque étaient arrivés avec des compagnies d'hommes d'armes, force fut aux bourgeois d'obéir à de pareilles conditions, si dures qu'elles leur parussent.

Parmi les talens et qualités qui recommandaient Magalouffe entre les queux de meilleur renom, on admirait par dessus tout qu'aux premières *cornées de l'eau*, il se tenait déjà prêt, lui et ses clercs de cuisine, à dresser le festin: jamais, au grand jamais, il ne lui était arrivé d'y apporter le retard seulement d'un *ave*.

Et si l'intendant se fût avisé de s'enquérir : « Maître queux, y sommes-nous? » Magalouffe aurait fait avec fierté bourrue la réponse qu'on va lire : « Jamais il n'est advenu que l'on attende ni dîner, ni souper, depuis que j'ai l'heur d'être queux épiscopal. Cela n'adviendra jamais tant qu'il plaira à monseigneur de me tenir en cet emploi, et au bon Dieu de me tenir en vie. »

Or, quatre jours après les événemens que je viens de raconter tout à l'heure, les varlets cornèrent l'eau: monseigneur vint se seoir à table, et grande fut la surprise, car il ne s'y trouvait encore aucun mets, si ce n'est les pains tailloirs, lesquels étaient prêts de la veille.

Et vîte et vîte, vous le sentez bien, voilà que l'intendant, affairé s'il en fut onc, se met à courir tout en émoi aux cuisines épiscopales.

Magalouffe, comme ardé du feu du ciel, se tenait coi et immobile, tandis que les clercs s'évertuaient de leur mieux, non sans ébahissement de la langueur de leur chef.

On les ouissait s'enquérir l'un de l'autre, à voix basse, quels grands chagrins pouvaient de la façon abattre Magalouffe; ils disaient *grands*, car la douleur ne l'avait point, même durant un seul jour, fait omettre les devoirs de son office, quand il lui était arrivé de perdre sa femme, laquelle il affectionnait pourtant néanmoins.

A la voix de l'intendant, il sortit en sursaut de sa rêverie, et commanda si bien et si vîte à chacun, que le souper se trouva prêt incontinent. Après quoi, il fut rendu à ses chagrins, et se prit à pleurer avec une amertume qu'on aurait peine à croire.

— « C'est par trop vous affliger pour un souper en retard, fit l'intendant : une fois n'est point péché d'habitude. D'ailleurs, comme dit souvent monseigneur en citant les saintes écritures, il est écrit que le sage tombe sept fois dans un jour. »

— « Oh! je suis bien dolent, et je n'ai que trop raison de l'être! Par sainte Marthe! Si je savais, en toute la principauté du Cambresis, un autre qui fût en état de tenir, comme je le tiens, le bâton blanc de queux épiscopal, je le lui donnerais, j'en fais serment, et j'irais remplir dans quelque couvent de carme, où l'on ne mange que des racines cuites à l'eau, le misérable métier de frère-queux. »

L'intendant voulut encore une fois consoler Magalouffe, mais le pauvre homme s'écria, plus piteux encore :

« Pourquoi Notre Seigneur, dans sa miséricorde, n'a-t-il pas daigné garder en mon âme la volonté que je nourrissais d'enseigner à mon fils la noble science qui me vaut tant de renom? Instruit par Magalouffe, on l'aurait vanté comme moi parmi les meilleurs de son art; il serait devenu queux épiscopal.

« Or, dites-moi, en bonne conscience, s'il est, de partout le Cambresis, plus bel et plus estimé titre que le titre de queux épiscopal, lequel donne rang parmi les vingt-quatre *francs-fiévés*, et octroie la puissance de faire droit et connaître des affaires féodales, civiles, criminelles et autres de la juridiction de monseigneur l'évêque? *

* Les *Francs-Fiévés*, au nombre de vingt-quatre, étaient le grand-prévôt du palais, le maître-d'hôtel ordinaire, le panetier, l'échanson, le *grand queux*, le grand veneur, le

« Maudits soient les bienfaits de messire Watremetz! Monseigneur l'évêque m'a fait tout à l'heure avanie à l'occasion de mon fils : il l'a nommé des vilains noms de hutin et de discourtois; il a ajouté que s'il ne s'amendait pas, force lui serait de lui refuser les ordres de clergie... Oui, il m'a dit tout cela, à moi, à moi Magalouffe, venu jusqu'à soixante et quatre ans sans avoir jamais baissé la tête à l'ouïr d'une réprimande, ni pour moi ni pour les miens!

« Oh! si messire Watremetz n'eût point fait sortir Séverin de cette cuisine; s'il ne l'eût point instruit en de folles sciences, je n'aurais pas frissonné de tous mes membres à de si durs propos de monseigneur; le nom de Magalouffe serait encore sans tache!

» Je n'ai pu retenir mes larmes, et monseigneur s'étant laissé attendrir, et se souvenant de mes longs services, a fini par m'accorder le pardon de

bouteiller, le grand-maître des eaux, deux écuyers tranchans, quatre gentils-hommes de la chambre, deux maîtres de garde-robe, deux sommeliers, le maître des cérémonies l'aumônier, le contrôleur et les secrétaires.

« Le grand bailly, dit *Carpentier*, chef de la haute-cour » du palais, était chargé, quand le cas échéait, de conjurer » les vingt-quatre francs-fièvés, pour faire droit et connaître » des affaires féodales, civiles, criminelles et autres, qui regar- » daient la juridiction du seigneur. »

mon fils, et par promettre qu'il lui donnerait après demain les premiers ordres de clergie.

« Grâce lui soit rendue! mais il m'a fait bien mal, et je ne me relèverai jamais du grand coup qu'il m'a porté. »

L'intendant reconforta Magalouffe de son mieux, lui dit longuement de belles paroles, et puis s'en alla où le mandait son devoir.

Magalouffe commençait à se remettre quelque peu, lorsque Séverin, qu'il avait envoyé quérir, arriva pâle et défait. S'agenouillant d'abord, suivant la coutume, il demanda la bénédiction de son père; et puis il attendit modestement, et les yeux baissés, qu'il lui donnât connaissance des motifs pour lesquels il l'avait fait mander auprès de lui.

Maître Magalouffe se recueillit durant quelques instans. Ensuite il se mit à énumérer avec une angoisseuse complaisance les griefs de son fils, que l'évêque lui avait récités naguère avec tant d'amertume.

Sa voix, qu'il tâchait d'abord de rendre digne, devint insensiblement, de basse et lente, aiguë et criarde : elle se trouvait aussi élevée que possible, quand par une subite péripétie, elle retomba aux tons les plus graves : justement, tenez, comme la voix d'un prédicateur qui, après s'être évertué à glapir une description de l'enfer, termine son sermon par le mot de paradis, en ajoutant à mi-voix : *c'est le bonheur que je vous souhaite!* d'usage.

Or, cette mutation de voix était pour annoncer que monseigneur, dans sa bénignité, avait octroyé le pardon de si grosses fautes, et consentait à conférer à Séverin, dans deux jours delà, les premiers ordres de clergie.

— « Je ne puis être prêtre, » répliqua le jeune homme d'une voix tremblante.

A ces mots hardis, il leva les yeux; et ce regard l'enhardit, car la figure de Magalouffe n'exprimait pas de colère.

— « Je ne puis, je ne veux pas être prêtre, » répéta-t-il avec plus de fermeté.

A chaque parole de Séverin, une joie que l'on ne saurait dire rafraîchissait le sang de Magalouffe. Oh! songeait-il, sainte Marthe a pris en pitié les peines de son indigne serviteur, et elle a daigné mettre en l'âme de mon fils le désir trois fois béni d'être queux de même que son père! Il est déjà un peu âgé, mais n'importe: j'y mettrai tant de mes soins, qu'avant quatre années, il sera le second queux du Cambresis.

— « Je suis énamouré d'une jeune fille, continua Séverin; et nous nous sommes promis foi et amour en cette vie et en l'autre. »

— « Tu l'épouseras, tu l'épouseras!... Oh! mon fils, mon Séverin, que ne ferais-je pas, dans le contentement où tu me mets, pour te voir renoncer à tes folles sciences, pour te voir devenir un queux!

— » Vous vous tenez en erreur, mon père : il ne m'est point besoin d'être queux pour m'assurer une honnête existence. Outre les bienfaits de messire Watremetz, mon travail de rubricateur me mettra à même de vivre à l'aise quand j'aurai pour femme celle que j'aime, Lydorie... »

A mesure que Séverin parlait, Magalouffe voyait s'évanouir les illusions qu'il s'était créées. Au nom de Lydorie, il jeta un cri de désespoir et de colère.

— « Lydorie! Lydorie! une bâtarde! une bohémienne! la fille d'une femme bourdelière, réprouvée de Dieu et des saints!...

» Écoute : s'il t'arrive encore de me parler de ce dessein infâme; si tu dis encore une fois le nom de... ce nom qui me tue... je te donne ma malédiction! »

Ni les larmes, ni les supplications, ni le désespoir du pauvre jeune homme, ni tout ce qu'il put alléguer, ne parvinrent à fléchir l'impitoyable vieillard. Exaspéré par la résistance que lui opposait son fils, il finit même par le chasser sans miséricorde, avec défense de jamais reparaître à ses yeux.

Le cœur serré d'une tristesse mortelle, Séverin s'en retourna au logis de messire Watremetz.

En le voyant, la jeune fille comprit les tristes nouvelles qu'il venait annoncer, et tomba sans connaissance.

Et puis, quand les soins de Séverin, quasi dans le même état qu'elle, l'eurent rappelée à la vie, elle se prit à fondre en larmes.

Il y avait dans cet affreux moment de désespoir une douceur ineffable pour Séverin; car Lydorie, pour la première fois, lui donnait les noms les plus doux et lui prodiguait les caresses les plus tendres.

Sa tête mourante reposait sur l'épaule de Séverin, et sa main étreignait doucement la main de son ami; et ce fut ainsi que s'écoula le reste de la journée.

Il fallut enfin se quitter.

Séverin, de retour en sa chambrette, se laissa aller au plus grand abattement. Il lui fallait se séparer du logis de messire le chanoine; il lui fallait ne plus voir Lydorie. Et vivre sans la voir lui semblait plus dur que mourir.

Mourir!... à cette idée un désir coupable, vertige brûlant et affreux, s'empara de l'infortuné : il saisit un couteau, se l'enfonça dans la poitrine, et tomba en jetant un grand cri.

Quand il revint à lui, madame Berthe, messire Watremetz et Lydorie entouraient sa couche et pleuraient; car ils le croyaient mort, l'ayant trouvé sans connaissance et baigné dans son sang.

Messire Watremetz, qui avait des connaissances en l'art de guérir, examina attentivement sa blessure, annonça qu'il ne la réputait point dangereuse, et qu'avant une semaine il ne resterait plus au malade qu'une grande faiblesse causée par la perte du sang.

Lydorie fit si bien, qu'elle resta seule à veiller cette nuit-là auprès de Séverin.

Le matin, avant de le quitter, elle lui passa au doigt un annel d'argent, et lui dit : « Aussi longtemps que garderez cet annel, cher bien aimé, Lydorie sera vôtre et vous aimera d'amour vrai et sans fin. »

Le malade voulut répondre quelques paroles à ce doux propos, mais elle s'enfuit.

Les pronostics du chanoine sur la blessure de Séverin ne tardèrent pas à se vérifier, et elle se guérit promptement.

Séverin avait attribué sa blessure à un accident raconté du mieux possible; et comme le chanoine et sa sœur, bonnes gens, simples et sans détour, n'avaient point soupçon de la tendresse des deux amans, Lydorie passait la plus grande partie de la journée dans la chambrette de son frère, ainsi qu'elle appelait Séverin.

Une fois pourtant, le soir était arrivé que Séverin ne l'avait pas encore vue : il en tirait les plus tristes et les plus inquiètes conjectures, quand messire Watremetz parut et vint s'asseoir à côté du convalescent.

— « Or çà, fit-il avec bonté, je sais tout, Séverin. Votre père m'a conté votre amour, et moi je comprends à cette heure quelle main, quelle volonté a fait votre blessure. Mais si la miséricorde de Dieu a permis que vous ne meniez pas à fin un pareil crime, il ne me siérait point, à moi pécheur comme vous, de me montrer plus sévère que lui.

« Écoutez, mon enfant : j'ai fait de vaines tentatives pour adoucir votre père ; je n'ai pu rien sur lui. D'un autre côté, monseigneur l'évêque est irrité de votre refus de recevoir les ordres. Après cela, je ne puis favoriser un amour illicite, puisque votre père le réprouve. Il vous faut, vous, mon cher enfant, vous armer de courage ; accepter en esprit de pénitence les chagrins qui vous accablent, et mettre votre consolation et votre espoir en la miséricorde infinie du Seigneur.

« Voici trente écus d'or : serrez-les avec soin. Demain vous vous départirez avec mon frère le grand-vicaire, lequel s'en va, par ordre de monseigneur l'évêque, en la ville de Rheims, près de l'archevêque. Mon frère vous trouvera des protecteurs dans ladite ville, et vous y mènerez, par votre grand talent de rubricateur, une existence aisée, jusqu'à ce que nous soyons parvenus à fléchir votre père, ce que je n'ose espérer de sitôt.

« Allez donc, mon enfant, et tenez en bonne remembrance ceux qui vous ont élevé, qui vous aiment, et qui sans doute ne vous reverront plus jamais; car ils sont bien avancés en âge, et Dieu ne tardera pas à les appeler à lui. Que sa sainte volonté soit faite!

« Allez, cher Séverin, et qu'à défaut de la bénédiction de votre père, celle d'un vieillard vous accompagne! »

A ces paroles, des larmes coulèrent sur les joues du vénérable chanoine, et il pressa longuement sur sa poitrine Séverin, qui s'était jeté dans ses bras.

Le lendemain, au point du jour, comme Séverin se départissait tristement du logis du chanoine, et qu'en passant sous les fenêtres de Lydorie, il levait les yeux pour voir, encore une fois du moins, les lieux où elle se trouvait, un petit rouleau de parchemin lancé à travers la fenêtre grillée tomba aux pieds du pauvre jeune homme.

Il le ramassa, avec quelle émotion, vous le comprenez; et lut ces paroles dites à Séverin, dans sa chambrette, le jour où il avait voulu s'occire :

« Aussi long-temps que garderez cet annel, cher » et bien-aimé, Lydorie sera vôtre, et vous ai- » mera d'amour vrai et sans fin. »

L'élève de messire Watremetz arriva sans encombre à Rheims, où il devint bientôt le favori de l'archevêque, grand amateur de beaux manuscrits et de peintures de missels.

— « Séverin, mon ami, disait le prélat chaque fois qu'il le voyait; Séverin, que ne voulez-vous entrer en clergie! Vienne la fin de l'année, et vous seriez mon chapelain avec gros bénéfices, les meilleurs qu'il échérait à mon plaisir. »

Séverin, souriant avec tristesse, rendait grâce à l'archevêque, et répondait qu'il ne pouvait offrir au Seigneur un cœur tout plein d'un objet mortel.

Deux années après le départ de Séverin, Lydorie, assise dans l'embrâsure d'une grande fenêtre, se remémorait les événemens de sa vie, et pleurait.

Orpheline d'une bohémienne; recueillie par charité; obligée peut-être de vivre pauvrement du travail de ses mains lorsque ses bienfaiteurs ne seraient plus; et puis sans espoir, non pas d'être à celui qu'elle aime tant, mais hélas! de le revoir même une fois, une seule fois!

Quelle jeune fille au monde est plus à plaindre qu'elle? Si maître Magalouffe pouvait enfin se laisser attendrir! s'il prenait en pitié l'éloignement de son fils et la douleur de Lydorie!

Mais non : rien ne surmontera ni sa fierté, ni son dédain; car il est riche, et s'il ne sort point d'une haute lignée, du moins, hélas! il n'a point à rougir de sa mère.

Pourquoi Dieu ne lui a-t-il point octroyé, à elle, grands trésors et noble naissance? Elle ne sacrifierait point, oh! non, à la vanité heur paisible et sans désir. Elle vivrait le reste de ses jours auprès de Séverin, de son ami bien-aimé. Amour vaut mieux que grandeur; et puis il est si doux de pouvoir enrichir ce qu'on aime!

Tandis qu'elle se livrait à de tels pensers, on vint l'avertir que madame Berthe la mandait en toute hâte. Elle obéit à cet ordre, essuyant vîtement ses yeux rouges d'avoir pleuré, et descendit en la grande salle, où elle trouva auprès de la digne dame et de messire Watremetz un étranger revêtu du mantel à coquilles et du chaperon de pélerin. La figure pâle, les yeux caves, la barbe grise en désordre, et les longues mains décharnées de l'inconnu, inspirèrent à Lydorie un vague effroi qui la fit se rapprocher du chanoine.

Les physionomies de madame Berthe et de son frère exprimaient une grande émotion. L'étranger versait des larmes, sanglottait et se frappait la poitrine, en répétant : « Seigneur ayez pitié de moi! »

Après un certain temps, il leva sur Lydorie des yeux perçans, dont il la regarda fixement : « C'est elle! il n'y a point à le mettre en doute; c'est elle! Oui, quand bien même cette médaille d'argent trouvée à son cou ne l'attesterait pas, il ne faudrait que la voir : c'est le portrait de sa mère. »

A ces paroles du pélerin, un frisson de glace parcourut tous les membres de Lydorie, et il lui fallut s'appuyer, car les genoux lui défaillaient. Malheur! malheur! songea-t-elle : ce pélerin est mon père; c'est le mari de la bohémienne.

Et les doux loisirs et le bien-être de la maison du chanoine semblaient déjà la quitter, pour faire place à une vie misérable de mendiant.

Le pélerin demanda : « Montrez-moi le signe noir qu'elle doit porter à la main droite. »

Après l'avoir vu, il s'agenouilla; et frappant du front le plancher, il dit :

— « Noble comtesse de Coucy, je prête hommage lige entre vos mains, et je promets, par les mérites de la sainte Croix, d'être à tout jamais pour vous, à la vie, à la mort, vassal fidèle, comme le requiert mon devoir.

« Je suis bien coupable à votre égard, mais octroyez-moi merci, non point à cause de moi, — je ne mérite qu'opprobre, — mais pour l'honneur de notre famille. Au nom de Notre Seigneur Jésus-Christ, mort sur la croix du Calvaire en pardonnant à ses meurtriers; au nom des mérites de Notre-Dame, prenez-moi en miséricorde! »

Ce que voyait, ce que ouïssait Lydorie, lui paraissait un rêve, bien doux assurément, mais que le plus petit bruit allait finir.

Et tandis qu'elle demeurait en pareil doute, le chanoine contait par quelles voies divines tout cela advenait de la façon. Le pélerin agenouillé était le sire de Montroche, oncle de Lydorie. A la mort de son frère, il avait fait enlever sa nièce en bas âge, et une bohémienne s'était chargée, moyennant une grosse somme, de l'emmener si loin que jamais plus il ne serait parlé d'elle. Un morceau de bois fut mis au cercueil en place de Lydorie, que l'on fit croire trépassée subitement. Ce crime mit en possession des grands biens du comte de Coucy son frère le sire de Montroche.

Mais il n'en jouit en aucun temps sans remords. Ayant perdu le sommeil, et se sentant proche de sa fin par une maladie de langueur, il se confessa de son forfait à un ermite. Le saint homme lui enjoignit de se mettre à la recherche de sa nièce, de lui restituer ses domaines, et d'implorer d'elle miséricorde. Après quoi, il devait se retirer en un lieu solitaire, pour y passer le reste de sa vie en dure pénitence.

Il n'avait point eu à faire de longues recherches pour retrouver sa nièce; car il avait ouï parler de l'orpheline de Cambrai, et dès-lors il avait conçu le soupçon que c'était elle sa nièce.

Lydorie releva son oncle et lui octroya pardon; après quoi le pénitent se retira, l'âme délivrée d'un grand poids, et promettant de revenir chercher Lydorie le surlendemain, pour la conduire en ses domaines, et la faire reconnaître par ses vassaux comme leur dame et légitime comtesse.

Demeurée seule, Lydorie se livra à des pensers enivrans.

Comtesse! Comtesse! Riche!.... De vastes domaines! Des varlets sans nombre! Des hommes d'armes qui veillent sur les murailles de son château! Des dames d'atour! Des parures étincelantes de pierreries! La place d'honneur aux passes-d'armes!....

Oh! pourquoi Séverin, au lieu d'être clerc en sciences, n'est-il pas chevalier expert à férir de grands coups de lance? Qu'elle se serait trouvée heureuse de lui donner de ses mains le prix d'un tournoi!

Ces idées la tinrent éveillée toute la nuit.

Lorsqu'il fut connu en la cité de Cambrai que Lydorie était devenue noble dame et l'une des plus riches héritières du Vermandois, ce fut à qui s'empresserait de venir la congratuler et s'efforcerait à lui plaire.

Magalouffe suivit l'exemple d'un chacun, se réjouissant en lui-même d'avoir pour bru une comtesse de haut lignage. Pourtant, il faut le dire, il tenait en si haut point sa profession de queux épiscopal, que tel mariage lui paraissait bien heur, mais non pas heur inoui et démérité, — et tout à fait mésalliance.

Paré de sa plus belle robe, il s'en vint donc pour apprendre à Lydorie qu'il donnait son consentement à son mariage avec Séverin. Il serait mieux, songeait-il; sans contredit il serait mieux d'attendre que la requête m'en fût adressée par elle. Mais, je l'ai tant malmenée jadis, qu'elle n'oserait jamais m'en parler à présent. Peut-être aussi une fierté malentendue et le ressentiment de mes dédains d'autrefois l'en empêcheraient-ils. Faisons donc quelque chose pour ces pauvres enfans, envers lesquels, après tout, j'ai montré bien de la sévérité.

Quand Magalouffe entra, Lydorie devisait avec monseigneur l'évêque, et le neveu du prélat sire Eustache de Lens, dameret avenant et de prestance accorte.

Le patrimoine assez petit de ce chevalier touchait au comté de Coucy. Or, englober les deux domaines en un seul et surmonter son écu de la couronne de comte lui aurait convenu si fort, qu'il ne prit point de repos avant que son oncle ne l'eût mené auprès de Lydorie.

Jamais l'élève de dame Berthe n'avait ouï les fleurettes et les dires parfumés de sires de haut lignage : aussi la pauvrette se laissa prendre incontinent aux propos emmiellés de sire Eustache, et ne tarda même pas à faire, sans le vouloir, comparaison entre lui et Séverin, lequel, hélas! était bien loin de parler avec tant de faconde et de grâce!

Il n'échappait point à sire Eustache un seul des progrès qu'il faisait dans l'opinion favorable de Lydorie, et le doucereux beau diseur acheva d'empêtrer de vanité et de déraison cette jouvencelle, dont la tête était trop faible pour supporter sans s'étourdir l'odeur tant forte et insolite de l'encens. A l'en croire, ce n'était pas d'aujourd'hui qu'il prenait soupçon de la noble origine de Lydorie : la première fois qu'il l'avait vue (et il n'arrivait au châtel que d'avant-hier), il s'était enquis du nom porté par la châtelaine qu'il s'ébahissait de voir à la fenêtre de messire Watremetz.

Le sourire sur les lèvres et les joues empourprées, Lydorie se complaisait donc en de pareilles flagorneries, les prenant pour belle et bonne monnaie au coin de l'évêque, quand Magalouffe vint la saluer.

A la vue des nobles seigneurs qui entouraient sa bru future, l'inventeur de la *soupe dorée* se sentit embarrassé quelque peu; mais il tâcha de déguiser son trouble sous un air d'aisance.

« Séverin sera bien joyeux, madame Lydorie, fit-il en se déchaperonnant; car à l'heure qu'il est, il ne se trouve plus d'obstacle à ses fiançailles. Pour quel jour lui ferai-je mander qu'il se tienne prêt? Dans la hâte que j'ai de lui apprendre tant joyeuses nouvelles, je vais lui dépêcher tantôt un messager fidèle. Il m'en coûtera deux écus d'or; mais vienne la Toussaint (et nous ne sommes qu'à la Saint-Remi), et celui que j'envoie verra les clochers de Rheims. Et puis, je ne crains pas pour lui de malencontre : c'est Polycarpe, un de mes clercs de cuisine, et plus malicieux que onc le fut page de sa sorte. »

— « Bien vous ferez, maître Magalouffe, » répliqua Lydorie. Un soupir suivit ces paroles, car elle se disait : pourquoi le père de Séverin est-il ce malplaisant?

« De qui parle cette grosse bottrine? » demanda sire Eustache avec un sourire moqueur.

— « D'un mien ami d'enfance, » répliqua Lydorie.

Elle n'avait point osé dire : « De mon amant. »

Magalouffe, attribuant l'accueil froid de sa bru future à la rancune qu'elle lui gardait du passé, s'approcha davantage et demanda à mi-voix :

— « Faut-il mander à Séverin qu'il se hâte, et qu'à Noël, ou bien avant, s'il se peut, nous ferons la noce ? »

— « La noce ! la noce ! interrompit sire Eustache dont la fine oreille se tenait aux aguets. Par les trois hermines de mon écu, je devine ! Vous allez marier le fils de ce queux à quelqu'une de vos chambrières. »

Lydorie fit un sourire qui semblait laisser croire au chevalier qu'il soupçonnait vrai.

Hélas ! elle rougissait de l'amour de Séverin !

Pour que Magalouffe ne la vît pas mentir de la façon, elle lui avait tourné le dos. Le queux épiscopal, indigné de cette réception discourtoise, se départit hochant la tête, et prenant sainte Marthe à témoin que la comtesse de Coucy n'épouserait point Séverin plus que ne l'avait épousé la fille de la bohémienne.

Déjà tout gros de colère de cette avanie, il se mit en bien autre fureur lorsqu'il entra aux cuisines épiscopales. En son absence, clercs et gars s'étaient ébattus, et trois rôts se trouvaient tellement noirs et ardés, qu'un manant n'aurait point eu le cœur de les servir sur sa table, n'y eût-il invité qu'un meneur d'oies.

A cette vue, Magalouffe fit un signe terrible, voulut parler, et sans le pouvoir tomba raide et sans mouvement.

Quand on vint à son aide, il avait rendu l'âme.

Cependant les pensées de Séverin se reportaient, la nuit comme le jour, au doux pays de Cambrai.

Devenu riche et le favori de l'archevêque de Rheims, il compta que l'intervention de son protecteur parviendrait à vaincre les refus persévérans de son père.

Mais s'il ne pouvait y parvenir, il irait jusqu'à braver son courroux, et à profiter d'une dispense archiépiscopale, laquelle lui octroyait d'être uni en mariage, quand bien même il y aurait empêchement paternel.

Oh! qu'il lui en aurait coûté de causer pareille douleur à son père. Mais il y était résolu par amour pour Lydorie, qu'il chérissait davantage encore que son père.

Monseigneur l'archevêque de Rheims avait tant à cœur de préserver de malencontre son favori Séverin, qu'il lui donna deux hommes d'armes pour le défendre, durant le chemin, contre les routiers et autres périls.

Séverin partit donc, et chevauchait à grandes journées, quoiqu'on fût en plein hiver; mais il allait revoir Lydorie, et peu lui importaient neige, frimats et gelée.

Après vingt jours de voyage, il arriva en la

ville de Saint-Quentin. C'était un dimanche; son premier soin fut dévotement d'aller ouïr la sainte-messe en l'église principale.

Or, il y était célébré des épousailles, et le cœur de Séverin battit vitement à cette vue, car il songea que lui aussi bientôt il verrait en habit de fiancée sa gente et bien-aimée Lydorie.

Jésus! mon Sauveur! comme l'épousée lui ressemble!... Si ce n'était ces vêtemens de velours et de soie, ce chaperon à pointes d'or, véritable couronne de comtesse, il croirait qu'il voit Lydorie.

Dans son trouble il fendit la foule et s'avança jusqu'auprès de l'autel. Les gens d'armes qui gardaient le chœur, jugeant à sa démarche délibérée qu'il était un des officiers de leur maître (car il était vêtu de la riche livrée de rubricateur de l'archevêque de Rheims), le laissèrent passer librement.

Oh! c'était Lydorie!... il ne pouvait le mettre en doute.

En la plus poignante angoisse dont ait pâti chrétien sur la terre, il regardait ce spectacle qui lui paraissait un rêve malfaisant, lorsque le prêtre qui célébrait l'office laissa cheoir l'anneau nuptial.

Séverin se précipita impétueusement pour le ramasser, et prévint tous les autres.

Il trouva moyen, durant qu'il se relevait, de mettre en place de cet anneau l'annel d'argent qu'il avait reçu jadis de Lydorie.

Et comme le célébrant le passait au doigt de l'épousée, Séverin récita d'une voix claire, et moqueuse d'amertume, les paroles suivantes :

« Aussi long-temps que garderez cet annel,
» Lydorie sera vôtre, et vous aimera d'amour vrai
» et sans fin. »

Aux premiers mots, Lydorie avait levé la tête, et, pleurant à chaudes larmes, elle s'était caché le visage contre l'épaule de sire Eustache.

— « Bien parlé ! beau clerc de l'archevêque de Rheims, dit sire Eustache qui avait reconnu la livrée. Quelle récompense requiers-tu pour ce dicton? Je te l'octroyerai, sur le salut de mon âme ! »

Mais Séverin s'éloignait sans l'écouter; et nul ne pensa plus bientôt à lui, car les vassaux des deux époux jetaient des cris de joie, et sire Eustache de Lens serrait doucement la main de Lydorie, qui ne pouvait détourner de lui ses regards languissans et amoureux.

On voit encore, parmi les épitaphes des chanoines de l'église de Rheims, une pierre qui porte le nom de Séverin Magalouffe, chanoine, trépassé en sa vingt-cinquième année, six mois après avoir reçu l'hermine canonicale.

L'ARCHET DU SABBAT.

1230.

> Ces récits fabuleux
> Qu'aux lueurs de la lampe au vague effroi propices
> Le soir, près du foyer, racontent les nourrices.
>
> (LATOUCHE, *Le Roi des aulnes.*)
>
> Crains d'aborder la plaine où le sabbat s'assemble,
> Où les démons hurlans viennent danser ensemble.
>
> (VICTOR HUGO, *Ballade à un pasteur.*)

MATHIAS WILMART était le meilleur ménétrier de la ville d'Hesdin. Dans aucun village, à dix lieues à la ronde, on n'aurait dansé de bon cœur si tout autre que Mathias Wilmart eût joué de la basse-de-viole. Aussi n'était-il pas un personnage de peu d'importance : il s'asseyait à table avec les parens des mariés; l'épousée qui, suivant l'usage du pays, servait les convives durant le repas, ne manquait point de lui donner les meilleurs morceaux ; enfin, lorsqu'il commençait quelque propos, chacun prêtait l'oreille, car nul ne savait mieux que lui raconter une histoire, chanter une chanson ou dire une joyeuse plaisanterie.

Par un soir d'hiver, il y avait une noce à Auffin : la danse se prolongea fort tard, et depuis long-temps la nuit était venue, quand Mathias, chargeant sur son dos la basse-de-viole dont il avait joué avec tant de talent, annonça qu'il allait partir. On fit tous les efforts imaginables pour le dissuader de cette résolution. « Restez avec nous, père Mathias, lui disait chacun : le vent est de bise ; il gèle à pierre fendre ; la forêt d'Hesdin qu'il vous faudra traverser n'est guère de bon renom : elle est hantée par des loups, et des détrousseurs non moins à craindre, sans compter les sorciers qui viennent y tenir le sabbat. »

« J'ai un gobelet d'excellent vin dans le corps, répondit l'opiniâtre vieillard ; un bon manteau fourré couvre mes épaules, et voici dans ma main un gros bâton ferré : avec cela je défie le froid, les loups et les larrons. Quant aux sorciers et aux diables, si j'en rencontre, je les ferai danser au bruit de ma basse-de-viole. Ils me diront, corbleu ! si les ménétriers d'enfer savent jouer de l'archet comme Mathias Wilmart d'Hesdin ! »

En achevant ces paroles, qui firent rire les jeunes gens et hocher, en signe de blâme, la tête des vieillards plus sensés, il s'enveloppa de son manteau, et se mit à marcher d'un pas ferme dans le sentier qui traverse la forêt et qui conduit à Hesdin.

Il n'y avait guère plus d'un quart-d'heure qu'il était en route, quand le ciel, jusque là bien étoilé, se couvrit tout à coup d'un nuage immense. L'obscurité devint effrayante. Alors le ménétrier se surprit à regretter le bon lit qu'on lui avait offert à Auffin. Mais il était trop tard pour retourner sur ses pas. D'ailleurs, après les bravades qu'il avait faites, on ne manquerait pas de le narguer, en disant que la peur le ramenait. Il continua donc à marcher. Pour comble de chagrin, il ne tarda pas à s'apercevoir qu'il s'était trompé de chemin.

Comment faire? Avancer encore ne pouvait que l'égarer davantage; — s'envelopper de son manteau et se coucher au pied d'un arbre n'était pas un parti sûr : les loups viendraient immanquablement l'étrangler; d'ailleurs, s'il échappait aux bêtes carnassières, il lui faudrait périr de froid. Tandis que, les deux mains appuyées sur son bâton, il restait dans une pénible anxiété, voilà qu'une lumière soudaine lui apparaît au loin : « Elle luit dans quelque cabane de bucheron, dit-il; Dieu soit loué! » Et il voulut se diriger du côté où la lumière brillait, mais elle avait disparu. Il frappa la terre de son bâton ferré, et proféra un horrible blasphême. Ses lèvres prononçaient encore la parole coupable, que la lumière apparut de nouveau.

Ce ne fut qu'avec bien de la peine et après un long et périlleux trajet, que Mathias parvint à l'endroit d'où partait la lumière vers laquelle il marchait depuis si long-temps. Sa surprise fut extrême à son arrivée, car il se trouva devant un château d'apparence magnifique, et dont il n'avait jamais ouï parler. Une brillante musique y retentissait de toutes parts, et les danseurs qui passaient à tout moment devant les fenêtres venaient dessiner leurs ombres noires et rapides sur les rideaux, que rendait transparens une lumière rougeâtre.

Il fit plusieurs fois, mais en vain, le tour de cet immense bâtiment, pour chercher la porte d'entrée. Il désespérait de la trouver, quand un vieillard survint tout à coup et se mit à donner du cor. Un pont-levis que Mathias n'avait point vu jusque là s'abattit brusquement aussitôt, et le ménétrier, suivant le vieillard, pénétra dans le manoir.

Il fut tout étonné de le trouver rempli d'une multitude inconcevable de personnes : les uns prenaient part à un repas splendide; les autres jouaient à des jeux de hasard; le plus grand nombre dansait en poussant des cris assourdissans.

Mathias marcha avec hardiesse vers un homme

d'une taille élevée, et qu'il reconnut pour le maître du châtel à la manière dont il donnait des ordres et aux égards que l'on avait pour lui : « Seigneur châtelain, lui dit-il, je suis un pauvre ménétrier qui s'est perdu dans le bois : daignez me permettre de passer la nuit dans un coin de votre manoir : je repartirai demain au point du jour. » Celui à qui Mathias parlait ne répondit que par un signe de bienveillance et d'assentiment. Sur son ordre, un page vint prendre la basse-de-viole du ménétrier, et l'attacha à l'un des clous d'or qui brillaient sur la riche tenture de la salle. Tandis qu'il s'acquittait de ce soin, le page souriait d'une manière infernale, et l'endroit où sa main toucha l'instrument se noircit aussitôt, comme si cette main eût été de feu.

Mathias se mit à se promener de tous côtés, et à examiner l'étrange lieu où il se trouvait. Mais il chercha vainement à reconnaître quelqu'une des personnes dont il était environné : chaque fois qu'il fixait les yeux sur le visage de l'une d'elles, une sorte de brouillard léger voilait ce visage et trompait la curiosité du vieillard. Tandis qu'il cherchait à se rendre compte de ce prodige, il aperçut une basse-de-viole, et l'instrument était si beau que l'envie lui prit de s'en servir et d'aller jouer avec les autres ménétriers, auxquels il n'était pas fâché de montrer son savoir-faire. Levant donc les yeux pour trouver l'escalier qui devait le conduire à leur estrade, quelle fut sa terreur en reconnaissant parmi eux — Barnabé Malassart, trépassé depuis trente ans, et qui lui avait donné les premières leçons de basse-de-viole ! — « Sainte Vierge ! ayez pitié de moi ! » s'écria-t-il. Au même instant, les musiciens, les danseurs et le château, tout disparut à ses yeux.

Le lendemain, des gens d'Auffin qui, plus prudens que le ménétrier, avaient différé jusqu'au jour leur départ pour la ville, trouvèrent le pauvre homme étendu sans connaissance au pied du gibet, et un archet blanc à la main.

— « Le père Mathias, dit l'un d'eux, a choisi pour dormir un endroit peu avenant. »

— « Et un clou moins avenant encore pour attacher sa basse de viole, répliqua un autre : la basse-de-viole et l'archet sont accrochés au pouce du pied d'un pendu. »

— « A-t-il eu peur que ce cadavre eût froid ? demanda un troisième : il a couvert de son manteau ses épaules desséchées. »

— « C'est un homme de précaution que le père Mathias, ajouta un quatrième qui tâchait de rappeler à la vie le vieux musicien : il avait emporté deux archets, afin de ne pas se trouver pris au dépourvu si l'un venait à casser. »

Revenu à lui, grâce aux secours qui lui furent prodigués, Mathias rejeta sur le froid la cause de son accident, et se garda bien de dire un mot des visions infernales qu'il avait eues la nuit.

Mais rentré au logis, il examina soigneusement l'archet dont il était devenu possesseur d'une manière si étrange. Un frisson de terreur fut le résultat de cet examen. L'archet n'était autre chose qu'un os de mort travaillé avec un soin extrême; et on lisait sur sa riche garniture en argent le nom d'un habitant d'Hesdin qui passait à juste raison dans la ville pour un jeteur de maléfices et un infâme sorcier.

Il attendit que le soir fût venu, et alors il se rendit chez cet homme de mauvais renom.

— « Compère, dit-il en le saluant jusqu'à terre, voici un archet qui vous appartient, je pense. Je l'ai trouvé par hasard, et je vous le rapporte. »

Le voisin pâlit à ces paroles, et il fut un instant sans proférer un mot, tant son émotion était grande.

— « Oh! oh! maître Mathias, put-il murmurer enfin, vous avez découvert la nuit passée des choses singulières, et un mot de vous me ferait bien du mal! »

— « A Dieu ne plaise que je le dise, compère! »

— « Vous êtes, Mathias, un brave homme; mais vous faites bien de garder le silence : si l'on me brûlait vif (ce que l'on ferait assurément si l'on connaissait que vous m'avez vu où vous savez bien), il pourrait mal vous en advenir.»

Mathias se leva pour s'en aller; mais le propriétaire de l'archet du sabbat le fit rasseoir, et s'approchant de son oreille, y murmura d'une voix fort basse :

— «Voisin, dites-moi quels sont vos ennemis : je jetterai cette nuit un maléfice sur leurs bestiaux, ou bien je leur donnerai à eux-mêmes quelque mal de dépérissement qui vous en débarrassera.»

— «Je n'ai point d'ennemis, voisin; et à Dieu ne plaise que je veuille du mal à mon prochain!»

— «Et en quoi puis-je vous être utile?»

— «En rien, répliqua le ménétrier, qui déjà aurait voulu être dehors; en rien, voisin. Je m'estime assez heureux d'avoir pu vous rendre un si bel archet.»

— «Un archet bien précieux assurément; mais il faut que je vous fasse un don, père Mathias.»

— «Donne-lui cette bourse : il aura beau y puiser, elle contiendra toujours six livres parisis de forte monnaie.»

Ces paroles furent dites par un homme à figure sinistre, et qui n'était pas assurément dans le petit cabinet du sorcier lorsque Mathias y arriva. Comment y était-il entré? On n'a jamais pu le comprendre, car les portes avaient été closes avec soin par le maître de la maison, afin qu'on n'entendît rien de ses propos avec Mathias.

— « C'est quelqu'œuvre du malin esprit! s'écria le ménétrier : je ne veux point risquer mon salut en l'acceptant. »

— « C'est un talisman, répondit l'inconnu, un talisman dont peut se servir sans crainte un chrétien. »

En prononçant ce dernier mot, un frisson secoua tous ses membres.

— « Si la bourse que voici est l'œuvre du démon, que je sois damné! » ajouta-t-il en riant avec amertume.

Mathias, à demi rassuré, succomba à la tentation d'être possesseur d'un pareil trésor.

Il puisa si souvent à la bourse merveilleuse, qu'il devint en peu de temps acquéreur d'une jolie maison, et se mit à vivre comme aurait pu le faire le plus riche bourgeois d'Hesdin.

Tous les jours, c'étaient festins et fêtes à n'en plus finir. Cependant il continuait à aller faire danser aux noces, mais il avait maintenant, pour se rendre au logis des mariés, une bonne mule qui marchait la douce allure de l'amble, et un varlet qui portait sa basse-de-viole.

La nouvelle manière de vivre du ménétrier excita une grande rumeur dans la ville d'Hesdin, et fut cause de mille bruits contradictoires. La version la plus générale était que Mathias avait trouvé un trésor immense qu'il cachait dans quelqu'endroit secret de sa maison.

Or, Mathias avait quatre neveux, mauvais gars auxquels il ne faisait aucun bien à cause de leur conduite. Ils se dirent un jour entr'eux : « Notre oncle Mathias est devenu riche : il n'y a que nous pour hériter de ses grandes richesses... »

Apparemment qu'un mot suffit aux scélérats pour se comprendre, car ils allèrent chacun de leur côté prendre une arbalète, et revinrent se cacher à un carrefour du bois où, le soir, devait passer Mathias.

Le ménétrier ne put éviter son destin : quatre flèches d'arbalète le firent tomber mort; son varlet plus heureux prit la fuite.

Les quatre frères, sans songer à ce témoin de leur crime, accoururent vers le cadavre pour le dépouiller, en attendant de partager son héritage. Ils furent prévenus par un grand homme à figure sinistre qui s'élança sur le corps, prit dans sa besace une petite bourse, et disparut en s'écriant : Voilà comment mes dons profitent ! Un rire exécrable suivit ces paroles.

Et tandis que les assassins demeuraient immobiles et ébahis, ils furent entourés tout à coup par le prévôt de justice et ses archers.

Le varlet de Mathias, en s'enfuyant, les avait

rencontrés dans le bois, et était venu leur livrer les assassins de son maître.

Attendu l'évidence du crime, la justice ne fut pas lente à être rendue. Le prévôt fit pendre les scélérats aux arbres derrière lesquels ils s'étaient cachés, l'arbalète au poing.

De là vient que ce lieu est encore aujourd'hui nommé *le carrefour des Quatre-Frères.*

LE RUBRICATEUR.

1325.

> La dame s'arrêta sur cet avis, fit appareiller ses besognes le plus coyement et bellement qu'elle put, et partit de Paris, et son jeune fils avec elle et le comte de Kent, et marcha vers le Hainaut.
>
> (FROISSART, tome 1er, chap. XII.)

LA cloche du couvre-feu finissait de tinter; il faisait une nuit des plus obscures. Sans les torches allumées devant la maison des piliers, on n'aurait pu voir les colonnes basses et les arceaux gothiques de ce palais du prince Philippe de Valois, quoiqu'il fût bâti en lieu apparent, sur la partie la plus haute de la grève, étendue sablonneuse qui descendait en pente rapide jusqu'au lit de la Seine.

Un jeune homme sortit de l'une des maisons attenantes au palais. Rejetant sur l'épaule droite une partie de son grand manteau, pour pouvoir sans doute au besoin se servir librement du bâton ferré qu'il tenait à la main, il se mit à marcher rapidement. Après avoir longé le rivage, il passa vis-à-vis le couvent et la rue d'Hières, et parcourut dans toute sa longueur le quai des Ormes, dont la rue du Paon blanc et celle de Frosgier-l'Anier formaient les deux limites.

Là il ralentit enfin la rapidité de sa course, et, tout haletant, frappa de ses mains l'une contre l'autre, à deux reprises différentes.

La porte d'un logis qui se trouvait en face s'ouvrit avec précaution, et il en sortit une jeune femme enveloppée d'une longue mantille : elle s'avança vers le jeune homme, et lui tendit une main tremblante.

— « Henryot, dit-elle d'une voix altérée et après un long silence, mon Henryot, ce rendez-vous est le dernier : il vous faut demain vous départir à tout jamais pour un autre pays........ car notre amour n'est plus innocent et pur comme au temps de notre enfance; il est devenu..... Sainte Vierge, prenez-moi en pitié!..... Il est devenu adultère! »

Le jeune homme proféra un gémissement inarticulé.

« Las! oui, mon doux Henryot, il faut nous quitter pour la vie....... il faut que dorénavant vous détourniez de votre esprit le souvenir de Marguerite, comme on rejette une mauvaise pensée de l'esprit malin... Adieu donc... Adieu! Adieu, Henryot! »

Jusque-là il était demeuré comme anéanti par le désespoir : quand il la vit faire un pas pour s'éloigner, il se leva brusquement, et ressaisit la main qui venait de quitter la sienne.

— « Non! s'écria-t-il, non, tu m'appartiens! c'est de moi que tu es l'épouse! Au temps de mon enfance, tandis que nous dormions dans le même berceau, nos parens ne devisaient-ils pas doucement du projet de notre mariage? Ne souriaient-ils pas, en hochant la tête, quand je ne laissais agiter mes jouets que par la main de ma petite Marguerite? Lorsque je me départis en Flandre afin de gagner des écus d'or à peindre des missels, ne fut-il pas convenu que dans quatre ans, à mon retour, on célébrerait nos épousailles? N'ai-je pas senti, en te donnant le baiser du départ, tes joues se mouiller de grosses larmes, ta main étreindre convulsivement ma main?... Et quand tu m'as revu.... naguère ... Oh! ils ont été foi-mentie à leur promesse! Ils t'ont forcée, pauvrette et sans défense, à te courber sous leur pouvoir paternel, à te marier en pleurant à un soudart grossier......

Sainte Vierge! Le serment qui t'unit à lui est-il plus saint que le serment qui t'unit à moi?... Oui, tu m'appartiens! Viens donc! viens donc! Viens! fuyons!... Nous trouverons en Hainaut un asile où l'on ne saurait nous inquiéter. »

Marguerite pleurait avec amertume, et ne lui répondit pas.

« Viens.... partons! » ajouta-t-il avec impétuosité.

Elle releva sa tête que cachaient ses deux mains, et croisant les bras sur sa poitrine : « Henryot, dit-elle, est-ce bien vous qui me tenez de tels discours? Vous qui me disiez, en des temps, hélas! plus heureux : « Amour vrai n'est que vertu pure et sainte; hors devoirs, point d'amour... » Henryot, si j'écoutais vos prières insensées, combien de temps s'écoulerait-il encore avant que vous me regardiez avec mépris, avant que ma présence ne devînt pour vous un lourd fardeau, un remords, un châtiment de votre faute?... Non, mon ami, il faut nous quitter.... pour toujours.... Adieu! Adieu! Adieu! »

Elle s'éloigna rapidement; et lui, d'un œil stupide, il la regarda s'éloigner sans proférer un seul mot, sans faire un seul mouvement pour la retenir.

Il était encore là, immobile et la mort dans le cœur, quand un cri de détresse le tira de cette affreuse torpeur. Par un instinct machinal de défense, il se leva et porta la main à son bâton ferré. Les cris devinrent plus distincts, et il aperçut, au clair de lune, un homme qui se défendait contre deux autres. Henryot courut au secours de celui qu'on attaquait si lâchement; mais quand il arriva, l'un des assassins était gissant à terre, et l'autre prit la fuite à l'aspect du nouvel assaillant.

— « Que saint George vous soit en aide! » dit l'inconnu avec un accent anglais fortement prononcé.

« Sans vous c'en était fait de moi; mais hâtons-nous de nous éloigner! Je crains que le fuyard ne soit allé chercher du renfort pour me faire un mauvais parti qui pourrait bien retomber sur vous. Achevez votre bonne œuvre en me laissant appuyer sur votre bras jusqu'à mon logis, lequel n'est pas éloigné. Car le sang que je perds m'affaiblit au point de m'empêcher de me soutenir...... mais que cherchez-vous là, près de ce cadavre? »

— « C'est ma toque..... — De par Dieu! déguerpissons vîtement et sans retard! Voici venir là-bas plusieurs personnes, et nous pourrions bien nous mal trouver de leur venue...... Venez donc!...... Je vous donnerai mille toques en échange de celle-là. »

Et s'appuyant sur le bras d'Henryot, tous les deux s'éloignèrent.

Après quelques instans de marche, Henryot et l'étranger arrivèrent devant une porte que ce dernier ouvrit avec précaution, et qu'il ferma avec non moins de soin. Ils traversèrent après cela une petite cour et plusieurs grands appartemens où régnait une obscurité complète. Ils se trouvèrent enfin dans une chambre richement tendue de tapisseries, et sous la haute cheminée de laquelle se tenait une dame dont la physionomie et le maintien étaient pleins de noblesse et de mélancolie.

A la vue de l'étranger pâle, faible et tout couvert de sang, elle jeta un grand cri, courut à lui dans un trouble extrême et avec les témoignages les moins équivoques de tendresse et de désespoir.

— « Ce n'est rien, Isabelle : ma blessure n'est point dangereuse, » dit en anglais le compagnon d'Henryot.

— « Aimond, Aimond, quel misérable a pu attenter à votre vie? »

— « Votre frère le roi de France; ou du moins des gens d'armes de sa maison. Deux hommes portant sa livrée m'ont attaqué au dépourvu. L'un a fait connaissance avec mon poignard; l'autre a pris la fuite, grâce à l'aide que m'a donné ce jeune homme.

La reine jeta sur Henryot un regard ému et qui exprimait une vive reconnaissance.

« Le danger auquel j'ai échappé, continua toujours en anglais l'étranger, n'est pas le seul qui nous attende aujourd'hui. Effrayé par les menaces et gagné par l'or de notre ennemi mortel le ministre Hugh Spencer, votre frère Charles-le-Bel a signé tout à l'heure un traité par lequel il vous livre dès demain à la vengeance d'Edouard II. Vous savez quel sort le haineux roi d'Angleterre réserve à l'épouse qui l'a outragé? Quant à moi, cette blessure doit vous apprendre qu'ils n'ont pas dessein de m'emmener avec vous en Angleterre, et qu'ils ont hâte d'hériter de mon comté de Kent. »

— « Et comment échapper à un semblable danger? »

— « Il n'en reste qu'un moyen, encore est-il bien chanceux : il faut fuir cette nuit même, et tâcher de gagner la Flandre. Mon fidèle Harrys m'attend à quelque distance de Paris, avec quinze ou vingt hommes d'armes anglais dévoués comme lui. Il a pris les devans pour rassembler ces braves gens, que la craintive défiance de votre frère fait loger hors de l'enceinte de Paris. Une fois avec eux nous sommes sauvés : nous gagnerons sans crainte la cour du comte de Hainaut, où nous attendent bienveillance, aide et protection.

« Harrys m'avait donné un guide pour me conduire à travers les rues de Paris, jusqu'à l'endroit où nous attend l'escorte; mais le misérable a pris la fuite à la vue des assassins qui m'ont assailli. »

En achevant ces paroles, le comte de Kent se tourna vers Henryot, et lui demanda en français si les rues de Paris lui étaient assez connues pour qu'il pût les conduire vîtement et fidèlement jusque sur la route de Flandre. « Je vous récompenserai richement, » ajouta-t-il.

— « Il ne m'est pas besoin de récompense. Je vous guiderai vîtement et fidèlement comme vous m'en requerrez. »

— « En route! et que Dieu et saint George nous soient en aide!... Vous, madame, allez prendre votre fils et les plus riches de vos pierreries; moi je vais seller moi-même une haquenée et deux chevaux. »

Peu d'instans après, le comte de Kent revint annoncer que tout était prêt. La reine, qui portait son fils dans ses bras, le suivit avec Henryot, et tous les trois se mirent en route, d'abord au pas et avec précaution, puis peu après au galop, et de toute la vitesse de leurs chevaux.

Le jour commençait à poindre, qu'ils n'avaient point encore ralenti la rapidité de leur allure. Préoccupés de leurs chagrins ou de leurs périls, aucun des trois n'avait pas non plus proféré une parole. Quant à l'enfant, il continuait à dormir d'un sommeil profond.

La reine la première interrompit ce morne silence. Ce fut à Henryot qu'elle s'adressa :

— « Maintenant que nous voilà en bon chemin, et bien près sans doute de notre escorte, il vous serait prudent de retourner sur vos pas, car si l'on savait que vous avez favorisé notre fuite, il pourrait vous en coûter la vie. »

— « La vie ne m'est plus de rien, madame : j'ai perdu à tout jamais ce qui pouvait y faire mon bonheur. »

— « Si jeune et malheureux sans espoir !... Comment peut-il se faire?... »

Henryot conta brièvement ses tristes amours avec Marguerite. Ce récit fit une profonde impression sur la reine. Cette tendresse pudique et ingénue était un reproche bien amer pour celle que la passion avait égarée au point de rendre deux royaumes témoins de sa coupable tendresse pour le frère de son époux, pour Aymond, comte de Kent.

Et, le cœur douloureusement oppressé, elle porta ses yeux gros de pleurs sur celui pour l'amour duquel elle avait perdu repos, bonheur, trône, conscience et renom : elle cherchait quelque allégeance dans la vue de cet amant chéri....,

Les lèvres de Kent étaient contractées par un sourire moqueur, et il raillait Henryot de cette tendresse extrême qui lui avait fait préférer de quitter Marguerite pour la vie, plutôt que de lui causer les remords et la honte d'avoir fui le toit de son époux.

En voyant l'ironie de ses regards, en écoutant l'amertume de ses plaisanteries, un doute affreux s'empara pour la première fois de l'infortunée princesse : elle se demanda si le comte de Kent l'aimait réellement; si cette tendresse qui avait entraîné sa victime dans tant de honte et de malheurs n'était pas un froid et ambitieux calcul. Hélas! elle n'osa pas approfondir ce douloureux examen : elle détourna la tête pour ne point voir une vérité soudaine, horrible, qui s'offrait pour la première fois à elle. Oh! elle expia bien cruellement alors la faute qu'elle avait commise!

En ce moment les voyageurs atteignirent l'escorte qui les attendait. La reine remit à Henryot un riche anneau qu'elle le pria de garder pour l'amour d'elle. Le comte de Kent le prit gravement à l'écart : « Jeune homme, dit-il, en venant à notre aide vous avez fait pour vous plus que vous ne pensez. Je ne crois point encore prudent de vous dire qui nous sommes; mais que Notre-Dame et saint George nous soient en aide et ne nous abandonnent pas, et il vous souviendra de la journée d'aujourd'hui. »

A ces mots il rejoignit l'escorte, et Henryot reprit la route de Paris.

A l'époque où se passaient les événemens que nous racontons, — en 1325, — sous le règne du roi Charles quatrième du nom, et surnommé *le Bel* à cause qu'il était, dit un chroniqueur, gent de prestance, et avait grand appétit d'amour, la peinture se bornait à une imitation minutieuse, froide et gauche de la nature. Ce qui manque surtout dans le très-petit nombre de tableaux faits à cette époque, c'est le mouvement. Aucune des figures n'est animée; une impassibilité glacée est répandue sur des traits réguliers, parfaits, mais sans âme. L'artiste a voulu reproduire la vie, et la mort est empreinte de toutes parts; il a cherché à donner de l'action à ses personnages, et ils sont restés sous son pinceau raides et compassés. Courbés, penchés, le regard fixe et terne, on dirait de ces figures de cire, qui ressemblent d'autant plus à la mort que l'artiste s'est appliqué à imiter la vie ; ou bien de ces statues égyptiennes assises qui, les deux mains sur les genoux, soutiennent de leur tête le fût grêle d'une haute colonne.

La peinture, au quatorzième siècle, n'était employée même, la plupart du temps, qu'à l'embellissement des manuscrits. Dans cette sorte de miniature, la patience et l'adresse du rubricateur ont produit des résultats, et sont parvenues à un point de perfection vraiment merveilleux. Lorsqu'on feuillete les précieux et rares volumes qui nous restent de cette époque, on s'étonne des riches ornemens qui s'étendent sur la marge, scintillent sur les lettres capitales, les entourent d'une sorte de gaze d'or et d'azur, s'alongent entre les deux colonnes de la page, et terminent l'aigu cul-de-lampe. Les couleurs les plus vives s'y marient à des teintes qui, pour n'être pas aussi éclatantes, n'en jettent pas moins une sorte de reflet que la peinture moderne ne rappelle en rien; enfin, le regard ébloui serait blessé de tant d'éclat, s'il n'avait pour se reposer les spacieuses marges d'un blanc vélin.

D'ordinaire, l'artiste met en tête de chacun des chapitres une miniature qui représente quelque sujet pieux ou relatif au seigneur par les ordres duquel s'est confectionné le manuscrit. Tantôt, c'est un saint dont la tête est entourée d'une auréole produite par une couche dorée qu'il serait difficile d'imiter maintenant; ou bien, on y voit un tournoi, avec ses chevaliers, ses juges de camp, ses dames, ses bannières et sa lice. D'autres fois, le rubricateur a peint l'auteur du livre : les deux genoux en terre, il présente son œuvre à un pape à figure bénigne, et qui, les deux doigts levés, lui jette sa bénédiction. Il y en a où c'est un suzerain aux longs et plats cheveux, à la simarre mi-partie, écartelée de ses armes et devise, qui reçoit l'hommage des scholastiques labeurs ; tandis que son fou, un geai sur le poing en guise de faucon, se tient derrière le fauteuil féodal, parmi les officiers et les varlets, dont on s'est bien gardé d'omettre un seul.

Mais, de même que, dans les tableaux, ces figures manquent de vie ; les groupes n'offrent rien de pittoresque ni de vrai, et les figures se tiennent là immobiles et niaises. Enfin, hommes d'armes, châteaux, ciel, rivières, rien n'est détaché par la magie de la perspective : tous les objetsse resserrent l'un contre l'autre sur le parchemin où ils sont étagés grotesquement.

Un manuscrit était un trésor précieux. Soixante-cinq ans après le temps dont nous parlons, Charles VI ne possédait que six volumes dans sa bibliothèque : un double fermoir à clef empêchait de les ouvrir, et quand quelque sire de haut lignage advenait à la cour du Roi, il obtenait par faveur de voir les précieux volumes. Il s'extasiait devant la couverture en bois surmontée de figures d'argent et enrichie de topazes et d'émeraudes. Puis, de retour dans son manoir féodal, il racontait à la châtelaine émerveillée comment on avait embelli de tant de richesses et payé à prix d'or ce travail de quelque serf ou moine obscur, et que lui, haut et puissant seigneur, aurait rougi d'être en état de lire.

La profession de rubricateur était fort lucrative; attendu qu'au quatorzième siècle un homme qui savait lire passait pour savant, et qu'il n'était donné qu'après de longues et sérieuses études de parvenir à tracer avec perfection les peintures des manuscrits.

De retour chez lui depuis quelques instans, Henryot s'était assis devant une grande table où se trouvaient disposés des pinceaux, des couleurs, de petites plaques de cuivre découpées, et tous les ustensiles nécessaires à sa profession. Mais en vain voulut-il travailler : les souvenirs des événemens étranges qui lui étaient advenus depuis la veille s'étaient emparés de son imagination, et le tenaient plongé dans la rêverie la plus profonde, quand les cris d'une grande foule rassemblée devant sa porte l'en tirèrent enfin. Au même instant, des archers se précipitèrent sur lui, le garottèrent étroitement, et il fut conduit en prison, au milieu des injures et des outrages d'une populace furieuse qui lui donnait les noms de misérable et d'assassin.

Et comme les portes de la prison s'étaient refermées sur lui, et qu'on l'entraînait dans un cachot, elles se rouvrirent à grand fracas et avec un redoublement d'imprécations de la populace.

C'était Marguerite qu'on amenait, les mains enchaînées, et sans connaissance dans les bras d'un homme d'armes.

Depuis trois mois environ le rubricateur gissait dans le cachot où on l'avait jeté; et nulle autre figure humaine ne s'était offerte à ses regards que la physionomie sinistre de son geôlier, homme dur et duquel il n'avait jamais pu obtenir une parole, ni connaître pour quel motif on l'avait privé de sa liberté. Il formait à ce sujet mille conjectures sans savoir à laquelle s'arrêter : si l'étranger, dont il avait favorisé la fuite était cause de sa captivité, comment Marguerite se trouvait-elle impliquée dans une affaire à laquelle elle n'avait pris aucune part, même indirectement? Pourquoi ces cris de la populace qui semblaient encore retentir à son oreille: Assassin! meurtrier!

C'était un labyrinthe dans lequel s'égarait l'imagination du pauvre jeune homme; et l'incertitude qui l'agitait était pour lui un supplice peut-être plus atroce que le froid cachot où il gisait demi-nu, sur un peu de paille humide.

Un matin, quatre hommes entrèrent, et après s'être assurés minutieusement que ses fers étaient en bon état, ils l'emmenèrent avec eux.

C'était alors la belle saison du printemps : l'air était pur et doux, le ciel lumineux et d'azur. En sortant du lieu sombre et infect où il croupissait depuis si long-temps, un frisson délicieux parcourut et réchauffa ses membres : un bien-être indicible s'empara de chacune de ses facultés, et cette sensation, toute physique, lui fit un instant oublier ses cruels chagrins et l'étrange position où il se trouvait.

La voix de ceux qui l'entouraient, et l'ordre de marcher en avant, le rendirent bientôt tout-à-fait à l'horreur de sa position.

Ils traversèrent plusieurs rues, et le conduisirent dans une vaste salle où se trouvaient réunis des juges et une grande foule de peuple. A l'entrée d'Henryot, un murmure d'indignation se répandit parmi tous les spectateurs, et redoubla lorsqu'à la vue de Marguerite il jeta un cri déchirant, et voulut s'avancer vers elle.

On le fit asseoir sur un banc, en face de celui où Marguerite était enchaînée.

Le chef des juges dit alors :

— « Henryot Mahu, vous êtes le meurtrier de Pierre de Maurepas, en son vivant homme d'armes de la maison de Sa Majesté le roi de France. Vous l'avez traîtreusement occis, la nuit, par embuscade, en sa propre maison, et traîné dehors avec l'aide de Marguerite Beaumin sa femme, laquelle vous avait donné ce soir-là un rendez-vous, à cette fin de mettre à mort le dit Maurepas. La justice du Roi, en faisant relever le cadavre, a trouvé non loin de là une toque que voici : dans les replis d'icelle était caché un petit parchemin roulé contenant ces paroles : « A cette vesprée, Henryot, » quand tintera le couvre-feu, c'est pour la der» nière fois. » Il est tracé par Marguerite ; car on lui a follement enseigné la science de l'écriture qui ne convient qu'aux moines pour lire et conserver les saints livres, et aux gens de lois pour interpréter icelles. Avec bien plus de prudence on aurait agi, en lui laissant la sage ignorance qui convient à toute femme élevée dans la crainte de Dieu et l'observation des devoirs de son état.

« Henryot Mahu, qu'avez-vous à répondre? »

Henryot, accablé sur le poids d'une accusation terrible, et de laquelle de funestes apparences ne lui permettaient pas de se justifier, ne put que dire d'une voix rauque et inarticulée : « Elle est innocente. »

— « Et vous, Marguerite Beaumin? »

La jeune femme se leva et dit : « Le ciel m'est témoin que je suis innocente et Henryot aussi! »

Des cris d'indignation s'élevèrent de toutes parts et l'empêchèrent d'achever. Elle se rassit avec calme.

Henryot, revenu de sa première émotion, voulut alors expliquer par quelle succession d'événemens il se trouvait victime d'apparences aussi décevantes; mais le juge l'écouta d'un air d'incrédulité, et les spectateurs répétèrent de toutes parts : « Ils sont coupables! il faut venger Pierre Maurepas si méchamment occis! »

Le juge se leva pour lire la sentence : elle condamnait Henryot Mahu et Marguerite Beaumin, comme meurtriers et adultères, « à être justiciés de » trois manières, savoir : à être traînés sur un bahut, à trompes et trompettes, par toute la ville, » de rue en rue, et puis amenés devant la maison » de ladite Marguerite Beaumin : en cet endroit ils » seront liés sur une esselle (échelle) haut si que » chacun petit et grand les pourra voir; et aura-t-on fait en ladite place un grand feu. Quand ils » seront liés, on leur coupera la main dextre et senestre, arrachera la langue et crèvera les yeux.

» Après quoi, on les jettera au feu, pour ardoir » (brûler), et après leur sera le cœur tiré hors du » ventre et jeté au feu : après que lesdits Henryot » Mahu et Marguerite Beaumin auront ainsi été » atournés, on leur coupera la tête, et seront-ils » découpés en quatre quartiers, et envoyés ès quatre meilleures rues de la cité de Paris. »

L'hôtel Saint-Paul, que l'on nommait aussi l'*hô-*

tel solennel des grands ébattemens, s'élevait sur les bords de la Seine, et non loin des lieux où nous avons placé les premiers événemens de cette chronique. C'était un grand corps-de-logis formé de nombreux bâtimens achetés à diverses reprises et qui, réunis entre eux, formaient un tout assez irrégulier.

Dans la partie la plus reculée de l'hôtel Saint-Paul se trouvait une vaste cour plantée d'arbres, et au milieu de laquelle ruisselait une fontaine : des grillages fermaient soigneusement les fenêtres qui donnaient sur cette cour, afin que les pigeons, les faisans et les autres oiseaux nourris dans l'enceinte du palais ne pénétrassent point dans les appartemens, dont ils auraient pu souiller les riches tapisseries.

C'est à l'extrémité de cette cour, dans une sorte de petite tourelle, que le roi Charles-le-Bel dormait encore d'un sommeil profond et doux, quoique les rayons du soleil de midi se reflétassent depuis quelque temps sur les épais rideaux de brocard d'or qui enveloppaient la couche royale.

Tout à coup, le bruit d'un pas lourd et ferme résonna sur les dalles de marbre de l'anti-chambre; et quoiqu'à demi-étouffé par les épaisses nattes de joncs de la chambre à coucher, on l'entendit s'approcher de plus en plus, et s'arrêter près du lit du roi.

« Par mon saint patron! demanda le monarque avec humeur, et quoiqu'il eût reconnu la marche grave et la toux sèche de son cousin le comte Philippe de Valois : par saint Charles! ne m'est-il plus donné de dormir en repos? Mes chambellans se tiennent-ils debout à ma porte, la hallebarde au poing, pour me laisser à la merci du premier venu? »

— « J'apporte à Votre Majesté de quoi la réveiller tout de bon maintenant, et même de quoi l'empêcher de dormir plus d'une nuit, répliqua le comte de Valois avec sévérité : il arrive de Hainaut un messager, lequel raconte des nouvelles peu réjouissantes. Messire Jean de Hainaut et ses gens d'armes, en débarquant en Angleterre avec la reine, ont trouvé bonne venue parmi les barons de ce pays : la plupart d'entr'eux ont levé aussitôt bannière pour la reine; le roi Édouard II et son ministre Spencer ont été assiégés dans Bristol, faits prisonniers et baillés au seigneur de Berkley, qui tient le premier étroitement et de fidèle garde en son château-fort. Pour l'autre, il l'a fait décapiter tôt et sans chommer. Enfin la reine, c'est-à-dire son amant le comte de Kent, car elle ne fait que ce qu'il veut, est élue régente du royaume en remplacement du roi, déclaré indigne du trône. Or, le comte Aimond de Kent porte en son flanc gauche la marque du poignard d'un homme d'armes de votre maison; et il se propose de venir faire un pélerinage à Notre-Dame de Paris, qui l'a préservé de si grand péril. Trente mille piques de trente mille hommes d'armes lui serviront de cierges pour cette procession.

— « Et comme tout cela s'est-il fait sans que j'en aie eu soupçon? » demanda le roi pâle et hors de lui.

— « Six semaines ont suffi à cette âme damnée de Jean de Hainaut: il a débarqué en Angleterre le 24 décembre, et l'acte de dépossession du roi Édouard II, dont voici copie, porte la date du 14 janvier. »

Le roi ne répondit pas, et Philippe de Valois reprit, après un instant de silence:

— « Et quelles forces opposerez-vous à un ennemi si terrible, et qui n'a jamais pardonné? Les finances sont épuisées: vous aurez beau mettre à la torture lombards, traitans et fermiers, ils se laisseront écorcher et pendre plutôt que de lâcher un double à la rose: témoin Gérard de Guette, et tant d'autres.

« Pour l'aide des grands vassaux et feudataires de la couronne, il n'y faut pas compter: l'or anglais en a gagné bonne partie; et quant au reste, ils ont trop affaire à batailler les uns contre les autres, pour songer à vous défendre.

« Il ne vous restait que l'amitié et l'intercession de votre sœur, qui vous aime malgré votre dure et discourtoise conduite à son égard.

« Elles vous seront à jamais perdues dès aujourd'hui, car on va supplicier tantôt un homme qui, sans le connaître, a sauvé la vie à son cher Aimond, le soir où vous l'avez fait assassiner pour complaire à Hugh Spencer. Je viens d'ouïr conter ce que je vous dis à un digne prêtre, lequel a été préparer cet homme à mourir, et qui est venu me supplier de sauver un innocent. Voici, pour preuve, un anneau que votre sœur Isabelle a donné en guise de remerciement à son libérateur. »

Alors sur la demande du roi, le comte entra dans de plus grands détails, et lui raconta ce que nos lecteurs ont lu au commencement de cette chronique.

« Il y a encore moyen de tirer parti de tout ceci, dit le roi après un moment de réflexion, et d'accommoder cet événement aux folles idées de ma sœur, si amoureuse de merveilleux. Soyez mon aide, Philippe, et tout ira pour le mieux... Allez : ordonnez que dans une heure on conduise cet homme en l'église Notre-Dame, pour faire amende honorable et être mené de là au supplice. »

Le comte regarda avec étonnement le monarque, qui lui répéta l'ordre qu'il venait de lui donner.

— « Faites ce que nous vous mandons, cousin, » ajouta-t-il avec plus de dignité qu'il n'en montrait d'ordinaire. Et pour mettre trève aux observations que se préparait à lui faire Philippe de Valois, il appela ses chambellans et leur donna l'ordre de le vêtir avec promptitude.

Au moment où le confesseur était entré dans le cachot pour préparer le patient à la mort, il l'avait trouvé dans cet état de profond abattement produit par une grande injustice et la présence d'un malheur inévitable. Mais lorsqu'après avoir ouï la confession d'Henryot et le récit de ses aventures, le vieux prêtre lui eut appris de quels hauts personnages il avait favorisé la fuite; lorsqu'il lui eut montré un moyen de salut presque assuré, un moyen de prouver son innocence et celle de Marguerite, une joie inquiète et âpre s'empara du condamné; une anxiété poignante produisit en lui une impatience et une agitation qui tenaient du délire.

Ce fut dans une telle situation morale qu'il passa le reste du jour, toute la nuit, et une partie de la matinée du lendemain.

Enfin la porte de son cachot s'ouvrit; le vieux prêtre reparut: sa pâleur et ses larmes annonçaient qu'il ne restait plus d'espérance.

Alors un désespoir soudain, une horrible rage saisirent Henryot. Il se mit à parcourir sa prison, se frappant la tête contre les murs, poussant des hurlemens affreux, et se meurtrissant de ses fers. Ni la voix amie du vieux prêtre, ni les robustes efforts d'un geôlier survenu à ses cris ne purent dompter le furieux. Ce ne fut que long-temps après, qu'il tomba sanglant et épuisé aux pieds de son confesseur.

— « O mon fils! mon fils! lui dit alors l'homme de Dieu, si la justice humaine nous frappe à tort, la justice du ciel n'est-elle pas là pour nous récompenser de nos souffrances d'ici-bas? Acceptez avec résignation la couronne d'épine de ce monde, pour recevoir dans un meilleur la couronne des bienheureux. Offrez vos tourmens à Jésus-Christ en expiation de vos péchés. »

— « Et elle, elle? quel péché a-t-elle commis, elle dont la pureté égale celle des anges?.... et l'on va la déchirer devant une foule qui se réjouira à chacun de ses cris, qui applaudira à chaque lambeau de chair arraché par le bourreau!.... Laissez-moi!...

« Il n'y a de justice ni sur la terre ni dans le ciel! »

A ce blasphême, le saint vieillard se signa dévotement, et promit une neuvaine à Notre-Dame de miséricorde, si par sa puissante intercession elle obtenait d'éloigner Henryot d'un si horrible désespoir.

— « O! mon enfant, reprit-il avec émotion, ne mourez pas en mécréant! ne rejetez pas la palme divine que les anges vous préparent. Les vierges s'apprêtent à célébrer votre hymen céleste avec Marguerite : elles déplient la robe nuptiale qui doit être purifiée par le martyre, par le martyre qui sanctifiera ce que votre amour a de terrestre. Ne mourez pas ainsi ! car votre mort serait pour moi, pour moi qui vous ai soutenu et consolé, un sujet de larmes et de désespoir sans fin. »

— « Oh! pardon... pardon, mon père... mais il est si affreux de songer !..... si je mourais seul..... mais elle!.... elle ! »

Le prêtre parvint enfin à rendre un peu de calme à Henryot, et quand les bourreaux vinrent chercher l'infortuné rubricateur, ils le trouvèrent agenouillé devant le vieux prêtre qui, debout, le bénissait en pleurant.

Suivant la coutume de ces temps barbares, on jeta le patient sur une claie, et il fut traîné ainsi, au milieu des injures de la populace, jusqu'à l'église de Notre-Dame où il devait faire amende honorable.

Une foule immense remplissait l'église, et, contre l'habitude, on conduisit Henryot jusque dans le chœur, où se trouvait tendu un grand rideau noir comme pour ajouter au lugubre de cette triste scène.

Tandis que l'on faisait agenouiller Henryot, ce rideau fut enlevé, et Marguerite, parée comme une fiancée, vint se jeter dans les bras de son amant, qui tomba sans connaissance.

Lorsqu'il revint à lui, Marguerite était encore là; elle soutenait encore sa tête; des personnes richement vêtues l'entouraient encore, ainsi que des dames de haute apparence qui souriaient et pleuraient de ce qu'elles voyaient... ce n'était pas un songe!... Non.

Le roi prenait à cette scène l'intérêt que l'auteur d'un mystère prend à la représentation de son œuvre, durant que les confrères de la passion la jouent.

« Allons, messire évêque, dit-il enfin à un prélat en habits pontificaux, célébrez les épousailles : le temps en est advenu.

« Voici la dot que nous donnons de notre main royale à Marguerite, et en voici une autre pour Henryot Mahu. Celle-ci est au nom de notre sœur chérie la reine d'Angleterre. Car vous saurez tous que ledit Henryot a sauvé cette parente bien-aimée d'un péril des plus grands, lorsque l'on avait traîtreusement excité notre courroux contre elle. Mais tel est le sort des princes de la terre, continua-t-il en affectant de soupirer, que trop souvent de méchans conseils les font marcher en de fausses voies !

« Messire Robert d'Artois, ajouta-t-il en se tournant vers un jeune prince placé à sa gauche, ce n'est point de vous assurément que nous sont venus ces vilains conseils : vous nous avez toujours parlé en faveur de notre sœur ; la crainte de notre royale et redoutable colère ne vous a même pas retenu. Mandez à Isabelle tout ceci, et comment nous avons récompensé le brave et fidèle Henryot... Tenez, remettez au marié cet anneau, lequel nous a servi à découvrir le mystère qui a failli perdre ce jeune gars : qu'il soit l'anneau nuptial ; qu'un serviteur dévoué de ma sœur le tienne d'un ami dévoué d'icelle. »

On célébra le mariage, après quoi le monarque s'en fut avec toute sa cour. La populace, qui naguère encore accablait d'imprécations le pauvre Henryot, le reconduisit en triomphe chez lui, abattit en chemin l'échafaud, hua et faillit mettre en pièces un des juges qui, la veille, avaient condamné l'innocent, et que la curiosité avait attiré à la fenêtre de son logis.

L'HORLOGE DU BERGER.

> On voyait dans la croisée méridionale de l'église, près de la chapelle du crucifix, une horloge qui faisait l'admiration des curieux.
>
> (LE GLAY, *Recherches sur l'église métropolitaine de Cambrai*, ch. VII.)

IL me souvient que dans mon enfance on me donna pour bonne une jeune Flamande ayant nom Tréa, rieuse, aux grands yeux bleus, aux dents blanches, aux joues fraîches et rosées. Lorsque Tréa se parait de ses atours du dimanche, c'était un vrai plaisir de la voir, avenante de propreté, de larges pendans aux oreilles, les bras nus suivant la coutume de Flandre, et sa taille un peu rondelette dessinée par un corset bien étroit, dont la couleur rouge tranchait sur une jupe de laine bleue rayée de blanc. Ces jours-là, elle mettait de la coquetterie à chausser un pied qui ne manquait ni de petitesse ni d'élégance. Aussi, demandait-on en souriant, quand on la voyait passer : « Quelle est cette gentille créature qui conduit un enfant par la main ? »

Et moi, dans ma vanité de petit garçon de six ans, je me réjouissais, j'étais fier de l'attention flatteuse donnée à ma conductrice. Oui, les jours où nous nous promenions ensemble étaient pour moi de vrais jours de fête, attendus et supputés avec impatience.

Il faut le dire encore, à l'attrait de ma vanité d'enfant satisfaite, il s'en joignait un second non moins vif : chaque dimanche, le but de notre promenade était la chambre enfumée d'une vieille aveugle, mère d'un beau garçon d'un maintien timide qui lui seyait à ravir. Dès que nous arrivions, il y avait deux baisers pour Tréa et quelque friandise pour moi. Je vois encore les deux amans aller s'asseoir bien vite dans l'embrasure d'une fenêtre à petits carreaux verts, et rapprocher tant qu'ils le pouvaient leurs chaises de paille l'une contre l'autre. Ils devisaient longuement, à voix basse, formant des projets sans fin, des projets rians, des projets comme on en rêve lorsque l'on est jeune, et qu'une heureuse incurie, une douce confiance dans l'avenir n'environnent l'imagination que d'images pures et délicieuses.

Pendant ce temps, la vieille aveugle se mettait à me conter quelque histoire. Je vivrais longtemps encore, qu'il me souviendrait toujours de ses cheveux gris, clos en un couvre-chef blanc, de ses yeux ternes et immobiles, de ses traits pleins de bonhomie, de ses bras secs et hâlés qui sortaient à demi-nus de dessous un grand mouchoir rouge. Elle disait des apparitions merveilleuses, des légendes fantastiques, des aventures infernales, des traditions touchantes. Lorsqu'elle advenait à l'endroit de la catastrophe, elle redressait sa taille courbée; sa voix sèche prenait une accentuation plus ferme, et ses deux longues mains élevées en l'air retombaient sur ses genoux. Moi, assis devant elle sur un petit escabeau, je l'écoutais immobile, respirant à peine, le regard fixe et les joues brûlantes. Quand elle cessait de parler, mon chagrin devenait inexprimable, et j'aurais donné tout au monde pour l'entendre continuer. Parmi ces légendes curieuses, celle de *l'Horloge du berger* produisait particulièrement sur moi une impression profonde.

« Mon enfant, me disait la bonne femme, il y avait à Cambrai une belle église comme on n'en voit plus à présent. Jamais il ne s'est rencontré rien de plus beau. On aurait passé une année entière, oui, une année tout entière à l'examiner, qu'il se serait trouvé encore bien des choses à voir. Mais ce qu'elle renfermait de plus précieux, (il n'y a qu'une voix là-dessus, mon enfant), c'était l'horloge, l'horloge que bien souvent j'ai passé des heures à admirer lorsque je n'étais pas plus grande que vous, que je m'en allais à l'école, mon petit panier sous le bras, et que j'avais, hélas! deux bons yeux.

« Cette belle horloge était plus haute, oh! bien plus haute que ma chambre. C'était comme une petite église avec son portail profond et son clocher pointu. Il se tenait au bout du clocher un ange qui, lorsque l'heure allait sonner, portait sa trompette à la bouche, et en jouait une fanfare. Alors l'ange Gabriel, placé à gauche de l'horloge, agitait une branche de lis, comme pour dire *Ave Maria* à la sainte Vierge, qui se trouvait de l'autre côté. Celle-ci, agenouillée devant son prie-Dieu, joignait les mains et hochait la tête, de même que si elle eût répondu : *Que la volonté de Dieu s'accomplisse!*

« Ensuite s'ouvraient les portes de deux niches où se voyaient des têtes de mort, puis un livre dont les feuillets se tournaient d'eux-mêmes pour laisser lire des pensées dévotieuses. Après quoi, un carillon merveilleusement doux et plaintif se mettait à jouer, et l'on voyait passer sur une sorte de petite galerie toute la passion de Notre-Seigneur, depuis le moment où Judas le trahit si vilainement, jusqu'à celui où la tête de Jésus s'incline, et où il rend son âme à Dieu le père.

« L'ange sonnait encore une fois de la trompette; puis tout rentrait, tout se refermait, tout devenait immobile et silencieux.

« N'est-il pas vrai, mon enfant, que c'était un spectacle digne d'admiration, et que vous auriez bien voulu en être le témoin?

« Je m'en vais maintenant vous raconter à quelle occasion l'église de Notre-Dame de Cambrai fut gratifiée d'un si riche présent.

« Il y a bien des années, un prince vint faire le siége de Cambrai; mais malgré toutes ses armées, malgré de grandes tours de bois d'où jaillissaient des pierres énormes, des flèches et des torches enflammées, il ne put rien contre la ville. Une nuée miraculeuse s'étendit autour des murailles, comme un second rempart, et Notre-Dame et les anges apparurent au milieu de cette nuée, et rejetèrent les pierres, les flèches et les torches embrasées parmi les assiégeans, où cela causa grand dommage. Le prince des ennemis, furieux de cette protection miraculeuse, blasphéma laidement contre la sainte patrone de Cambraï. Il en fut puni d'une manière terrible : il perdit la vue. Alors il s'humilia sous la main qui l'avait frappé, fit lever le siége, et promit, s'il pouvait recouvrer l'usage de ses yeux, qu'il donnerait à l'église de

Notre-Dame de Grâce une couronne d'or dans laquelle son cheval tournerait à l'aise.

« Son repentir trouva grâce devant la mère du Sauveur : ses yeux se rouvrirent, et il vint faire amende honorable à l'église, une torche de cire jaune à la main. Vous comprenez sa joie, mon enfant! Ne seriez-vous pas bien à plaindre si, comme les miens, vos yeux ne voyaient plus qu'une triste obscurité! Plus de beau ciel bleu, plus de nuages qui volent comme des oiseaux, plus d'arbres verts, plus de fleurs de mille couleurs! N'oser faire un pas sans craindre de se heurter, rester assis tristement toute la journée... et puis ne plus voir ses enfans!... De la nuit, de la nuit, toujours de la nuit! Oh!... mon petit monsieur, l'on est bien à plaindre, allez, lorsqu'on se trouve aveugle!

« Le prince dont je vous parle, dans les transports de son allégresse, dit tout haut qu'il voudrait offrir à l'église un second présent aussi rare que le premier était riche.... A ces paroles il sortit de la foule un jeune berger de Rome, qui dit hardiment : « Je le ferai. Donnez-moi mille écus » d'or; octroyez-moi quatorze ans, et je vous ou- » vrerai une horloge dont on parlera dans tout le » monde comme des sept merveilles de l'univers. » Oui, j'en fais serment sur le salut de mon âme! » on l'appellera la merveille du Cambresis. »

« On lui paya mille pièces d'or : il travailla jour et nuit durant quatorze années, et il fit la belle horloge que vous savez. Après quoi, il vint trouver monseigneur l'évêque, et dit : « A présent je » m'en vais en mon pays, rejoindre ma pauvre et » bonne mère que je n'ai pas embrassée depuis qua» torze années. J'ai clos en ce bâton les mille pièces » d'or que j'ai reçues pour salaire. Dieu et la be» noite Vierge soient loués ! Pourvu que mon bon » ange gardien me protége chemin faisant, je rap» porterai à la digne femme de quoi n'avoir plus à » craindre la misère. »

« L'évêque de ce temps-là n'était point un homme craignant Dieu. Il se dit en lui-même : Le berger va s'en aller en d'autres pays ; il y fabriquera peut-être une seconde horloge plus merveilleuse que celle-ci : la nôtre en perdra son renom, sans compter que les pélerins ne viendront plus faire leurs dévotions dans une ville où ils pouvaient s'ébahir devant un pareil et unique miracle de l'art. Il chercha donc à retenir en Cambresis le savant berger ; mais à chaque promesse séduisante, le jeune homme répondait : « Tout cela ne vaut » point ma vieille mère. »

« On vous l'enverra quérir, » dit l'évêque.

« Oh ! non, repartit le berger : elle mourrait » sous votre ciel humide et froid. Ma mère habite » la belle ville de Rome ; et quand elle pourrait

» supporter la fatigue d'un pareil voyage, voudrait-» elle quitter la ville du pape, du pape dont chaque » jour la rencontre lui vaut une indulgence? »

» L'évêque voulut alors faire arrêter le berger comme sorcier et hérétique; mais il craignit de voir les bourgeois se révolter à semblable indignité.

» Il se contenta de faire attendre le berger, au sortir de la ville, par de mauvais gars sans foi ni loi.... Le berger se défendit bravement, et ils ne purent que s'emparer de son bâton qui renfermait les mille pièces d'or. « Je suis redevenu pauvre, » s'écria-t-il après s'être échappé de leurs mains fé-» roces, mais il me reste des yeux et des doigts, et je » saurai bien gagner une seconde fois mille autres » pièces d'or. »

« Le mauvais évêque, à qui l'on rapporta ces propos du berger, prit alors une résolution inspirée par le diable en personne: il fit crever les yeux du berger avec un fer rouge; on lui coupa aussi les doigts des deux mains.

« Le pauvre jeune homme mourut bien des années après, errant dans la ville de Cambrai, où il mendiait son pain de porte en porte. Il ne revit jamais ni la ville du pape ni sa mère. »

En ce moment, je tressaillis à un bruit léger... c'était le baiser du départ que Tréa donnait à son amant. La jeune fille se leva, me prit par la main, et nous revînmes au logis. Toute la nuit, dans mes rêves, j'entendis la voix du berger aveugle qui pleurait en appelant sa mère, et le matin à mon réveil, je crus voir s'éloigner de ma petite couche un fantôme pâle et mutilé.

L'horloge sur laquelle repose cette légende fut commencée en 1338, sous l'épiscopat de Guy de Collemède; elle fut achevée en 1397. Pierre d'Ailly la fit perfectionner vers 1400, et elle fut encore restaurée en 1542 et en 1602. Enfin, le mécanisme de cette horloge fut presque entièrement renouvelé en 1765.

Le cadran indiquait les jours de la semaine, la succession des mois, les signes du zodiaque, les phases de la lune et les divers aspects du soleil.

SIMON-LE-MAUDIT,

Seigneur de Cagnicourt.

1137.

> Guillaume de Cagnicourt fit la plainte que fait l'aigle dans l'emblême de Julien : « Fallait-il produire des plumes » pour donner la vitesse au fer qui m'a » percé le corps ? Fallait-il engendrer un » enfant pour me donner le coup de la » mort ? »
>
> (Jean le Carpentier, *Histoire de Cambrai et du Cambresis*. Famille Cagnicourt.)

La fille de monseigneur Guy, sire de Villers-Outreaux, avait failli passer de vie à trépas durant une maladie qui la tint enfiévrée depuis le dimanche du *Lætare* jusqu'aux fêtes de Pentecôte.

La gente Alix n'en était revenue qu'à force de

prières, et par le vœu que jura son noble père, de prendre la croix et d'aller en terre sainte guerroyer les mécréans, conjointement avec le roi de France, Louis septième du nom.

C'est à présent lieu de dire, si point ne me fault, que le roi de France avait entrepris cette croisade pour expier une profanation des lieux saints, ayant fait brûler dans une église treize cents personnes, lors du sac de Vitry en Pertois.

Le bon Dieu prit en miséricorde la douleur paternelle du sire de Villers-Outreaux, et rendit Alix à ses ferventes intercessions.

Quand la fièvre de la jouvencelle s'en fut départie, et que l'on vit, de retour sur ses joues, roses de santé au lieu de blanche maigreur, le sire de Villers-Outreaux songea à remplir son entreprise en chrétien loyal.

Il vendit au sire de Gonnelieu, moyennant grosse somme, le beau bois de vingt muids qu'il avait proche de son château, et au milieu duquel on voyait la ferme de Revelon. Il en réserva toutefois un muid dont il fit don à l'abbaye de Vaucelles.

Avec cette grosse somme qui valait quasi la moitié de son patrimoine, monseigneur Guy arma convenablement huit hommes d'armes et confia sa fille au vieux chapelain Pierre Beaumetz, homme de saint renom et féal à toute épreuve. Après quoi il se départit pour aller rejoindre le roi de France, non sans tourner plus d'une fois ses yeux tout pleins de larmes vers les tourelles de son domaine, non sans dire en lui-même avec dures angoisses : Adieu pour toujours! las! ne reverrai onc ma tant douce petiote Alix! las! ne reverrai onc le lieu où gissent en paix les reliques de mes ayeux.

Il y avait déjà quatre ans que monseigneur Guy de Villers-Outreaux s'était fait Croisé, et nul ne savait encore rien de l'heur ou du malheur advenu au preux vieillard.

Cependant les choses n'allaient pas le mieux du monde en sa châtellenie. Parmi les seigneurs des environs, c'était à qui pillerait, sans vergogne et à qui mieux mieux, les domaines d'un absent et l'héritage d'une orpheline, ou du moins quasi valait tout autant.

Le chapelain réclamait de son plus haut auprès de monseigneur Alard : le bon prélat de Cambrai faisait serment de châtier les félons comme il leur était dû; mais vieillesse a beau prendre sages desseins, le bras lui fault toujours pour les mettre à exécution; et n'ayant cure des monitoires de l'évêque, les pillards châtelains n'en continuaient pas moins à prendre sur le domaine d'Alix tout ce qui se trouvait à leur guise : or, presque tout leur agréait.

Désespérant de garder à son seigneur le peu qui lui restait de sa châtellenie, le chapelain résolut d'aller mettre Alix sous la protection du loyal et puissant Guillaume, sire de Cagnicourt, ancien ami et frère-d'armes du sire de Villers-Outreaux.

Guillaume de Cagnicourt, après avoir guerroyé bien du temps auprès de son souverain l'empereur Frédéric Ier, était revenu dans le Cambresis depuis un mois au plus : sans quoi le chapelain n'aurait pas attendu jusque là pour recourir à pareil protecteur.

Pierre Beaumetz arriva donc un matin au châtel de Cagnicourt, et adjura monseigneur Guillaume de venir en aide à la fille de son ancien frère-d'armes. Aux premières paroles du prêtre, le brave sire ému de compassion lui manda qu'il fallait amener incontinent au châtel de Cagnicourt la jeune orpheline délaissée :

« Par le salut de mon ame! jura-t-il, je saurai bien faire qu'on ne ravage point de la façon les domaines d'un croisé ; et j'appuierai si fort la pointe de ma lame au gosier de ces pillards, qu'ils dégorgeront en gros ce qu'ils ont dévoré en détail.

« Allez quérir votre damoiselle, bon et digne prêtre. Notre vertueuse et sapiente épouse Isabelle de Béthencourt l'enseignera comme il convient à une fille de haut rang et dont le père combat en Terre-Sainte. Que je sois tenu lâche et foi-mentie si je ne la traite ainsi que je ferais pour ma propre fille! »

Le chapelain Pierre Beaumetz, joyeux comme il se comprend de reste, s'en alla dire vitement cette bonne nouvelle à sa jeune dame, qui se mit en route à l'instant même pour Cagnicourt, tant il lui tardait de se voir en gîte sûr et bienséant.

Elle chevauchait avec grâce sur une haquenée blanche, et son voile relevé, tant à cause de la chaleur que pour écouter mieux les dires sages et les prudentes admonitions du chapelain, relativement à la conduite qu'il était séant de tenir au châtel de Cagnicourt... Tout à coup deux hommes à cheval parurent au bout de la chaussée.

En damoiselle bien apprise, Alix de Villers-Outreaux rabattit son voile et s'en couvrit le visage.

Les deux inconnus s'arrêtèrent tout court pour la voir passer plus à leur aise. L'un, jeune encore, paraissait de haut lignage à en juger par ses éperons d'argent, et de mœurs déréglées, à en juger par sa face rouge de buverie. L'autre portait la livrée d'un veneur.

Non contens de cette avanie, ils se mirent à dire à voix haute des propos discourtois, et tels que le vin en met sur les lèvres.

Le chapelain les en reprit comme il seyait à un vieillard et à un prêtre.

Malgré que Pierre Beaumetz l'eût fait doucement et sans vouloir offenser, le visage du jeune sire s'empourpra de colère, et le veneur demanda depuis quand clercs malotrus faisaient profession de prêcher, en grandes voieries, les seigneurs de noble rang.

Le chapelain jugea qu'il fallait clore au plus vite le dangereux entretien, et donna de l'éperon à son cheval afin de continuer sa route. « Corbleu! dit alors le veneur, si j'étais un sire de bon lignage, cette jouvencelle ne s'en irait point sans payer la rançon d'un baiser sur les lèvres. »

Il n'en fallait point tant pour exciter son brutal maître. Saisir la bride de la haquenée, et faire serment que ni dame ni prêtre ne marcheraient un pas de plus sans se racheter au prix qu'il demandait, fut l'affaire d'un moment; et il se mit à vouloir prendre de force la rançon mal séante.

Alix jeta des cris de terreur.

Le chapelain voulut venir à son aide et sauter à bas de cheval; mais il se prit le pied dans l'étrier, et son agresseur, donnant un grand coup de fouet sur l'animal effrayé, lui fit prendre le galop à travers champ.

On entendit durant quelques instans les plaintes de Pierre Beaumetz; après cela on n'entendit plus que le galop du cheval, et le bruit sourd du cadavre qui heurtait à chaque moment, soit contre une pierre soit contre un arbre.

Alix était tombée sans connaissance dans les bras du jeune sire : il la contempla avec des yeux étincelans, et puis il l'emporta hors de la route, aidé par son veneur qui montrait une joie exécrable.

Les vassaux de damoiselle Alix ayant appris son prompt départ, avaient voulu voir encore une fois la bonne et douce maîtresse qui les avait tant de fois aidés en leur misère : ils se rassemblèrent pour l'escorter comme il convenait à une noble dame, et firent diligence afin de la rencontrer avant son arrivée au châtel de Cagnicourt.

Jugez de ce qu'ils éprouvèrent à la vue du chapelain gissant en lambeaux au milieu de la route!

Tandis qu'ils regardent ce piteux spectacle dans un silence de terreur et de désespoir, ils ouïssent de faibles cris étouffés.... C'était la voix de damoiselle Alix.

Ils courent du côté d'où partaient les doléances : à la vue de cette foule, deux hommes remontent sur leurs destriers et prennent la fuite, laissant là, meurtrie et déshonorée, la pauvre Alix de Villers-Outreaux.

Pendant que quelques hommes se mettent après les coupables, on s'empresse autour d'elle ; on lui prodigue des soins : elle ouvre les yeux, prononce le nom de la Sainte Vierge, pousse un grand soupir et rend l'ame.

— « Vengeance!.... sus! sus! qu'ils soient occis! telles sont les clameurs qui s'élevèrent de toutes parts : les uns courent prendre des armes, les autres se joignent à ceux qui poursuivaient déjà les meurtriers. Ils rencontrèrent, chemin faisant, un des leurs dont le cheval s'était abattu : « Je connais ceux qui ont fait méchamment trépasser notre maîtresse et le chapelain, » cria-t-il du plus loin qu'il les vit venir.

— « Dites! dites!... qu'ils soient occis! » répéta-t-on de toutes parts.

— « C'est le jeune Simon de Cagnicourt et son infernal écuyer Amalric. »

— « Qu'ils soient occis! qu'ils soient occis!... Au château de Cagnicourt! »

Ces cris de vengeance arrivèrent jusques aux coupables qui, pâles et demi-morts de frayeur, n'opposaient que la fuite au petit nombre de paysans qui les avaient atteints, les couvraient de boue et leur lançaient des pierres.

Ils leur échappèrent à la fin vers la nuit tombante, et parvinrent au château de Cagnicourt, dont ils firent abaisser et clore bien vite le pont-levis et la herse.

Surpris des clameurs qu'il ouïssait autour de son châtel, monseigneur Guillaume monta sur le rempart et s'enquit d'où venait pareille émeute.

Il ne l'apprit que trop tôt à la vue de cadavres portés sur une civière par des gens qui tenaient des torches, comme pour mieux exciter à la vengeance en montrant les deux victimes de Simon.

Monseigneur Guillaume, navré d'une douleur mortelle, fit abattre le pont-levis, et nu-tête, sans armes, et pâle comme un trépassé, il s'avança parmi les gens de Villers-Outreaux. Chacun, à son aspect, se recula pour lui ouvrir un chemin, et garda un profond silence.

Le malheureux père dit à grand'peine ces paroles, que plus d'une fois interrompirent sanglots amers :

« Il a été commis un grand crime : je le punirai, foi de chevalier! Oui, justice sera faite, justice exemplaire et satisfaisante! Départissez-vous, braves gens, et laissez-moi faire. »

Alors monseigneur Guillaume rentra en son châtel; et les gens de Villers-Outreaux s'en allèrent en procession, portant les deux cadavres et chantant des prières pour le repos de leurs âmes. Nul ne mettait en doute que le loyal seigneur Guillaume ne tînt fidèlement sa promesse, et qu'il punirait son fils ainsi qu'il était dû. Monseigneur Guillaume onc n'avait dit mensonge sa vie durante, et on le savait d'ailleurs aussi justicier sévère pour crimes véritables que miséricordieux pour fautes vénielles.

Monseigneur Guillaume, rentré dans le châtel par la poterne, et se retirant en la chapelle, fit mander son fils. Simon, pour se donner bonne contenance et s'étourdir sur les actions de tantôt, avait, d'après les conseils de son veneur, bu à même d'une grande bottrine de vin.

Amalric le suivit, et se cacha derrière un gros pilier.

Monseigneur Guillaume garda un moment le silence; puis, étendant les bras, il dit d'une voix basse et solennelle :

« Meurtrier et foi-mentie, lâche qui n'avez de valeur que pour occire des prêtres et violenter des femmes, qui fuyez en véritable coyon devant un ramas de paysans, déchaussez vos éperons de chevalier, faites-vous raser la tête, et retirez-vous en un couvent de règle austère, pour y passer le reste de vos jours en pénitence! Je vais faire don de tous mes biens à l'abbaye de Vaucelles, pour qu'on y récite nuit et jour des prières à l'intention de damoiselle Alix et de son chapelain.... Allez; je vous donne ma malédiction en ce monde et en l'autre! »

Enhardi par l'ivresse, Simon marcha vers son père, et lui dit hardiment : « Vous n'en ferez rien. »

Le vieillard, irrité de pareille effronterie, frappa violemment de son gantelet le visage de Simon.

Hors de lui, le jeune homme tira son poignard, et en porta un coup mal assuré. Monseigneur Guillaume en chut néanmoins, quoique blessé peu dangereusement.

Mais il n'était pas encore à terre, que le veneur Amalric s'élançait d'un seul bond et lui brisait la tête d'un coup de hache.

Et puis, s'appuyant sur l'arme sanglante : « A présent, qu'allons-nous faire, sire de Cagnicourt? » demanda-t-il.

Simon croyait se débattre dans un rêve horrible.

« La nuit est noire, continua le veneur : personne, excepté une sentinelle dont je me charge, n'a vu rentrer votre père : allons jeter cette charogne dans le fossé extérieur, et demain l'on dira que ce sont les gens de Villers-Outreaux qui l'ont occis. »

— « Faisons cela; oui, faisons cela », repartit Simon d'un air stupide.

Amalric chargea le cadavre sur ses épaules, et Simon le suivit.

Ils franchirent le premier pont, dont Amalric avait eu soin auparavant de faire éloigner la sentinelle, et quand ils furent arrivés proche du goufre qui se trouvait sous le deuxième pont-levis, ils précipitèrent le cadavre dans l'eau.

Mais, au lieu de s'enfoncer, le corps de monseigneur Guillaume resta debout et les bras étendus, comme s'il eût encore maudit son fils.

Simon voulut fuir, et s'élança sur le pont; mais à peine l'eut-il franchi que, sans comprendre comment cela se faisait, il se retrouva sur le bord du pavé et devant le terrible cadavre.

Il en arriva de même à chacune de ses nombreuses tentatives.

Quand il fit jour, on le trouva pâle, les cheveux hérissés, et fixant des yeux hagards sur le cadavre de son père, qui le maudissait toujours.

Chacun s'enfuit du château à la vue de cette effroyable merveille, et on cessa de l'habiter pendant plus de deux cents ans.

Bien long-temps après les événemens contenus en cette véridique légende, et lorsqu'on se les rappelait à peine, la châtellenie de Cagnicourt échut par succession, au sire Jacques Le Baudoin de Villers, chambellan héréditaire du Cambresis. Curieux de savoir à quoi s'en tenir sur les récits que l'on faisait du châtel abandonné, il y entra en la compagnie du prieur de l'abbaye de Vaucelles.

Ils virent bien distinctement, au milieu d'un étang devenu presqu'un marais, le squelette d'un homme qui tenait les bras étendus.

Du haut du rempart, un autre squelette semblait le considérer dans une attitude de détresse.

Le prieur de Vaucelles récita des prières pour le repos de l'âme de monseigneur Guillaume de Cagnicourt. Après cela, il aspergea d'eau bénite les deux squelettes.

Ils tombèrent en poussière.

épouse du trésorier de la ville, de messire Eustache Panseron. Elle avait murmuré longuement à l'oreille du bon évêque une kyrielle de péchés dont les plus gros étaient sans doute quelques bonnes médisances dont la digne trésorière ne se faisait point faute. Dûment semoncée et absoute, elle s'en allait contrite d'un repentir qui ne prévaudrait pas long-temps contre l'habitude.

Délivré enfin de si rude besogne, le prélat se préparait à regagner son palais; et déjà il s'était mis à réciter une dernière oraison, lorsque s'approcha brusquement un homme de haute stature et que Guy d'Auvergne n'avait point aperçu jusqu'alors, parce que l'inconnu se tenait adossé contre une colonne et enveloppé dans un grand manteau.

« Brave gars, lui dit le prélat en s'essuyant le front tout couvert de sueur, brave gars, nous sommes par trop fatigué pour vous ouïr aujourd'hui en confession : revenez demain. »

L'étranger répliqua d'une voix forte et véhémente :

« Je ne puis retarder d'un moment. Si je meurs sans confession, je serai damné... Que ma damnation retombe sur vous! »

Une vague terreur s'empara de l'homme de Dieu, mais il se réconforta par une prière mentale, et se rasseyant avec résignation dans le confessionnal, il fit signe à l'inconnu de commencer.

« Je suis Giles de Marcoing, Giles-le-Hideux, murmura l'inconnu sans se mettre à genoux. Ma mère est morte le jour de ma naissance; mon père m'a donné, trois mois après, une impitoyable marâtre : jamais donc personne n'a aimé Giles-le-Hideux, car son aspect rebutant faisait détourner la tête à ceux que ses misères auraient pu apitoyer.

« Mes frères étaient beaux; ils étaient les enfans d'un second lit, et partant, mon père n'a eu de la tendresse que pour eux, et que de l'aversion pour moi, pour moi chétif et difforme. Délaissé par lui, maltraité par sa femme, outragé par ses enfans, tourné en dérision par les propres varlets de ma famille, voilà comment j'ai vécu jusqu'à vingt ans, desséché d'angoisses et de désespoir, altéré, brûlé de la soif de vengeance.

« Enfin mon père trépassa. Sans miséricorde, j'ai jeté moi-même hors de mon domaine sa veuve et ses enfans. Après cela, j'ai fait durement expier, à tous ceux qui devenaient mes vassaux, leurs cruelles dérisions de naguère : mes gibets se sont couverts de cadavres. Mes extorsions ont amené le besoin et les larmes dans mes huit villages, Marcoing, Villers-Plouich, Paluisel, Pronville, Brebières, Flesquières, Mésengarbe et Rouveroy. Combien j'ai fait entrer de force dans ma couche de ces jeunes filles qui s'étaient raillées jadis de ma chevelure rousse, de mes yeux hagards, de mes dents aiguës! Plusieurs en sont mortes. Eh bien, je n'ai pu faire changer mon insupportable surnom. Je croyais qu'ils m'auraient appelé, comme Simon de Cagnicourt : l'Impitoyable, le Maudit. Non! toujours le Hideux; toujours, toujours Giles-le-Hideux.

« Un jour il me fut annoncé par un héraut d'armes qu'un tournoi devait avoir lieu à quelques jours de là aux environs de Cambrai : c'était le jeune neveu de l'évêque Pierre de Mirepoix, Hugue de Levis, fils unique du maréchal de la Foi, qui rassemblait cinq cents chevaliers pour rompre des lances en l'honneur des dames.

« A cette nouvelle, mille pensers rians, doux et inconnus vinrent rafraîchir mon sang. J'irai! m'écriai-je; oui, j'irai! Mon armure sera magnifique, et je tiendrai constamment ma visière baissée. Oh! si je pouvais faire des prouesses! si je pouvais entendre de toutes parts former des vœux pour le chevalier inconnu! si je pouvais apercevoir de jeunes femmes me souriant! si je pouvais entendre deviser de moi avec los et bienveillance!

« Que j'aie l'heur qu'il en advienne de la façon, et je ne dirai pas que je suis Gilles de Marcoing; je disparaîtrai quand les hérauts viendront proclamer le vainqueur : on m'appellera, on me cherchera en vain ; et quand je reparaîtrai en d'autres tournois on s'écriera : « Voilà le preux in-« connu! voilà le chevalier qui fuit les triomphes « comme un autre les recherche! » Et peut-être quelque dame de rare beauté et de haut lignage, déçue par l'attrait du mystère dont je serai environné, prendra-t-elle à moi un intérêt vague et tendre; peut-être son cœur battra-t-il d'émotion quand je rencontrerai mon adversaire dans l'arêne, et que les tourbillons de poussière ne laisseront point voir lequel des deux sera gissant dans l'arène.

« Il vint le jour du tournoi, il vint, et douze chevaliers tombèrent désarçonnés par moi. Messire Le Borgne de Mauny, ce rude joûteur qui venait de maltraiter si fort le jeune Hugue de Levis qu'il en mourut par la suite, oui, messire Le Borgne de Mauny me trouva inébranlable sur mes étriers, et fut renversé par ma lance jusque sur la croupe de son palefroi.

« Jamais je n'avais asséné coup si rude. Oh! c'est que je voyais s'échapper de son casque des boucles de beaux cheveux noirs, c'est qu'on avait battu des mains lorsqu'à son entrée dans l'arène il avait levé sa visière et montré des traits doux, purs et charmans.

« On me proclama le mieux faisant de la journée.

« Les clameurs des hérauts, les cris de joie, l'enthousiasme de tout un peuple, les dames qui me saluaient en agitant leurs écharpes et m'applaudissaient de leurs mains délicates, les preux qui m'environnaient, m'accolaient, me serraient la main, tout cela m'étourdit, me troubla, m'enivra. Je ne savais plus ce que je faisais... mille sensations différentes gonflaient ma poitrine, m'ôtaient l'usage de ma raison... je me laissai entraîner aux pieds de la reine de la fête, de Mahaut d'Apremont, la fiancée de sir Georges de Quiévraing. On leva ma visière... Mahaut tomba sans connaissance à mon hideux aspect, et il s'éleva de toutes parts un cri d'horreur et de dégoût, puis d'exécrables éclats de rire.

« Dans un désespoir inexprimable, je m'élançai sur mon destrier, et vins me cacher en ma châtellenie de Marcoing.

« Le croirez-vous? L'image de cette femme pâle, défaillante à la vue de mes traits hideux, l'image de cette femme ne rouvrant les yeux que pour les détourner avec terreur, oui, cette image ne quitta plus mon imagination : elle m'enivrait d'une volupté cruelle, d'une extase bizarre, mélange de désespoir et d'amour; un feu âpre me consumait; je rugissais en proie à des désirs insensés, à des transports de rage; je pleurais, je priais Dieu, je blasphémais... Oh! quelles souffrances étaient les miennes!

« La voir, la voir encore une fois et mourir!... Cette idée ne me quittait pas. Le jour des épousailles je pris les habits d'un varlet, je mis un poignard dans ma ceinture : la figure couverte de mon manteau, et après avoir rôdé long-temps autour du châtel de Quiévraing, je parvins, à la nuit tombante, à pénétrer jusque dans la chambre nuptiale : le désordre de la fête me servit à cela. Je me cachai sous de grandes tentures de brocards. Quand les convives amèneront les époux, me disais-je, il me sera facile de sortir sans que l'on me reconnaisse. Je l'aurai vue une dernière fois, et je mourrai moins malheureux.

« Mais un pouvoir magique m'enchaînait à la place où je me tenais caché... Ils restèrent seuls... Ils échangèrent des paroles d'amour; ils dirent des propos délirans; j'entendis leurs lèvres se rencontrer... Alors je m'élançai furieux... Après cela, je ne sais plus ce qui s'est passé. Il me souvient seulement d'avoir frappé deux coups de mon poignard, et de m'être retrouvé le lendemain dans mon domaine de Marcoing.

« Ce qui m'était advenu la veille me semblait un rêve malfaisant; je ne pouvais y croire. Une sommation de comparaître devant l'évêque mon suzerain ne m'apprit que trop la réalité de mon crime : Godefroi d'Apremont m'accusait devant monseigneur Pierre de Mirepoix d'avoir méchamment et traîtreusement occis son beau-frère le sire de Quiévraing et sa propre sœur Mahaut d'Apremont.

« Mon premier mouvement fut de refuser d'obéir à la sommation de l'évêque ; mais en horreur à tous mes vassaux, lequel d'entre eux aurait voulu me défendre, quand bien même une bulle n'eût pas frappé d'excommunication quiconque opposait de la résistance aux ordres de l'évêque ? Je suivis donc avec une apparente docilité le prévôt du prélat et ses nombreux hommes d'armes.

« Vous dire ce que je pâtis, chemin faisant, n'est point chose possible à des paroles humaines.

« Le sort qui m'attendait sans faute me tenait tout pantelant d'horreur et de désespoir. Mon front rasé, mon écu brisé et couvert de fange, des hérauts qui me proclamaient vilain, ma tête coupée par le bourreau, mon cadavre au gibet !.... Les cheveux me dressent encore sur la tête rien que d'y penser.

« Et puis nulle compassion, nulle pitié. Qui s'écrierait miséricorde ? qui dirait seulement : Pauvre jeune homme ! en voyant conduire à l'échafaud Gilles de Marcoing, le meurtrier, le hideux ? Sans doute on s'apitoierait sur la triste fin d'un jeune sire à la belle figure, aux longs cheveux noirs, eût-il, ainsi que j'avais fait, occis par rage jalouse et rival et maîtresse ; mais Giles-le-Hideux!... A l'échafaud! à l'échafaud! à l'échafaud! le monstre! c'est bien fait!... Voilà, oui, voilà comme on s'apitoiera sur mon sort!

« Vous savez le reste. Je comparus devant l'évêque. L'accusation du sire d'Apremont ne reposait que sur des indices vagues : j'allais être renvoyé absous, et déjà je faisais vœu à Notre-Dame, s'il en advenait ainsi, de donner à la sainte église tous mes domaines, et de me retirer en quelque couvent austère, où je passerais le reste de ma vie en dure pénitence : hélas! elle aussi détourna la tête pour ne point m'écouter, et peut-être fut-ce en horreur de ma laide figure et de ma voix rauque et malsonnante.

— « Je réclame le jugement de Dieu! s'écria le sire d'Apremont.

— « Il vous est octroyé ce que vous demandez, répondit l'évêque après avoir consulté les pairs du Cambresis.

« Et le jour du combat fut désigné à huit jours de là.

« Si vous saviez ce que c'est que de se rendre en champ clos, quand on n'ose invoquer ni la Sainte-Vierge, ni son bon ange, ni son patron, quand on va férir pour une mauvaise cause!... Afin de ne pas devenir fauteur d'un nouveau crime, j'avais pris dessein de me laisser frapper par d'Apremont, sans l'assaillir de ma hache d'armes, sans opposer mon écu au tranchant de la sienne. J'aurais laissé choir l'un et l'autre, comme par malheur fortuit et défaveur du sort. Occis d'un seul coup, il m'aurait été remis de la façon les angoisses d'un douloureux trépassement, et l'avanie de mon crime proclamé à haute voix. Peut-être aussi, me disais-je, Notre Seigneur Jésus-Christ prendra-t-il en miséricorde et pour la rémission de mes péchés cette mort volontaire et expiatoire.

« Mais quand je m'avançai dans l'arène pour faire serment sur l'Évangile que je ne portais ni armes enchantées, ni talisman, il fallut hausser ma visière. Ma figure fit son effet, et de toutes parts l'on cria, avec force brocards et dictons : Haro! terne haro à Gilles-le-Hideux!... Une rage que je ne saurais dire troubla ma raison; elle changea mes bonnes pensées en soif de sang. Les hérauts avaient à peine crié : Détalez! que le sire d'Apremont rendait l'âme, la tête brisée d'un coup de hache.

« Je me sentis alors frissonner d'une joie de feu et d'un délire hérétique.

« J'ai triomphé et j'étais le coupable; le bourreau suspend au gibet le cadavre de l'innocent. Il n'y a point de Dieu, il n'y a point d'enfer! me disais-je. Et je riais, et je gagnais mon domaine sans remercier Dieu de ma victoire et répétant : Il n'y a point d'enfer, car il n'y a point de Dieu : je ne serai donc point damné.

« Pendant quinze ans, je ne mis pas une seule fois le pied dans une église, n'observant ni vigiles, ni carême, maugréant à cœur joie, me riant des sermens sur reliques et me livrant à toutes sortes de mauvaises actions ; car je me disais au souvenir du jugement de Dieu de Cambrai : Il n'y a point de Dieu, ni d'enfer !

« Hélas ! je n'ai que trop appris, depuis un mois, combien étaient insensés de pareils blasphêmes.

« Trois fantômes ne me quittent ni jour ni nuit.

« Ils se tiennent par la main ; ils tournent autour de moi sans jamais s'arrêter.

« L'un a la tête sanglante, les deux autres une large blessure à la poitrine. Ils rient aux éclats, il échangent entre eux des regards moqueurs qu'ils reportent ensuite sur moi ; et puis ils s'écrient en recommençant leur exécrable danse : Il ne sera pas damné ! il ne sera pas damné !

« Ils m'ont quitté pour la première fois depuis ce temps, lorsque je suis entré dans l'église. Faites, Monseigneur, oh ! faites que je ne retombe plus en leur pouvoir, et je vous promets de donner tous mes biens à l'église ; je vous promets d'aller, pieds nus, en terre sainte, s'il le faut ; mais que je ne retombe plus en leur pouvoir, oh ! non ! »

L'évêque Guy d'Auvergne n'osa point donner l'absolution à un aussi grand pécheur. Il l'engagea cependant à ne point désespérer de la miséricorde divine, et lui enjoignit de revenir à deux jours de là, afin qu'il lui fût loisible de réfléchir mûrement sur quels remèdes il fallait apporter à une âme malade de la façon et dont le salut paraissait si désespéré.

Mais Giles-le-Hideux ne reparut plus jamais à l'église de Notre-Dame ni au châtel de Marcoing.

Il fut détroussé et occis par des larrons, comme il s'en retournait en son domaine.

Des paysans trouvèrent le lendemain son cadavre gissant, navré de deux coups de poignards, et la tête brisée par le fer d'une hache d'armes.

Le jour commençait à poindre lors de cette rencontre, et les bonnes gens crurent voir disparaître trois fantômes, et ouïr des voix qui répétaient avec ironie : Ah! il n'y a pas d'enfer ! Ah! tu ne seras pas damné!

LE DE PROFUNDIS,

Manuscrit d'un vieux Moine.

1343.

« Si je vis, je prierai pour toi, »
Voilà vos paroles dernières :
Hélas ! Hélas !
Jamais je n'entends vos prières ;
J'écoute et vous ne priez pas.
(CASIMIR DELAVIGNE, *L'âme du Purgatoire.*)

Au commencement de chaque œuvre, tout chrétien doit invoquer le nom du Seigneur, sans la miséricorde duquel aucune chose ne saurait être amenée à bonne fin.

Et comme nous ne pouvons, humbles pécheurs, rien obtenir de Dieu, si ce n'est par l'intercession et les mérites de la sainte Vierge Marie, mère immaculée du sauveur du monde, j'entends commencer la véridique histoire qu'on va lire en présentant à cette reine céleste la salutation auguste que l'ange Gabriel lui apporta du haut des cieux: *Ave Maria;* priant et suppliant tous ceux qui verront le présent livre de réciter cette prière, afin de mieux comprendre les grands enseignemens et bons exemples contenus en icelui.

J'ai nom Raoul Beaugenin, à présent en religion, dans l'ordre des *Minimes*, sous celui de père Berthe. Je suis fils légitime de Bartholomé de Beaugenin, vassal et écuyer de haut et puissant seigneur Enguerrand Le Portier, sire de Marigny, argentier du roi de France. Ma très-honorée mère Anne-Marguerite Bonvouloir, de l'ancienne famille des Bonvouloir, m'éleva dans la crainte du péché et dans l'amour de Dieu, jusqu'à devers seize ans.

Or, par un soir qu'après avoir récité les oraisons de mon chapelet, je venais lui demander à genoux sa bénédiction, elle se prit à pleurer avec amertume et à me presser longuement contre son sein agité par un grand émoi. Enfin, à travers force sanglots et lamentations, elle m'apprit que sire Enguerrand, pour l'amour de mon père, m'envoyait en qualité de page chez monseigneur son frère, Philippe de Marigny, évêque de Cambrai en Cambresis. « C'est, dit-elle, un prélat vénérable, et vous trouverez chez lui édification et bons exemples. Or donc, ajouta-t-elle en redoublant de larmes, tenez-vous dispos, cher enfantelet, tenez-vous dispos demain, après avoir ouï une messe en l'honneur de saint Julien patron des voyageurs, à partir sous la conduite de messire Jacques Marly, chanoine du chapitre de Notre-Dame de Grâce. Ce digne prêtre a été dépêché à notre suzerain par le prélat de Cambrai, et s'en retourne après avoir terminé, à la satisfaction de chacun, des affaires de grande importance. »

Pour moi, je pleurais aussi; car l'aspect de la tristesse de madame ma mère m'avait affligé. Mais une liesse enfantine m'apporta bientôt consolation. Ce néanmoins, je ne dormis guère, me tournant en cent façons diverses sur mon chevet. J'étais tout pantelant de joie, rien qu'au penser de faire si longue route en chevauchant sur une belle haquenée.

Aussi, fut-ce moi le premier debout quand tinta l'heure de la messe, laquelle fut dite à mon intention. Après quoi, je m'aperçus bien que je n'étais pas le seul ayant passé la nuit sans sommeil; car onc n'ai vu femme plus pâle et plus dolente que madame ma mère. Sans proférer une parole, tant son cœur était navré, elle me passa au col une belle chaîne d'or au reliquaire de laquelle était enchâssé un morceau de la vraie croix, et puis elle m'étreignit de ses bras qui tremblaient, et tout à coup elle se laissa aller sans mouvement, la tête sur mon épaule.

Enfin monsieur mon père qui était là debout tâchant de se montrer ferme, quoiqu'en dépit de ses efforts de grosses larmes tombassent de ses joues sur sa barbe, me recommanda d'une voix émue d'être bon chrétien, dévotieux à la sainte Vierge et foi loyal à mon nouveau souverain. Après quoi, il me donna sa bénédiction, et il fallut m'arracher des bras de ma mère. Je me départis dans une tristesse et une amertume que l'on ne saurait dire. Las! une angoisse bien autrement poignante aurait serré mon cœur, s'il m'eût été donné d'avoir la prévision des événemens à venir; si j'eusse su que monseigneur mon père serait frappé à mort en défendant son maître sire Enguerrand, si l'on m'eût dit que madame ma mère en trépasserait subitement de douleur!

Après un mois de voyage chanceux, et durant lequel bien nous prit d'avoir douze hommes d'armes du roi de France qui chevauchaient avant et après la litière de messire Jacques Marly, nous arrivâmes au châtel épiscopal de monseigneur Philippe de Marigny, le onzième jour du mois de mai, en l'année mil trois cent douze du salut du monde.

Monseigneur Philippe était un prélat charitable et pacifique, ayant à cœur de rétablir la paix entre messieurs les chanoines et les bourgeois de la ville, ce qui n'était pas, à vrai dire, chose aisée; car les gens de Cambrai, fiers et jaloux de leurs franchises, s'ameutaient à tout moment sous prétexte de les défendre; et de leur côté les chanoines, voyant ces franchises avec envie, ne se lassaient point d'en contester les droits et les priviléges.

Tandis que dans la ville on voyait régner ainsi discorde et contention, paix et bonheur s'étaient réfugiés au châtel épiscopal. Comment n'y auraient-ils pas été amenés par l'ange de bonté et de grâce qui en avait fait son séjour, par la belle et pieuse Berthe de Marigny, jeune sœur du prélat? Un manant grossier, un soudard brutal se serait senti désir de courtoisie à l'aspect de son sourire avenant et de son regard rêveur; et, eussent-ils été plus durs de cœur que l'ennemi des hommes (Dieu me préserve de ses embûches!), eussent-ils été privés de la lumière du ciel, il leur aurait fallu se rendre aux douces paroles de sa voix suave.

Pour moi, quand je la vis, je demeurai sans bouger et comme ébloui d'une beauté si merveilleuse. A huit jours de là, je fis vœu à la sainte Vierge de ne jamais aimer autre dame. Pourtant, je ne le savais que trop bien, jamais il ne devait m'être permis d'avouer ma respectueuse tendresse, et encore moins de songer à en obtenir du retour.

Ainsi trois années s'écoulèrent rapidement pour moi, dans une sorte de bonheur triste et ineffable, car madame Berthe m'avait pris en affection. Elle se plaisait à louer mon zèle; elle me citait parfois comme exemple aux autres pages. Bien loin elle était d'avoir soupçon du motif qui me faisait agir. Ce néanmoins, une parole bienveillante de sa bouche, comme *beau page* ou *fidèle varlet*, me faisait tressaillir d'un frisson que je ne saurais exprimer, et me causait autant de joie que de peine. Je me surprenais à la répéter à voix haute. Durant que j'étais en prière, elle venait me causer un péché de distraction. Hélas! aujourd'hui que me voilà vieux de nonante et un ans, ce souvenir m'émeut encore d'un grand trouble, et fait couler des larmes de mes yeux desséchés.

Du temps de l'évêque Guy de Collemède, il s'était élevé entre lui et Robert, comte d'Artois, un différend fort grave, au sujet d'une juridiction que les officiers du comté s'arrogeaient sur des villages situés entre les deux villes de Cambrai et d'Arras. Convaincu tardivement de l'injustice de ses prétentions, le comte d'Artois y avait renoncé. Mais quand il fut mort, sa veuve, la comtesse Mahaud, réveilla cette querelle inique, et fit ravager par ses hommes d'armes les terres du Cambresis le plus à portée de l'Artois. Il fallut user de représailles; de là des guerres à n'en plus finir, et qui coûtèrent bien du sang.

Comme l'évêque Philippe s'affligeait fort d'un pareil état de choses, il proposa à son ennemie de s'en rapporter à l'arbitrage du roi de France. En cela, il faisait preuve d'une prudence rare; voici pourquoi : la comtesse Mahaud, étant vassale du monarque, ne pouvait refuser l'arbitrage du prince; ensuite, lorsqu'une sentence serait rendue, force lui serait de s'y soumettre, à moins d'encourir la colère d'un puissant suzerain. Or, convaincu de l'évidence de son bon droit, monseigneur Philippe ne mettait pas en doute que la décision du roi de France ne lui fût favorable : donc la guerre serait infailliblement terminée, et il y aurait une fin aux prétentions injustes de la comtesse artésienne.

Ce fut son propre frère, le prince Charles de Valois, que le roi de France choisit pour arbitrer dans ce différend. Monseigneur Charles de Valois arriva donc à Cambrai le vingt-huitième jour du mois de mai de l'an mil trois cent treize.

Les premiers jours se passèrent en festins et en chasses; mais bientôt le prince, qu'on avait vu d'abord si ardent à ces plaisirs, se mit à faire l'éloge du repos et de la retraite, qu'il prisait avant tout, s'il fallait l'en croire. Hommes d'armes avaient beau sonner de la trompe, chiens aboyer et cors de chasse redire fanfares, il ne s'en souciait en aucune façon.

Dès le matin on le voyait arriver dans l'oratoire de madame Berthe, et toujours avait-il quelque don rare à lui faire : tantôt c'était un papegaut qui devisait et riait aux éclats comme aurait pu le faire une vieille femme ; tantôt c'était quelque fleur rare achetée à grand prix, ou de ces riches babioles ouvrées à long et difficultueux travail.

De ces cadeaux, dont madame Berthe ne manquait pas de s'émerveiller, on voyait s'ensuivre des propos de galanterie qui se prolongeaient bien avant.

Comme ces objets venaient de France, d'Italie ou d'Allemagne, le prince de Valois en prenait occasion de narrer les voyages qu'il avait faits en ces lointains pays.

Il ne disait jamais rien des hautes destinées qu'il aurait infailliblement eues, dans la dernière de ces contrées, sans les manigances du pape Boniface. Car, à l'assassinat de l'empereur Albert, tué près de Rienfeld par le duc de Souabe, les électeurs voulaient donner la couronne au prince de Valois; mais le pape fit si bien qu'il n'en fut rien. En cela il suivait sa haine contre le roi de France, avec lequel il avait eu de graves querelles.

Mais, malgré son modeste silence à l'égard de ce qu'on vient de lire, le nom de l'Allemagne prononcé par monseigneur Charles donnait suffisamment à penser, et faisait reluire sur sa personne un reflet d'illustres infortunes qui émouvait madame Berthe d'une respectueuse commisération.

« Oh! disait-il, que je voudrais à présent passer ma vie en ces pacifiques et plaisans lieux, loin des grandeurs qui sont lourdes et qui tourmentent! Ne me sera-t-il jamais donné de n'avoir autre soin que d'obtenir, à force de soumission et d'amour, un sourire comme vous en faites parfois? »

Et madame Berthe émue faisait un sourire qui me remplissait de désespoir, et elle baissait de longues paupières pour cacher le trouble de ses regards.

Peu à peu, quand le prince advenait, madame Berthe prit l'habitude de renvoyer à l'antichambre ses pages et ses dames d'atours. Elle avait, selon elle, au sujet de la paix, d'importantes affaires à démêler avec le prince Charles. Elle demeurait donc seule avec lui; et mainte et mainte fois quand l'heure du souper sonna, il fallut les avertir que monseigneur l'évêque les attendait pour commencer la bénédiction de la table.

Tandis que j'avais la mort dans le cœur, chacun se réjouissait autour de moi : les plus discrets hochaient la tête avec mystère et parlaient tout bas de mariage; d'autres, moins réservés, disaient hautement que la sœur du riche et noble argentier du roi de France pourrait bien devenir comtesse de Valois; car, selon eux, rien n'était trop digne de la dame qui réunissait haut lignage, beauté merveilleuse, vertus angéliques et trésors immenses. Enfin, il s'en trouvait répétant à tout propos : « La comtesse Mahaud, à coup sûr, ne gagnera pas son procès; et monseigneur l'évêque est bien certain de recouvrer ses bonnes terres du Cambresis. »

Ces rumeurs, closes d'abord dans le châtel, furent bientôt sues des bourgeois, et arrivèrent jusqu'à Arras. La comtesse Mahaud qui, pour retarder la sentence, feignait d'être grandement malade, prit alors un parti soudain. Se fiant à sa beauté rare et à son astuce diabolique, car tous les moyens lui étaient bons pour advenir à ses fins, on la vit un soir, sans qu'on s'y attendît en aucune façon, arriver au châtel épiscopal, escortée d'une suite riche et nombreuse.

« Or çà! Monseigneur de Valois, fit-elle avec façon traîtreusement gentille et accorte, me voici venir suppliante, et prête à vous demander merci, pieds nus et la corde au cou, car depuis quatre grands mois qu'une fièvre poignante me retient au lit de douleur et m'a rendue pauvrette et chétive, ces deux beaux yeux que je vois ont gagné de reste le procès de messire l'évêque. Ils ont aussi, j'en suis sûre, plus qu'il n'était nécessaire, irrité le frère du roi de France contre une humble et triste veuve. »

En terminant ces hardis propos, dont rougit grandement madame Berthe, la comtesse d'Artois fit mine de s'agenouiller. Le prince ne la laissa pas faire, et mit à la relever un empressement des plus gracieux.

S'appuyant ensuite sur la main du prince, elle se prit à lui parler bas à l'oreille, tournant en ridicule la vertueuse simplicité et naïve grâce de madame Berthe si bien que monseigneur de Valois, circonvenu par ses dires perfides, commença à prendre en honte ce qui l'avait tant charmé d'abord à juste droit.

Dès-lors, la liesse et la confiance dans lesquelles on s'ébattait au châtel épiscopal devinrent tristesse et découragement.

Le prince Charles, à compter de ce jour-là, n'eut plus d'autre soin que de complaire à la comtesse Mahaud, et ne songea guère dorénavant à la triste madame Berthe. Au détriment des causeries sans fin de l'oratoire, faucons et lances reprirent faveur : on n'entendait que destriers piaffer et veneurs jouer des fanfares; chacun émoulait des lances pour courir en champ clos. Enfin, aux demandes et instances de la comtesse d'Artois, une passe-d'armes solennelle fut proclamée pour le neuf du mois de novembre. Le prince Charles remit au même jour la proclamation de la sentence relativement à la discussion qu'il lui fallait juger.

Le lendemain, deuxième jour du mois de septembre et jour de la fête de Notre-Dame-des-Anges, monseigneur l'évêque m'enjoignit de partir avec un héraut d'armes, pour aller porter des messages aux chevaliers du pays, et les inviter à venir prendre part aux ébattemens de la joute.

Nous ne fûmes de retour que la veille de la passe-d'armes, le huit du mois de novembre.

Malgré le grand empressement que j'y mis, il ne me fut pas octroyé de paraître devant ma noble maîtresse, ni le jour de mon arrivée, ni même dans la matinée du lendemain. J'allai donc, comme me l'enjoignaient mes devoirs de page, me tenir au pied de la tente en velours dressée en lieu d'honneur pour recevoir les plus nobles dames, l'évêque, les juges de la lice et messieurs les chanoines.

Combien il me tardait de voir arriver madame Berthe, elle dont la douce vue ne m'avait point été permise depuis deux mois et sept jours! Elle parut enfin, conduite par messire Le Borgne de

Mauny, et marchant derrière l'évêque qui donnait la main à la comtesse Mahaud.

Sainte Vierge! l'état piteux de ma noble et malheureuse maîtresse ne m'apprit que trop quels affreux chagrins la faisaient dépérir : elle était devenue pâle et chétive; déjà il y avait je ne sais quoi d'une tête de mort dans ses traits amaigris et pourtant beaux encore; une nuance imperceptible d'un rose indécis et bleuâtre entourait ses paupières, et par là ses yeux semblaient agrandis. Enfin, à chaque instant une toux sèche s'échappait de sa poitrine en sifflant.

A cette vue, il me devint impossible de retenir un cri de surprise et de désespoir. Elle l'ouït, elle le comprit, car elle jeta sur moi un regard !... Oh ! il me navra l'ame.

Après quelques momens d'attente, les trompettes jouèrent des fanfares et les chevaliers entrèrent dans la lice. Le prince de Valois portait les couleurs de la comtesse de Mahaud.

Je ne saurais conter ici toutes les prouesses de cette journée; mes regards n'étaient guère tournés vers le champ clos : un objet plus cher et plus douloureux les fixait. Je vais donc brièvement dire que monseigneur Charles, prince de Valois, resta le mieux faisant de la journée.

C'était madame Berthe, comme sœur de monseigneur l'évêque Philippe de Marigny, qui devait remettre au vainqueur le prix du tournoi, à savoir : une chaîne d'or avec une émeraude d'une grande valeur à chaque maille, et puis une épée de bonne trempe dans le pommeau de laquelle on avait enchâssé une relique du bienheureux saint Géry.

Le prince vint donc s'agenouiller devant madame Berthe; mais en s'avançant, le cœur faillit à ma maîtresse, et elle tomba sans connaissance. Tandis que toutes les dames s'empressaient autour d'elle, la secourant en grand émoi et sans avoir souci d'autre chose, la comtesse d'Artois (du moins on me l'a conté depuis ; j'étais en transes par trop douloureuses pour le voir), la comtesse d'Artois ramassa la chaîne, et la passa gracieusement au cou de son amant; car elle ne s'en cachait plus; elle tirait même vanité d'octroyer au prince le don d'amoureuse merci.

Croirait-on que c'est au milieu du trouble d'un pareil accident que le prince Charles de Valois fit proclamer son arrêt sur les différends du Cambresis et de l'Artois?

Cet arrêt condamnait « la cité de Cambrai, envers la comtesse, à une amende de trente-deux » mille livres parasis de forte monnaie, quatre » mille chaque semestre jusqu'à l'entier paiement. »

Il enjoignait seulement à la comtesse « de restituer les choses enlevées dans les villages ap-

» partenant au Chapitre et dans les lieux contes-» tés, lesquels lieux étaient évidemment du res-» sort du Cambresis. »

Comment décrire la nuit qui suivit? Les bourgeois de Cambrai, outrés de l'injustice de cet arrêt, étaient ameutés çà et là dans la ville, vociférant et prêts à assaillir le quartier du châtel où logeait monseigneur Charles. Les gens d'armes du prince veillaient, la lance au poing, dans la crainte d'une attaque, et les varlets faisaient en hâte les préparatifs du départ. Leur maître avait annoncé à l'évêque qu'il s'en irait du châtel le lendemain à l'aurore. Il était aisé de reconnaître dans un semblable manque de courtoisie les conseils de la comtesse d'Artois. On l'a du moins raconté, le prince ne s'était résolu à ce parti grossier qu'après mainte et mainte hésitation : voyant cela, la méchante femme qu'il aimait avait déclaré qu'elle allait partir seule et ne le reverrait de sa vie, s'il ne consentait point à l'escorter le lendemain. Tel était le pouvoir exercé sur lui par elle, qu'il lui fallut céder.

Au point du jour on entendit donc un grand bruit de chevaux. Madame Berthe s'enquit d'où il provenait. Monseigneur Philippe, qui avait passé la nuit au chevet de sa sœur, lui répliqua bonnement : « C'est le prince de Valois et la comtesse Mahaud qui se départissent du châtel sans dire gare.

Ils s'en vont ensemble, comme mari et femme, à la cour du roi Philippe. »

Madame Berthe joignit les mains avec émoi, voulut proférer quelques paroles, et ne put que murmurer un faible cri.... Ce fut le dernier.

Depuis plus de sept semaines j'étais gissant, ardé de fièvre et de délire, appelant madame Berthe à grands cris et n'ayant pu verser encore une seule larme. Chacun s'émerveillait autour de moi de ce mal soudain, et l'on m'a raconté depuis que monseigneur l'évêque s'était un jour écrié : « Par saint Philippe ! (c'était son bienheureux patron) je donnerais mille livres parisis de monnaie forte à qui pourrait guérir ce pauvre page en si grand péril de trépasser par regret de sa maîtresse. Au temps d'à-présent, il n'est point par douzaines de varlets si fidèles ! » Il aurait dû dire d'amans si navrés.

Par une nuit que j'avais pu m'assoupir contre l'ordinaire, je m'entendis soudainement appeler de mon nom : « Raoul ! page Raoul !... » Jésus mon sauveur ! C'était la douce voix de madame Berthe. Elle était là, l'infortunée, debout auprès de moi, dolente comme au dernier jour où il me fut donné de la voir. Je me sentis, à son aspect, devenir triste jusqu'à la mort, comme notre seigneur Jésus-Christ au jardin des Olives. Depuis ce temps, nul chrétien ne m'a vu sourire une seule fois.

« Raoul, page Raoul, dit-elle, je viens requé-
» rir de vous la fin de mes peines, de vous à qui
» j'en ai tant causées, sans le savoir néanmoins;
» car vous cachiez bien soigneusement votre fer-
» vente et douloureuse tendresse. Raoul... (et ici
» je crus voir une rougeur imperceptible colorer
» légèrement les pâles joues de l'ame:) Raoul! j'ai
» failli!... le prince de Valois.... En châtiment de
» cette faute je suis retenue dans le purgatoire,
» jusqu'au moment où celui qui m'a fait pécher
» ait récité à mon intention un *de profundis*.

» Hélas! il n'a pas eu encore une pensée pour
» moi! pour moi, qui suis morte à cause de lui,
» et qui souffre tant en purgatoire parce que je
» l'ai trop aimé!

» Et cependant, Raoul, Dieu et la Sainte Vierge
» me sont témoins que j'aurais consenti volontiers
» à rester mille ans encore dans ces lieux de té-
» nèbres et de larmes, pour qu'il eût dit seule-
» ment, à la nouvelle que j'étais trépassée : pauvre
» Berthe!

» Allez donc, Raoul, devant messire de Valois:
» dites-lui que l'ame de Berthe est en peine dans
» le purgatoire, et que s'il veut tant seulement ré-
» citer un *de profundis*, les anges la conduiront
» en paradis. Il ne vous refusera pas, Raoul; il
» faut l'espérer du moins; car est-il un chrétien
» assez dur pour refuser un *de profundis*, quand

» bien même il s'agirait de sauver l'âme d'un » juif? »

Cette apparition me rendit à la vie comme par miracle : dès ce moment-là fièvre et transports délirans s'en départirent; et avant deux mois je fus, par la grâce de Dieu, en état d'entreprendre le voyage dont m'avait requis madame Berthe.

Pour amener ce voyage à bonne fin, il me fallait obtenir congé de monseigneur l'évêque Philippe : je me rendis donc auprès de lui, le priant de m'ouïr en confession, à quoi il consentit. La merveilleuse vision que j'avais eue et le devoir que m'avait commandé madame Berthe furent contés fidèlement par moi. Seulement je me laissai aller à la honte de n'oser avouer l'amour sans espoir que j'avais nourri pour la trépassée; en cela néanmoins, je ne fis pas mauvaise confession, car amour si chaste et si secret ne saurait être péché.

Monseigneur Philippe m'écouta en silence. Enfin il dit : « Ce sont là choses surnaturelles, et il ne faut point en faire trop aisément croyance. Peut-être est-ce songe creux de maladie et de transports fiévreux. D'ailleurs, mon fils, il y a par cent et cent obstacles qui s'opposent à l'accomplissement de votre pieux dessein : il est survenu de grands et tristes événemens dans notre maison. »

Alors il se mit à conter comment était défunt le roi de France Philippe *le Bel.* Son fils, le roi Louis, dixième de nom, lui avait succédé; le prince de Valois, devenu sous le nouveau roi tout puissant à la cour, et poussé par la méchante comtesse Mahaud, avait desservi monseigneur Enguerrand, et l'avait accusé, en plein conseil, de dissiper les trésors de l'état, le requérant de dire à quoi avaient été employées les grosses contributions levées sur la Flandre. Or, elles avaient été versées par le grand argentier entre les mains du prince de Valois lui-même.

Messire Enguerrand répondit donc avec franchise: « Je vous en ai remis bonne part, Monseigneur, comme le prouveront parchemins en règle et scellés de votre sceau. » — « Parchemins en ont menti, » s'écria le prince. — « Monseigneur, s'il est menti, ce n'est point par les parchemins, mais bien par vous, » interrompit le grand argentier, indigné à juste droit de pareil outrage. Le prince de Valois tira son épée : il en aurait féri messire Enguerrand; mais les prud'hommes du conseil y mirent opposition. Il sortit alors, jurant par le Dieu vivant qu'il ne reviendrait au Louvre qu'après avoir tiré vengeance sanglante du grand argentier.

« Depuis le temps que mon frère m'a lui-même fait mander ces nouvelles par un estafier fidèle, continua l'évêque, je suis en grande inquiétude et pénible doute de ce qui s'est passé : le comte de Valois ne se tiendra en repos qu'après avoir perdu Enguerrand. Jugez, mon fils, s'il est en disposition de prier pour l'ame de Berthe.

» Allez donc en paix, Raoul. Nous célébrerons une messe solennelle, demain, à l'intention de la maîtresse dont vous vous montrez si fidèle serviteur. Quant à votre dessein, il faut y renoncer, comme hasardeux et témérairement conçu. »

Il me fallut obéir. Mais la nuit même qui suivit cet entretien, je fus réveillé par un gémissement plaintif : madame Berthe était encore là, joignant les mains en signe de détresse et de prière. Je résolus d'aller de nouveau trouver monseigneur l'évêque, et comme je me préparais à m'y rendre, un varlet s'en vint me mander de sa part.

« Raoul, me dit monseigneur, l'ame de ma sœur m'est apparue cette nuit, dolente et souffreteuse. Plus de doute que j'ai eu tort de vous détourner de votre pieux dessein. Allez donc, mon fils, et que la bénédiction de notre Sauveur et celle d'un vieillard vous accompagnent ! »

Disant ces mots, il étendit sur mon front ses mains vénérables, me remit une bourse pleine d'écus d'or, et m'annonça que le prévôt de sa maison avait ordre de me laisser choisir le meilleur destrier qui fût aux écuries du châtel.

Je me mis en route le lendemain, dixième jour du mois de mars, l'an de grâce mille trois cent quatorze, l'Église célébrant la fête des quarante bienheureux martyrs.

J'arrivai dans la ville de Paris, après huit jours d'un voyage sans malencontre. Mon premier soin fut de me rendre au palais du grand argentier. Que mon cœur battait vite quand je vis ses hautes tourelles, ses murs sculptés, ses vitraux aux cent couleurs ! Trois fois je fis résonner d'une main tremblante le marteau de fer de l'énorme porte, pour appeler un huissier; mais le marteau eût beau retentir d'un grand bruit, nul ne vint pour m'ouvrir.

Alors seulement j'eus la prescience des funestes nouvelles qui m'allaient être apprises.

Tandis que je me tenais là, portant autour de moi des regards d'incertitude et de douleur, un vieillard avec mystère me fit signe de le suivre, et m'emmena dans la rue solitaire où il avait son logis.

Lorsqu'il eut regardé çà et là, dans la crainte qu'on ne fût à l'écouter : « Avez-vous tellement envie de la hart, me demanda-t-il, que vous marchiez dans Paris vêtu aux couleurs de l'évêque de Cambrai? Ne savez-vous pas que messire de Marigny est en disgrâce, qu'il est prisonnier dans la tour du Louvre, comme prévenu de maléfices envers la personne du roi?

« En outre on l'accuse d'avoir traîtreusement dissipé les trésors royaux.

« Le palais de Marigny a été clos des sceaux du roi. On a chassé ignominieusement varlets, pages, écuyers; ceux du moins qui, de même que moi, n'ont point eu l'heur d'être occis en défendant notre maître. »

— « Et mon père?... au nom du ciel! mon père sire Bartholomé Beaugenin?... dites-m'en des nouvelles.... »

— « *Requiescat in pace!* répondit le vieillard. Il est dans un meilleur monde que celui-ci, de même que la vénérable dame sa légitime épouse: l'un est mort d'un coup de dague, l'autre de saisissement et de douleur. »

Prenant en pitié mon trouble et mon désespoir, le vieillard, qui était un écuyer du grand argentier et l'ami de mon père, me garda en son logis, et me réconforta par de pieuses exhortations.

Durant les trois jours que je demeurai chez lui, Dieu et la sainte Vierge me firent la grâce de réveiller en mon âme un pieux dessein qu'ils y avaient déjà mis plusieurs fois; mais je l'en avais toujours écarté, car il aurait fallu, pour l'accomplir, me séparer à tout jamais de madame Berthe.

Ce dessein était d'entrer en religion, et de me consacrer au service de Dieu pour le restant de ma vie.

Eh! qu'aurais-je pu faire au monde, quand ceux-là qui y faisaient ma joie étaient trépassés? Quel amour, excepté l'amour divin, pouvait remplir le vide qu'avait laissé dans mon âme la mort de madame Berthe?

Mais avant que d'entrer au cloître, il me fallait accomplir un grand et saint devoir : j'allai donc devers le Louvre, où demeurait le prince de Valois.

Le sénéchal, duquel je m'enquis comment avoir une audience de son seigneur, me demanda mes noms et qualités.

« Raoul de Beaugenin, page de messire Philippe de Marigny, évêque de Cambrai. »

Il me regarda d'un air de surprise, s'en fut, et revint quelques instans après pour m'introduire.

Quand je me vis seul devant l'oncle du roi, je sentis mon cœur battre vitement; mes genoux pliaient sous moi.

Enfin, tâchant de me remettre de mon mieux, je lui racontai la vision que j'avais eue ; comment j'avais entrepris un tant long et tant pénible voyage, afin de tirer du purgatoire l'âme de madame Berthe, pourquoi il ne fallait qu'un *de profundis* récité par monseigneur Charles de Valois.

Le prince, tandis que je faisais mon récit avec componction et de sorte à émouvoir un cœur de rocher, tournait à tout moment ses regards vers un rideau cramoisi qui fermait une grande fenêtre... Tout à coup, un éclat de rire partit de derrière ce rideau. La comtesse d'Artois parut, et m'entraîna vers le balcon : « Tiens, s'écria-t-elle, voilà les oraisons que l'on récite pour les Marigny!...»

Sainte Vierge!... le grand argentier, la corde au cou, était conduit de la tour du Louvre au gibet de Montfaucon!

A deux ans de là, je venais d'aller aider à sa dernière heure un pauvre malade qui demeurait dans les environs du Louvre : je m'en retournais en mon couvent des Minimes, quand voici venir deux varlets qui me disent : « Révérend père, au nom de Jésus-Christ! venez : notre maître va trépasser sans confession, s'il n'est ouï de suite par vous : on ne sait où trouver son aumônier... » Et ils m'entraînèrent, sans me dire en quel endroit ils me conduisaient.

Jugez de ma surprise, quand je me vis mener dans le palais de Valois, et près du lit de monseigneur Charles!

A ma vue, il poussa un cri terrible : « Dieu est juste, Raoul!... Mes crimes sont bien lourds, à cette heure de châtiment!... Jésus-Christ me pardonnera-t-il, moi qui ai fait périr l'innocent Marigny par vengeance? La sainte Vierge intercédera-t-elle pour moi, quand j'ai laissé en purgatoire une infortunée dont j'avais causé la mort, et quand il ne fallait qu'un *de profundis* pour la tirer de peine?... Oh désespoir!... O courroux terrible!... je suis damné!... »

Je m'efforçai de ramener ce pécheur à quelque confiance en la miséricorde divine; mais rien ne put lui donner espérance de salut, et il rendit l'âme entre mes bras, répétant : « Je suis damné! »

Cette même nuit, l'âme de madame Berthe m'apparut avec une couronne de lumière sur le front. Deux anges de beauté merveilleuse l'emmenaient en paradis.

Ainsi fut délivrée du purgatoire l'âme de madame Berthe, laquelle était en souffrance pour avoir péché par amour.

Elle est maintenant au séjour des bienheureux, glorifiant à jamais le Seigneur.

Qu'il nous soit donné, par la miséricorde infinie de Dieu, et l'intercession de la sainte Vierge, source unique de tous biens, de vivre saintement, afin qu'à l'heure de notre mort nous puissions, par le moyen de nos bonnes œuvres et de nos sincères actions, nous trouver avec madame Berthe et les élus dans la gloire éternelle! Ainsi soit-il.

SAINT MATHIAS-L'ERMITE.

1389.

Il ne fault onc professer ung homme saint et vertueux avant l'heure du trépassement d'icelui.

(*Sermon* du P. MATHIAS.)

Au grand rien ne suffit, parce qu'il peut prétendre à tout : ses désirs croissent avec sa fortune ; tout ce qui est plus élevé que lui le fait paraître petit à ses yeux : il est moins flatté de laisser tant d'hommes derrière lui que rongé d'en avoir encore qui le précèdent ; il ne croit rien avoir s'il n'a tout. Son âme est toujours aride et altérée.

(MASSILLON, *Petit Carême.*)

MONSEIGNEUR le comte de Flandres, Robert troisième de ce nom, et dit de Béthunes parce qu'auparavant d'être comte il avait titre de seigneur de Béthunes, s'était retiré en sa ville d'Ypres, mal content du roi de France Philippe-le-Bel.

Car, malgré qu'il eût épousé en premières noces défunte dame Catherine d'Anjou, fille de monseigneur Gharles, roi de Sicile et frère du roi de France, Louis neuvième du nom; malgré qu'il eût féri vaillamment de la lance, avec son beau-père, contre le bâtard Manfroi, lequel il occit de sa propre main; le roi Philippe-le-Bel n'eut cure d'aide si loyale donnée aux siens. Au rebours, cherchant noise sur propos légers à monseigneur Robert, il lui livra une grande bataille devant Courtray; mais il reçut le châtiment de telle déloyauté par une défaite sanglante de son armée.

Loin de perdre courage de si rude horion, le roi de France se prit tôt et finement à faire usage de ruse cauteleuse et matoise: il embéguina si bien de bonnes paroles monseigneur Robert que ce prince, plus hardi et vaillant chevalier que clerc retors, se laissa prendre à ces beaux semblans, et qu'il se défit de ses belles villes de Lille et de Douai, lesquelles il remit au roi de France.

La chose était à peine faite à n'en plus revenir, que monseigneur Robert frappait du pied la terre et maugréait de façon furibonde. Mais las! plus n'était temps; et gens d'armes français à foison, avec redoutables engins de guerre, gardaient déjà les dites villes, bien approvisionnées de vivres, et capables de soutenir, des années et des années, si long et si rude siége qu'il plairait à la plus grosse armée possible.

Dolent de sa simplesse, monseigneur Robert se retira en sa ville d'Ypres, où le rongeaient soucis et repentir.

Et, comme il n'était issu de son mariage avec défunte madame Catherine d'Anjou qu'un seul fils lequel, de santé chancelante, voyageait pour lors au pays de Bourgogne, monseigneur Robert se rendit aux conseils de ses grands Vassaux, lesquels le requéraient de s'assurer une lignée sûre. Il rechercha donc en mariage madame Iolente de Bourgogne, la fille unique de monseigneur le duc de Bourg, Odon comte de Nevers, laquelle, de magnifique beauté et jeunette encore, se trouvait veuve de Jean de France, dit Tristan, fils du roi de France, Louis neuvième du nom.

Le duc de Bourg acquiesça de bon cœur à la demande du comte Robert, et incontinent madame Iolente se vit fiancée à son grand regret et sans avoir été consultée. Point n'osa geindre néanmoins, car monseigneur son père était de volonté imployable et qui ne revenait jamais en arrière.

D'ailleurs, elle aurait eu beau dire qu'elle aimait d'amour le jeune Charles de Flandres et qu'elle lui avait juré foi éternelle, le vieux seigneur n'aurait fait qu'en rire, et hâter de plus belle les épousailles d'Iolente avec le père de son bien-aimé.

Or, la demande en mariage avait été faite par messire Mathias, lequel était naguère un pauvre ermite passant le jour et la nuit en oraison, dans une grotte à l'entrée de la ville d'Ypres.

Un chacun vantait sa dévotion, un chacun le prenait pour arbitrer en ami les plaids et différends; et toujours le faisait-il avec sagesse et justice comme il ne se voit plus au temps d'à-présent.

Par un beau jour, il fut bien surpris de voir venir en son piteux logis monseigneur le comte Robert, lequel après avoir devisé longuement avec lui, le requit de demeurer en son palais, afin d'y rendre justice et de l'aider à gouverner ses états.

Point ne se résolut facilement le saint homme à faire ce qui lui était demandé, car à bon droit il regardait comme grand bien et comme valant mieux que palais et puissance tranquille, sommeil sur paille fraîche, goulu manger satisfait de pain noir, buverie d'eau claire, jours sans souci aucun, et joie ineffable d'oraison. Mais enfin, il se laissa aller aux instances de son seigneur, et tous les bourgeois d'Ypres, en apprenant cette nouvelle, se mirent à suivre et conduire au palais du comte le nouveau justicier, clamant avec force : « Dieu bénisse à tout jamais monseigneur Robert et le saint homme Mathias ! »

L'ermite s'acquitta comme il faut des devoirs de son état, et pour lui en octroyer récompense, le comte de Flandres lui donna la mission que nous avons dite plus haut.

Madame Iolenté de Bourgogne fut emmenée vers son fiancé, close en une riche litière, traînée par huit haquenées blanches. Cent hommes d'armes marchaient devant et derrière, pour défendre icelle à l'encontre des routiers et autres garnemens de chemins.

L'ermite Mathias suivait, monté sur un destrier de bénigne allure, récitant des patenôtres, et prenant un à un dans ses doigts les grains de son rosaire.

Or, par une vesprée que madame Iolente était hébergée en la châtellenie d'un suzerain, lequel relevait de monseigneur Robert, le père Mathias y fit rencontre de l'un des plus renommés astrologues du monde, maître Bauderic de Nosenback, allemand de nation, et si vieux qu'il racontait avoir prédit les destinées du roi Philippe-Auguste, au temps où il se trouvait encore enfantelet.

Un chacun entourait l'astrologue, s'émerveillant de sa science, si grande que nul autre n'en savait autant que lui; et le suzerain lui-même mit Bauderic, au souper, bien autrement en lieu d'honneur que l'ermite Mathias.

L'ermite en fut piqué de dépit secret, car jusqu'à cette heure, il avait toujours vu un chacun le montrer du doigt de préférence à madame Iolente elle-même; et il avait toujours ouï réciter longuement ses vertus et sa sainteté.

Le lendemain il se sentit attrister davantage encore, car madame Iolente engagea Bauderic à l'accompagner en sa ville d'Ypres, et recommanda à lui Mathias de tenir bonne compagnie au savant astrologue, professant à voix haute que science si grande valait sainteté, — sinon mieux et beaucoup mieux, ajouta-t-elle tout bas à l'oreille de l'une de ses femmes d'atours, lesquelles ne se faisaient faute de s'ébattre aux dépens de la mine peu galante et des propos grondeurs de l'ermite.

D'autre part, l'astrologue se sentait envieux du respect et du renom de sainteté dont l'ermite avait jouissance. Il mena donc son destrier auprès de la haquenée du père Mathias, non pas dans le dessein de s'édifier de ses discours pieux, mais plutôt pour le trouver en faute ou tâcher de l'y faire tomber.

— « Trois fois heur est à vous, mon père, dit-il en passant sur son front chauve et ridé une main sèche et nerveuse ; trois fois heur est à vous, car vous n'avez connaissance aucune des soucis de l'étude et des fatigues de la science.

« Oui, par le sceau de Salomon ! j'ai bien des fois envié d'être un ermite paisible et ignorant; et pourtant j'ai le secret des grandes œuvres : les démons obéissent à mes ordres, et l'on paierait de trésors immenses le moindre de mes secrets.

« Il faut le dire cependant, quoique ce soit orgueil, il y a une joie grande et bienfaisante à se dire, que l'on est supérieur à tous les hommes, et que l'on ne doit telle supériorité qu'à la persévérance de ses études et à la force de son entendement.

« Un regret cuisant me poursuit ; c'est que nul n'héritera de ma science, et que la pierre de ma fosse, laquelle ne peut tarder à tomber sur mon corps, car je suis plus vieux qu'aucun mortel vivant, ensevelira à tout jamais des secrets que pas un autre ne retrouvera.

A ces propos, le cœur de l'ermite battit vitement.

— « La vie d'un homme ne suffirait pas, dit-il, pour apprendre ces merveilleux secrets. »

Le savant lut au fond du cœur de l'ermite la pensée qu'il avait.

— « Une semaine serait trop longue, répondit-il ; car toute ma science est close en ce parchemin que je porte roulé sur ma poitrine. Mais il y a des mystères à accomplir, des mystères qui feraient trembler l'homme le plus brave. »

— « Une semaine suffirait ? » demanda l'ermite.

— « Une semaine, et même moins d'une semaine. Mais las ! point ne trouverai de disciple capable de supporter les épreuves qu'il faut, et de payer de ma science le prix que j'en ai payé ; car je l'ai achetée du démon. »

L'ermite tressaillit et se signa.

L'astrologue fit un sourire de pitié.

Et puis il prit le parchemin caché en sa poitrine, et se prit à lire les secrets qu'il renfermait :

« Le *sanctum regnum*, ou la véritable manière de » faire les pactes avec les noms, talens et puissance » des esprits supérieurs ; comme aussi la manière » de les faire paraître par la force de la grande » appellation, qui les force d'obéir à quelle opéra- » tion l'on souhaite.

» Des jours heureux ou malheureux.

» Composition de mort, ou la pierre philoso- » phale.

» Pour charmer les armes. »

— « Une semaine! une semaine! » répéta avec anxiété l'ermite.

L'astrologue continua sans prendre garde à cette interruption.

« Pour parler aux esprits, la veille de la Saint-» Jean-Baptiste.

» Pour se faire aimer de telle fille ou femme que » vous voudrez.

» Pour se rendre invisible.

» Pour faire la jarretière de sept lieues par » heure *. »

— « Et c'est au prix de votre âme, du salut éternel, que vous avez acheté cette science! murmura le père Mathias après une profonde rêverie.

* Cette énumération et tous les détails de magie que l'on rencontrera dans cette légende sont de la plus scrupuleuse exactitude, et empruntés à différens ouvrages de sorcellerie, et particulièrement à ceux-ci :

Le Dragon rouge, ou l'*Art de commander aux esprits célestes;*

Questionum magicarum libri sex, par le P. Delrio;

J. B. Neapolitani magiæ naturalis libri vigenti;

Ung Livre de l'imposture et tromperie des diables, traduit de Jean Vivier, par Jacques Grenin;

Commentarius de præcipuis generibus divinationum, par Gaspard Peucerus;

Malleus maleficarum Jacobi Sprenger;

La Physique occulte, ou *Traité de la Baguette divinatoire*, par de Vallemont;

Le comte de Gaballis, ou *Entretien sur les Sciences secrètes*, etc., etc.

— « Et qui te dit, ver de terre, que tu as une âme? répliqua avec ironie l'astrologue. Avant de naître, qu'étais-tu? Après la mort que seras-tu? Rien.

» Tu t'es formé d'atômes épars dans l'air, combinés avec l'eau, cachés dans la terre: ils retourneront après toi à l'air, à l'eau, à la terre.

» L'âme est la chaleur des membres; c'est le principe qui fait verdir l'herbe, bourgeonner la plante et vivre l'animal.

» Dis-moi, toi qui parles d'autre monde et d'âme, n'as-tu pas été engendré comme tous les autres êtres? N'as-tu pas été porté comme eux dans les flancs d'une femelle? N'es-tu pas resté comme eux faible et imbécille jusqu'à ce que les atômes errans dans la nature t'aient nourri, grandi, développé? Ton existence n'est-elle pas comme la leur? Ne la soutiens-tu pas comme ils le font? manger et rendre des excrémens, dormir et reproduire, c'est leur vie, c'est la tienne. Ils ont donc aussi une âme immortelle? »

Quelques heures plus tôt, ces discours mécréans auraient fait crier anathème à l'ermite : il les ouït quasiment sans horreur, parce qu'il allait bouche béante après l'hameçon de l'orgueil et du savoir qui perdit le premier homme au paradis terrestre.

— « Pourquoi, demanda-t-il, quoiqu'il fût quasiment convaincu tout-à-fait, pourquoi, s'il en est ainsi, le démon veut-il acheter notre âme? »

— « Dans la formule et prière d'invocation, le grand Adonaï entend par âme la sève du corps; aussi faut-il ajouter qu'il lui est donné le cœur, les entrailles, les mains, les pieds, les soupirs. C'est un hommage léger qu'il veut lui être rendu par le vassal qui relève de lui, pour les châtellenies du savoir, de la puissance magique et des secrets mystérieux de la nature. »

— « Et Dieu! Dieu! Jésus-Christ? »

L'astrologue tressaillit et pâlit à ce nom trois fois saint.

— « Erreur! mensonge!... Deux esprits se disputent l'univers, Adonaï et Jehovah : je sers Adonaï; car Adonaï a la science et les esprits d'enfer à son pouvoir. »

— « Vous plaît-il, maître Bauderic, me recevoir pour disciple? »

Une joie qui faisait mal à voir brilla dans les yeux rouges de l'astrologue.

— « Signe de ton sang ce pacte que voici, de m'être disciple fidèle, discret et à toute épreuve, et avant la fin de la lune tu seras ainsi que moi, j'en fait serment par Adonaï. »

Le père Mathias, dans un émoi des plus grands, et soumis par une puissance étrange, et comme s'il eût été en songe malfaisant, se laissa piquer au poignet de la pointe d'une dague, et signa de son nom le vélin écrit en lettres rouges.

— « Sitôt notre advenue à Ypres, dit l'astrologue, viens me trouver. Ce sera le premier quart de la lune, et tu n'auras pas grand retard pour entrer en la voie de vie. »

Pendant qu'un chacun, à Ypres, se réjouissait de l'arrivée de la nouvelle comtesse, et que l'on célébrait les épousailles avec pompe et fêtes sans nombre; que les sermens ou compagnies représentaient des mystères à la clarté de torches par mille et mille, et que de jeunes filles, toutes nues à la façon des syrènes, chantaient des motets langoureux, et jetaient des fleurs aux nobles époux quand ils venaient à passer près d'elles pour s'en retourner du moustier à leur palais, le père Mathias allait à la dérobée rejoindre en un bois son maître Bauderic.

L'astrologue l'attendait, accoutré de façon bizarre. Il était assis, au milieu d'un carrefour de la forêt, sur une grosse pierre. Après avoir médité durant un long temps, il se mit à tenir les propos suivans au père Mathias :

« — Ceignez-vous, mon bien-aimé disciple, du courage du lion et de la prudence du serpent, pour pouvoir mener à fin dignement et comme il faut le grand œuvre auquel j'ai passé soixante-sept ans de ma vie, travaillant nuit et jour pour arriver à la réussite de ce but admirable.

» Ouïssez donc, et faites ainsi qu'il sera dit :

» Vous passerez un quart de lune entier sans fréquenter aucune compagnie de femme ni de fille.

» Vous promettrez au grand Adonaï, ce chef de tous les esprits, de ne faire que deux repas par jour, ou toutes les vingt-quatre heures dudit quart de lune, lesquels vous prendrez à midi et à minuit, en faisant la prière que je vais vous enseigner: »

Et il lui récita une prière mystérieuse et farcie de mots étrangers et qu'il n'était point possible de comprendre.

« Ne vous deshabillez ni ne dormez que le moins possible, pensant continuellement au grand œuvre. Allez, mon fils, et faites ainsi qu'il est dit. Conservez avec soin cette pierre sanguine dite ématille, et vous viendrez me retrouver ici la première nuit après le premier quartier de lune. »

Quinze jours s'étant passés, l'ermite s'en vint retrouver l'astrologue au même carrefour du bois où il l'avait trouvé la première fois.

Bauderic tenait en laisse un jeune chevreau la tête embéguinée d'un chapeau de verveine, et lié autour du cou d'un ruban vert en guise de carcan.

Sans mot dire, il se mit à nu, jusqu'à l'épaule, le bras droit, brandit une lame de pur acier, et il en occit d'un seul horion le chevreau, disant:

— « Je te fais offrande de cette victime, ô magne Adonaï! magne Éloim! magne Arcil! et cela à l'honneur, gloire et puissance de votre être, supérieur à tous les esprits : qu'il vous plaise le prendre pour agréable! »

Après quoi il écorcha le chevreau, mit sa chair et ses os en un grand feu, et quand tout fût fait cendres, il les ramassa et les jeta vers le côté où s'élève le soleil.

Il coupa ensuite de la dague dont il avait occis le chevreau une branche fourchue de coudrier, coupa en cercle la peau de la victime, traça au milieu un triangle, des caractères et des signes mystérieux, alluma deux cierges, et versa une liqueur jaunâtre, de l'encens et du camphre en un vase où brûlait du bois de saule; enfin il jeta une pièce d'argent à terre et murmura de longues invocations.

L'ermite, pâle, les cheveux hérissés, se tenait dans le cercle, en grand émoi et frayeur des plus blêmes.

Tout-à-coup il se fit un tremblement de terre... une figure de feu jaillit de la forêt, et s'écria :

— « Me voici! que me demandes-tu?

— « La science pour cet homme, en échange de son âme, de son cœur, de ses entrailles, de sa dextre et de sa senestre, de ses pieds, de ses soupirs et de son être. »

L'ermite sentit une secousse douloureuse de par tous ses membres; la voix mugit : « J'accepte ! » et l'obscurité et la solitude revinrent au carrefour de la forêt.

Depuis ce moment-là, Mathias (car plus il ne convient de l'honorer du saint nom religieux de *père*) Mathias n'eut plus une bonne pensée en son âme. Il vendit la justice, jugeant les procès non pas au poids du bon droit, mais au poids de l'or, et ne faisant aucun cas de la détresse de l'orphelin et des pleurs de la veuve.

Les bourgeois d'Ypres se prirent à en murmurer, et adressèrent même des remontrances au comte, mais celui-ci n'en fit aucun cas, disant que c'étaient des brouillons, et qu'ils n'en agissaient de la façon que par jalousie du saint homme.

Par ainsi, Mathias se vit plus puissant que jamais.

Et il ne tarda pas à montrer la science qu'il avait payée du salut de son âme. Comme il prit bien garde de ne pas dire qu'elle était œuvre de ténèbres, mais au contraire qu'elle venait de l'esprit d'en haut, son renom s'en accrut d'autant; et, malgré ses prévarications, il se disait par tout le comté qu'il fallait que ce fût un bien saint homme, parce que le bon Dieu lui avait octroyé subitement un savoir que pour amasser ne suffiraient pas des ans et des ans.

L'esprit d'enfer se réjouissait de le voir se laisser aller aux joies impies de l'orgueil, et il mit en son cœur un dessein pire que tous les plus mauvais dont jà il se trouvait rempli.

Ce fut de lui faire sentir l'aiguillon impur de la chair pour la jeune comtesse Iolente, épouse de son suzerain et bienfaiteur.

Il employa pour parvenir à ses vilaines fins tout ce que peut inventer un papelard ribaud et perdu d'âme ; mais rien ne valut.

Il mit en œuvre exorcismes et invocations diaboliques : rien ne valut.

Et le feu dont il était ardé le cuisait chaque jour de plus en plus, et le poussait en ses malséans désirs.

Sur ces entrefaites, monseigneur Charles, fils du comte Robert, s'en revint à Ypres; et la première fois qu'il se trouva en présence de madame sa belle-mère, laquelle il avait aimée d'amour auparavant que le comte Robert ne la prît en mariage, le pauvre jeune sire ne put s'empêcher de pleurer, et madame Iolente de même.

Jalousie devine promptement secrets qui la blessent, et Mathias lut aux yeux larmoyans d'iceux à la fois amour et regrets.

Elle est mienne! se fit-il en lui-même... Et la nuit, endormant par son pouvoir magique les dames d'atours, varlets et pages, il parvint en la chambre de madame Iolente.

Elle pleurait encore et écrivait sur un parchemin; car elle avait appris d'un vieux clerc science si basse et de vassale, encore bien que hautement monseigneur son père l'en eût repris mainte et mainte fois.

Mathias, qui s'en venait à pas de loups, se rua sur le vélin, où étaient dictons d'amour et prière à monseigneur Charles afin qu'il se départît en exil.

Et il requit de madame Iolente don de merci amoureuse, sinon qu'il irait tout dire au comte Robert.

La dame prit bravement une dague à manche d'or, et s'en escrima contre Mathias. Force fut à celui-ci de s'en aller, car il était lâche et n'avait de cœur que pour des crimes sans danger.

Et, en s'enfuyant, il trouva moyen de jeter en l'aumônière de madame Iolente un petit paquet, lequel ne fut point vu par elle, dans l'émoi qui l'agitait.

De ce pas, Mathias s'en fut au logis du prince Charles, disant qu'il lui fallait parler tôt et vite. Il fut ouvert sur l'heure à l'ermite favori et justicier du comte souverain, et un page le conduisit en la chambre où dormait le jeune sire Charles.

En voyant le prince, Mathias s'écria : « La révélation que j'ai eue en songe n'est que trop vraie!

le jeune sire est empoisonné!... Sus! sus! de l'eau au plus vite! du lait si l'on en trouve!... il y va de la vie ou de la mort! »

Et durant que le prince, pâle et stupéfait, demeurait sans mouvement, et qu'un chacun courait, ahuri et ne sachant que faire, Mathias présenta une coupe à monseigneur Charles en laquelle il avait glissé en secret du poison. Le prince but, dans la croyance de recevoir soulagement du mal qu'il ne ressentait pas encore mais que Mathias lui pronostiquait; il but, s'étendit, et tomba défunt.

Mathias, feignant un grand désespoir, jeta la coupe qu'il tenait encore, la foula sous ses pieds, et dit et redit : « Sainte Vierge! je suis advenu trop tard! »

Et, entouré des serviteurs désolés du prince, il alla trouver monseigneur le comte Robert, lequel il trouva occupé à préparer de ses mains un chanfrein pour son destrier favori.

En entrant il croisa les bras sur sa poitrine, baissa la tête, et prononça le nom du prince Charles.

Le comte Robert comprit cette admonition muette : « Trépassé!... il est trépassé! » s'écria-t-il.

« Jésus-Christ et la Sainte Vierge vous soient en aide et consolation! reprit l'ermite; car il est trépassé martyr, et plutôt que de commettre le péché mortel d'inceste. »

Il remit, disant ces paroles méchantes, le parchemin surpris ès mains de la comtesse, et dont, par son art perfide, il avait fait disparaître plusieurs mots et en avait ajouté plusieurs autres, envenimant ainsi des propos faibles mais non criminels, et laissant à entendre qu'elle aurait l'amour du jeune sire Charles ou bien sa vie.

Comme le chapelain du comte, plus mort que vif, finissait de lire le fatal parchemin, la comtesse entra, criant justice contre l'ermite, lequel avait voulu la violenter durant la nuit.

Mais le comte Robert, loin de l'écouter, lui donna sur la tête un grand horion du chanfrein qu'il tenait, et frappa et refrappa. Elle tomba sans jeter une doléance, et elle rendit l'âme.

L'ermite courut sus au cadavre, ouvrit l'aumônière, et en tirant le poison, dit : « C'est bonne justice! »

Et un chacun répéta : « C'est bonne justice!... »

Les gens de la cour du comte et les bourgeois s'émerveillèrent de la révélation admirable que Notre-Dame avait faite au saint ermite touchant le meurtre par poison de monseigneur Charles, et il en fut plus vénéré que onc il ne l'avait été.

A quatre années de là il disparut, par un soir, dans un tourbillon de flammes, au carrefour de la forêt. Nul ne conçut le soupçon que c'était le diable qui emmenait en enfer l'un des siens : au rebours, la croyance générale fut que des anges l'avaient enlevé au ciel, comme les prophètes Élie et Élizée; et, depuis ce temps, l'ermite Mathias est invoqué comme un bienheureux de puissante intercession.

Le cadavre de la comtesse Iolente ne fut pas inhumé en terre sainte; mais on le mit par pitié en un coin du jardin d'une abbaye dont elle avait été la bienfaitrice.

LE PACTE.

1554.

Que je la presse un jour, une heure, un instant dans mes bras : ensuite vous pourrez me faire mourir.

(OWEN.)

Tout présageait un orage terrible et prochain : des nuées lourdes et noires couvraient le ciel; on ne respirait qu'un air tiède; et les seuls objets que l'on pût distinguer, dans une obscurité profonde, étaient des lumières qui brillaient aux fenêtres du château d'Anet.

Un jeune homme, pâle et dont les regards avaient quelque chose d'égaré, marchait précipitamment dans la campagne, en suivant la rive gauche de l'Eure. Il s'arrêta devant une chaumière bâtie près de cette rivière, et deux fois il en heurta la porte avec impatience. Ce fut néanmoins au troisième coup seulement que répondit la voix cassée et bourrue d'un vieillard.

— « Ouvrez, Mathias, ouvrez! » s'écria le jeune homme.

— « Dites-moi qui vous êtes.

— « Henriot Maurepain le flamand.

— « Henriot Maurepain!... Que viens-tu faire si tard à la porte du pauvre Mathias? Est-ce pour lui dire, comme il y a trois mois : chien de sorcier! je te dénoncerai au grand prévôt, car tu mérites la hart et le fagot?

— « Malédiction!... Ouvrez-moi cette porte, ou je l'enfonce et je vous brise la tête! »

En disant ces paroles, Henriot ébranlait la porte et s'apprêtait à mettre sa menace à exécution.

Le vieillard céda enfin, et laissa pénétrer le jeune homme dans sa chaumière. Tandis que ce dernier marchait précipitamment çà et là dans l'étroite enceinte, il se mit à le considérer en silence. Pour le faire plus aisément, il étendit une main derrière la lampe qu'il tenait : la lueur de cette lampe en se reflétant, rouge et vacillante, sur le front ridé et les petits yeux de Mathias, donnait à sa physionomie, peu prévenante d'ailleurs, une expression vraiment odieuse.

— « Et pourquoi viens-tu si tard troubler le repos d'un pauvre homme? Est-ce pour courir devant lui comme un fou, ainsi que tu le fais?

— « Écoute, Mathias, interrompit le jeune homme en le saisissant par le bras et en parlant d'une voix altérée; écoute.... Tu sais comment on peut faire un pacte avec le diable: dis-le moi, et cette bourse, le seul bien que je possède au monde, cette bourse est à toi! »

Le vieillard voulut reculer; mais pour cela le bras du jeune homme l'étreignait avec trop de vigueur. Il résulta de cette tentative un simple mouvement sur place dont Henriot ne parut même pas s'apercevoir.

— « Laissez-moi... J'en suis sûr, vous venez pour me faire dire quelque parole indiscrète, et me livrer au grand prévôt qui me brûlera comme hérétique et sorcier. Il y a là des gens cachés derrière la porte... Mais du diable si vous tirez encore un mot de ma bouche!... Jeune homme, vous faites là un vilain métier! »

Henriot frappa du pied avec impatience: « Ne crains rien, dit-il: vois, je suis seul. Tu dois le savoir d'ailleurs, pour tout au monde je ne voudrais pas faire ce que tu redoutes.

« Marie..... Tu sais que je l'aime depuis que j'ai quitté mon pays de Flandres pour venir habiter ici; tu sais que depuis un an, chacun dans le village parle de notre amour : eh bien! son père me la refuse, parce que mon cousin Grégoire Bonneau a seul hérité des biens de mon oncle! Je devais être de moitié dans cette succession; mais le maudit chantre a su tellement bien flatter notre vieux parent, qu'il s'est fait léguer tout à lui seul... On parle même déjà de donner la main de Marie à je ne sais quel riche meunier du hameau voisin.... Elle en mourra!... Et moi!... Non, non : il faut que je sois à elle, ne fût-ce que pour un an, pour un jour, pour une heure!

« Je veux vendre mon âme au diable. Qu'il me donne mille écus au soleil, et dans un an je lui appartiens corps et âme. Donne-moi les moyens de faire ce pacte, et prends la bourse que voilà. »

Le vieillard se mit à rire, ramassa l'argent, et après l'avoir soigneusement serré dans sa jaquette :

— « Tu crois, mon beau jeune homme, que Satan donnera de ton âme mille écus au soleil? Je crains bien qu'il n'en trouve le prix excessivement cher; car déjà l'on appartient plus d'aux trois quarts à l'esprit malin quand on a les yeux sanglans, la démarche égarée, le corps secoué par des frissons, et le front couvert d'une sueur de glace. En bonne conscience, lors même que je connaîtrais les moyens de te faire conclure tel marché, je croirais inutile de te les dire. »

Henriot tira son poignard, et le mit sur la poitrine de Mathias.

— « Parle, parle! ou tu es mort! »

— « Allons, je le vois, tu es résolu comme il le faut. Tout ceci était pour t'éprouver. Écoute donc :

« Commence par voler une poule noire. Il y en a de fort belles chez mon voisin Bartholomé Giron. Après ce vol.... Bon! le voilà qui tressaille rien qu'à la pensée d'un misérable larcin! Belle délicatesse, ma foi! chez un homme qui veut se vendre au diable!... Après ce vol, tu te rendras au carrefour de la forêt : là, tu traceras un cercle avec une baguette que voici.

« Elle est de coudrier; je l'ai coupée au premier mercredi de la lune: il m'a fallu pour cela un couteau neuf. J'ai caché furtivement ma baguette sur un autel où un prêtre allait célébrer la messe; j'ai gravé au gros bout la parole mystérieuse *agla*, au milieu *cor*, et à la plus petite extrémité *tetagrammaton;* une croix surmonte chaque mot.

« Ton cercle une fois tracé, tu te dépouilleras la jambe gauche, et tu la mettras nue dans le cercle. Coupant ensuite le col de la poule, il te faudra t'écrier : « Argent du sang de ma bête noire! Je le vends mille écus au soleil. » Alors, si le diable veut de toi, il t'apparaîtra.

« Mais, Henriot, hâte-toi; car minuit approche, et après cette heure Lucifer devient invisible. »

En achevant ces mots, il se débarrassa brusquement de l'étreinte de Henriot, et le poussant dehors, referma la porte sur lui.

Le jeune homme demeura pensif quelques instans. Puis, se mettant tout à coup en marche comme un homme qui prend une résolution désespérée et sur laquelle on craint de revenir, il alla jusqu'à la ferme dont lui avait parlé Mathias, escalada un petit mur, saisit une poule noire, et s'enfonça dans la forêt.

Cependant l'orage avait commencé. De larges gouttes de pluie tombaient sur le feuillage, et une tempête violente s'engouffrait dans les arbres avec un mugissement effroyable. Des éclairs brillaient à chaque instant, et les détonnations de la foudre se succédaient avec rapidité.

Henriot, soutenu par la frénésie du désespoir, courut plutôt qu'il ne marcha jusqu'au carrefour. Là, il accomplit les rites mystérieux que lui avait enseignés Mathias: « Argent de ma poule noire! s'écria-t-il. J'en veux mille écus au soleil. » Un coup de tonnerre épouvantable retentit en ce moment, et un fantôme blanc, puis une figure courte et noire, apparurent à travers les arbres... Henriot tomba évanoui.

Le jour commençait à poindre quand il recouvra connaissance.

Portant autour de lui des regards hébétés, il dut se recueillir quelques minutes avant de pouvoir se rappeler distinctement son désespoir, ses criminels projets, et la fatale apparition de la veille. Mais cette apparition, pensa-t-il, est peut-être l'effet de mon imagination troublée!... Oh! oui, j'ai besoin de cette idée! Songer que je suis, — à jamais, — pour la vie éternelle, — la propriété du démon, serait trop affreux!... Allons, il n'en est rien.

Il se releva non sans peine, et se traîna lentement jusqu'au sentier du hameau.

Encore quelques pas, et il allait se trouver hors de la forêt, quand il trébucha contre un cadavre gissant en travers du chemin... Miséricorde! c'était celui de son cousin Grégoire Bonneau.

Henriot jeta un cri de désespoir!

« C'en est donc fait! J'appartiens au démon, corps et âme! Il a foudroyé mon cousin. Voilà comment il me paye les mille écus au soleil. »

Il parlait encore, que des soldats le saisissaient et lui garottaient les bras. — « Par St.-Hubert! dit leur chef, voilà une bonne prise et qui nous vaudra grosse récompense. Vous l'avez entendu... Un, deux, quatre, six, dix témoins : il s'est vendu au diable, à condition qu'il tuerait ce pauvre chantre. Que Dieu soit loué! Nous étions là pour surprendre un braconnier, et c'est un sorcier que nous ramenons.

« Il faut laisser ici le cadavre : c'est au bailli à le faire relever; nous autres simples gardes-forestiers, nous n'en avons point le droit. Allons, camarades, conduisons cet homme à messire le grand-prévôt, qui se trouve justement au château parmi la suite du roi. »

Ils se mirent en marche, et la foule qu'avait rassemblée l'arrestation d'Henriot recula précipitamment et ouvrit un large chemin, tant on avait peur de toucher même le vêtement d'un scélérat vendu au diable.

A quelques instans de là, le bailli vint pour faire la levée du corps.... Il ne trouva plus rien. Il se signa en tremblant, lui, les sbires et les paysans qui l'accompagnaient; car pouvait-on douter que le diable n'eût enlevé le cadavre, afin qu'il ne restât plus de preuve contre le sorcier?

Une heure après, le grand prévôt jugeait le pauvre jeune homme : d'abord c'était pour attester de son activité et de son zèle : ensuite, il se rencontrait trop rarement des sorciers à brûler pour qu'on ne mît pas de l'empressement à le faire.

Les personnes qui n'avaient pu entrer dans l'enceinte du tribunal se tenaient amassées devant la porte, et devisaient entre elles sur l'événement étrange dont elles attendaient avec impatience le dénouement.

Un homme petit, gros, rouge, et vêtu de noir, approcha de l'un des groupes et s'enquit des motifs d'une pareille affluence.

— « Un sorcier ! — Un homme qui s'est donné au diable ! Il sera pendu ! il sera brûlé ! » s'écria-t-on de toutes parts.

Un grand paysan, qui dépassait au moins de la tête le petit homme, se mit à raconter longuement l'affaire. Son auditeur ne se montra pas bien attentif : il l'interrompait sans cesse pour lui faire quelque question saugrenue, lui riait au nez de la façon du monde la moins cérémonieuse; et puis, le plantant là sans écouter la fin de l'interminable récit, il se jeta au milieu de la foule, et poussa des coudes à droite et à gauche dans l'intention de pénétrer jusqu'au tribunal.

Mais ce projet faillit devenir malencontreux pour le petit homme. Ses interruptions discourtoises et ses éclats de rire avaient offensé beaucoup de gens : le mécontentement s'accrut encore en voyant la manière sans façon dont il heurtait chacun. Mais l'indignation fut au comble, des cris, des menaces s'élevèrent de toutes parts, quand, prenant par le menton une jeune fille assez jolie, il l'embrassa gaiement sur les lèvres.

Il n'en aurait peut-être pas été quitte pour des

horions de bon aloi, si deux pages, qui se tenaient par hasard sur le seuil du tribunal, ne l'eussent aperçu au milieu de la foule.

— « Eh! que faites-vous là? de par Dieu! lui demandèrent-ils. Place! manans; au large! canaille, ou il en coûtera à l'un de vous une côte ou l'échine. Entrez, maître François Rabelais. »

Dans l'aile gauche du château d'Anet se trouvait un appartement des fenêtres duquel on découvrait un site délicieux. La tenture et l'ameublement en étaient d'une richesse extrême et surchargés des chiffres de Diane de Poitiers et de Henri II. Partout l'aiguille avait brodé, partout le pinceau avait reproduit le croissant d'argent de la duchesse et les fleurs de lis d'or du monarque.

Là, se tenait à demi couchée sur des coussins de velours une femme complètement nue. Sa taille svelte, les contours admirables d'un sein voluptueux, la blancheur de sa peau, la régularité de ses dents, et surtout ses longs cheveux noirs bouclés, ne pouvaient appartenir qu'à la belle duchesse de Valentinois : en effet c'était Diane.

C'était cette femme célèbre, dont le temps semblait épargner la beauté surnaturelle, et qui conservait à quarante-sept ans la fraîcheur et les formes séduisantes de l'adolescence ; c'était « l'incomparable Phébé, » au souvenir de laquelle Brantôme s'extasie dans ses *Dames galantes*: « Six mois avant

» sa mort, dit-il, je la vis si belle encore, que je ne » sache cœur de rocher qui ne s'en fût ému... Sa » beauté, sa grâce et sa belle apparence étaient toutes » pareilles qu'elles avaient toujours été. »

Le vieux sculpteur du roi, Jean Goujon, vêtu comme on l'était du temps de François Ier, modelait paisiblement la belle créature qui s'offrait à ses regards sans le moindre voile. Il aurait travaillé d'après une statue de bronze, qu'il n'aurait pas frappé de son ciseau avec plus de calme et d'impassibilité.

Il n'en était pas de même de Henri II : étendu dans un vaste fauteuil, il se levait à tout moment pour passer doucement la main sur les blanches épaules de Diane, ou lui dire à l'oreille quelques paroles d'amour.

— « Or ça, gronda le sculpteur d'un ton bourru, si Votre Majesté ne met fin à ses transports, force me sera de laisser ma statue imparfaite, car ces mouvemens continuels rendent mon travail impossible. »

Le roi, accoutumé aux brusqueries du vieil artiste, sourit et répliqua :

— « Je crois qu'il se plaint!... lui qui peut contempler à son aise la beauté la plus merveilleuse de la terre, et acquérir une renommée sans fin en reproduisant en marbre de pareils attraits! D'ailleurs, maître Goujon, votre statue est trop avancée pour que vous la laissiez là : vous y perdriez trop de los et de travail. »

En effet, la belle production du statuaire était presque terminée. Goujon, en donnant à Diane tous les emblêmes de la chasse, l'avait représentée, pour complaire au roi, dans cet état de nature que l'on a coutume d'attribuer de préférence à Vénus. Du reste, rien d'antique et fort peu d'idéal dans cette statue : les traits, la coiffure, les proportions offraient une image aussi exacte que possible de la duchesse de Valentinois.

Le sculpteur, oubliant son mécontentement, avait repris le ciseau jeté loin de lui, et le roi s'était recouché dans son fauteuil, quand la porte s'ouvrit brusquement, et Rabelais se précipita dans la salle. Diane jeta un cri, s'enveloppa à la hâte, tant bien que mal, dans le manteau du roi. Une rougeur soudaine se répandit sur son visage, et jusque sur un sein très-imparfaitement voilé par le court mantel.

Rabelais, sans se déconcerter, saisit un bout du manteau, et force fut à Jean Goujon de lâcher l'importun dont chaque mouvement découvrait quelque charme de Diane. Pour le roi, contre lequel se pressait la duchesse, il ne pouvait en aucune façon aider le sculpteur à mettre dehors Rabelais.

— « Sire, par la dive bouteille! je fais serment de ne lâcher ce manteau qu'après avoir obtenu la grâce d'un pauvre diable qui vient d'être condamné au feu par le grand-prévôt.»

En achevant ces paroles, il tirait doucement le manteau.

— « Octroyez-la lui, Sire! » demanda la duchesse, moitié fâchée et se dérobant de son mieux, mais encore bien mal, aux regards effrontés de Rabelais.

— « Soit fait ainsi que vous le désirez, belle amie... Mais dépars-toi donc, maroufle!

— « Il me faut encore une grâce, continua maître François, qui se complaisait évidemment à regarder l'attrayante Diane dans son accoutrement voluptueux.

— « Quelle grâce? parle....

— « La mienne, Sire.

— « Tu l'as aussi..... Va-t-en donc!

— « Tenez, signez: voilà tout ce qu'il faut..... Bien.... Votre scel à présent.... »

Rabelais se retira enfin.

Environ deux heures après, un page vint lui dire en son logis qu'il eût à comparaître devant le roi. L'historien de *Pantagruel* obéit aussitôt, et le page le conduisit dans une vaste salle où se trouvait réunie toute la cour, rangée en demi-cercle.

Au centre de ce demi-cercle, près de Diane, se tenait assis le roi, à la physionomie duquel un teint pâle, rendu plus frappant encore par une barbe fort noire, donnait une expression de mélancolie et de dureté.

En voyant l'indiscret qui tantôt l'avait surprise dans une situation si singulière, la duchesse baissa la tête et se voila le visage de son éventail de plumes.

— « Vos dames d'atour se sont donné bien du mal pour gâter nature, dit à voix basse Rabelais en s'inclinant : vous étiez ce matin bien autrement parée. »

La duchesse ne répondit pas, mais à travers l'éventail de plumes, l'œil perçant de Rabelais crut apercevoir un sourire et un regard qui n'exprimaient pas trop de courroux.

Le roi ordonna à Rabelais de conter pour quels motifs il prenait un si vif intérêt au malheureux dont, le matin, il avait demandé la grâce. Le curé de Meudon commença sur-le-champ, et sans se faire prier :

« La fièvre de soif, — soif de vin, j'entends, — se prit à me brûler la gorge, hier à la vesprée. Vite et tôt remède à moi ! m'écriai-je : soudain gobefets de se remplir et bouteilles de tinter.

« Or, quand ce bon mal m'advint, il y avait avec moi Grégoire Bonneau, chantre de la royale chapelle. Depuis, il m'est tombé en soupçon que moi François Rabelais j'aurais bien pu gagner de lui fièvre de soif, car elle tourmente jour et nuit le pauvre homme.

« Que la contagieuse fièvre vînt de lui ou de moi, peu me soucie; qu'il en soit ce que l'on voudra : je sais bien seulement que tous les deux nous nous mîmes à en frissonner. A mal pressant prompt remède! Nous voilà tous les deux criant à qui mieux mieux : valet, verse, verse, verse; verse sans eau verre de pur, et du bon, à pleine rasade qui déborde, sans épancher toutefois, car c'est liqueur trop précieuse pour qu'on en perde une seule goutelette... Ah! fausse fièvre, ne t'en iras-tu pas?... Tiens, voilà encore un verre; puis un autre, et encore celui-ci... Par ma foi! commère, vous êtes morfondue, perdue, tollue voire!

« Tant fut versé et reversé, bu et rebu, que fièvre partit et emmena avec elle, bras dessus bras dessous, raison, équilibre et continence. Grégoire s'en alla je sais bien chez qui; et moi j'allai me promener dans le bois où m'attendait certaine..... »

Un vieux seigneur, ami de Rabelais, le tira doucement par son manteau, en avertissement muet de retenir l'intempérance de sa langue; car Henri II était naturellement d'un caractère sérieux et réservé. Sa passion romanesque pour Diane et la fidélité qu'il gardait à sa maîtresse ajoutaient encore à l'aversion qu'il avait de la débauche et de la gravelure.

L'adroite duchesse de Valentinois, pour rendre encore plus grand l'empire qu'elle exerçait sur le monarque, flatta cette ostentation de mœurs graves : elle donna à tout ce qui l'entourait un caractère de réserve qui contrastait singulièrement avec la cour dissolue de la reine Catherine de Médicis. Là, ce n'étaient que discours licencieux, intrigues amoureuses et publiques. Ainsi, par une bizarrerie étrange, il se trouvait chez la concubine une décence pleine de dignité, et chez l'épouse légitime un effronté dévergondage.

Toutes ces idées se présentèrent rapidement à Rabelais, et lui firent comprendre combien était bonne la secrète admonition du vieux seigneur. Le roi avait pu pardonner à l'incartade du matin : personne ne l'avait vue; mais il se fâcherait infailliblement de propos graveleux débités en présence de toute sa cour. Rabelais s'interrompit donc quelque peu, et suppléant par un geste équivoque et un sourire plein de finesse à la réticence qu'il faisait, il continua en ces termes :

« Les cloches du château sonnaient minuit que nous étions encore égarés dans les bois. Mais à la fin, la pluie nous remémora de déguerpir, et grâce à la patrone des pécheurs..... et des pécheresses, il nous fut donné d'arriver au hameau sans malencontre et sans avoir été vus de personne, si ce n'est d'un seul homme, comme il vous sera dit plus tard. Le mystère de notre promenade réjouit fort mon compagnon... ou ma compagne : je n'ai dit lequel des deux elle ou il était.

« Aujourd'hui, à l'heure de nones, ivresse et vertige se départant de ma tête, raison y revint. Or, jamais elle ne me parut si grosse et si pesante : elle se prélassait tant dans mon cerveau, que le pauvret en gonflait, tout endolori. Grand air fut appelé au secours.

« En passant vis-à-vis le bailliage, il y avait devant la porte un tas de gens miséricordieux qui se réjouissaient d'une bonne nouvelle : à savoir que l'on jugeait un sorcier, lequel serait sans nul doute mis à la hart et brûlé... Justice est parfois chose bouffonne et désopilante!... Je fus m'asseoir au lieu d'honneur, derrière le grand prévôt Trinquamelle.

« Messire Trinquamelle venait d'ouïr force témoins. Alors, se mouchant à bruit sonore de chanoine, il s'enquit du sorcier : « Qu'en est-il, scélérat?

« Le sorcier, bramant comme un cerf aux abois, se prit à répondre : — « Oui, c'est vrai; je me suis vendu corps et âme au mauvais esprit, pour mille écus au soleil : il me les a déloyalement payés par l'héritage de mon cousin, trépassé cette nuit. J'ai causé la mort d'un de mes parens, oui ; mais le ciel m'est témoin que je ne l'entendais pas de cette manière : je voulais seulement avoir mille écus au soleil pour épouser Marie, Marie que j'aime tant! »

« En ce moment je me levai pour voir plus à l'aise la figure du pauvre garçon.

« A mon aspect, il tomba en pamoison : Voilà, disait-il, voilà le diable qui a acheté mon âme!... il se cache derrière le prévôt... je l'ai vu dans le bois: il suivait un fantôme blanc... Miséricorde de moi! il vient pour m'emporter en enfer!

« Un chacun se mit à me regarder en riant; car, dieu merci! François Rabelais est connu pour être un bon diable, mutin peut-être, mais non pas un acheteur d'âmes. Comme l'observa ce gentil page que voilà derrière Votre Majesté et qui se trouvait au tribunal, si mon esparmaille était grosse de mille écus au soleil, je la ferais accoucher non pas dans un bois pour acheter des âmes; mais le marchand de vin la tâterait toute entière.

« Messire Trinquamelle leva les épaules, m'invita à souper pour aujourd'hui, ce que je refusai; puis, comme il entendait corner l'eau pour avertir que l'on allait se mettre à table, il se dépêcha de rendre sentence, afin que le repas ne se trouvât pas froid quand il arriverait.

« Henriot Maurepain fut condamné à être pendu le jour même, à l'heure de vêpres, après quoi son corps serait brûlé et les cendres jetées au vent.

« Je sortis en m'apitoyant sur le sort du soi-disant sorcier, lequel on devrait tenir, en le prenant au plus mauvais, pour un cerveau détraqué. Mais comment avait-il pu me reconnaître pour le diable? Voilà ce qui m'intriguait... Tout à coup il m'en souvint... C'était l'homme rencontré hier au soir dans la forêt par moi et par Mathurine... Peste soit de ma langue! mon secret est lâché.

« Cause innocente du malheur du pauvre hère, je devais en conscience y porter remède. Vous savez, Sire, comment sa grâce me fut octroyée bénévolement par Votre Majesté, à l'intercession de madame la duchesse. Il vous souvient aussi par quoi je reçus récompense de ma bonne œuvre, si l'on peut dire récompense souvenir de feu qui m'empêchera de dormir durant plus de trois nuits; un souvenir qui me coûtera, pour être oublié, plus de trente bottrines de *Lacryma Christi*... S'il plaisait à celle qui a causé le mal de procurer le remède, elle serait la bien venue! *Amen.* »

— « Mon sommelier les fera porter chez vous, maître Rabelais, » interrompit la belle Diane, dont les joues se couvrirent encore cette fois d'une rougeur pudibonde.

— « Oyez! oyez, car voici venir le plus merveilleux. En sortant du château, je fais rencontre de mon ami le grand chantre Bonneau, lequel était pâle et défait comme s'il n'eût bu depuis deux grandes semaines que bonne eau pure. Il s'était réveillé au point du jour au milieu du bois, dans lequel il avait dormi depuis la veille, à la place même où il était tombé ivre mort.

« Je commençai à voir clair dans cette histoire.

« Viens-t'en avec moi, lui dis-je, viens faire œuvre de miséricorde : tirer un pauvre fou des griffes tenaces de la justice..... — Tope! répondit-il. Et comment se nomme le prisonnier?

— « Tu le sauras tantôt. »

« Nous entrons dans le cachot... A notre vue, Henriot jette les hauts cris : — Oh, merci de moi! le diable! le diable! l'âme de mon cousin trépassé!... »

« Tout était expliqué : le pauvre fou m'avait vu moi et.... le fantôme blanc, dans le bois, au moment où il appelait le diable; le matin il avait trébuché contre son cousin endormi profondément par bon vin et amour, lesquels sont deux fameux somnifères s'il en est. Je les recommande comme tels, moi médecin, à ces nobles seigneurs, ainsi qu'à vous mesdames. Si le cœur vous en dit, vous trouverez toujours dans mon officine la dernière de ces drogues; pourvu toutefois que vous ne soyez point ni laides ni rechignées, car alors elle deviendrait sans vertu. »

Il est inutile d'ajouter qu'Henriot Maurepain fut mis en liberté, et qu'il épousa Marie, dotée par la duchesse de Valentinois. La noble dame n'oublia point non plus d'envoyer le soir même à Rabelais les trente bouteilles de Lacryma Christi promises par elle.

Il y eut pourtant des gens, et le grand prévôt Trinquamelle était du nombre, qui prétendirent que le diable se trouvait pour beaucoup dans cette affaire : « Satan peut bien, disait-il, avoir ressuscité Grégoire comme il l'avait tué. L'intervention de Rabelais, lequel certes ne passe pas pour très-orthodoxe, donne beaucoup de poids à mes soupçons. Après cela, le jugement aurait été rendu par erreur qu'il n'eût pas encore fallu en revenir : on ne saurait avoir trop de respect pour la chose sentenciée par gens de justice, et surtout par grand prévôt. »

Heureusement, il se fit à quelques jours de là une belle exécution d'hérétiques et de sorciers, parmi lesquels se trouvait le vieux pécheur Mathias. Cela satisfit le zèle des mécontens, et on laissa en repos le jeune marié et Rabelais.

L'ÉGLANTINE,

OU

La Mort de Engues, Sire d'Estremont.

1598.

Ores point n'est, onc ne sera en ce monde heur pur et sans meslange ; car les espouvantables exemples de sa fragilité gastent la liesse des heureux, comme l'espée moult esmoulue que Dionysius, tyrang de Syracuse, fit appendre sur la teste d'ung certaing Damocles.

(*Sermon dict par le* R. P. LAURENT, *en le Moustier de N. D. le iij.e dimanche dans l'Advent de l'an* MDXXI.)

ON n'entendait que pleurs et gémissemens dans le palais du bon roi René. Ce prince était parti de grand matin pour la chasse, n'ayant avec lui pour toute escorte qu'un très-petit nombre de veneurs, et quoique la nuit fût fort avancée, il n'était point encore de retour. En proie aux plus vives inquiétudes, les officiers de sa maison, les pages, les varlets, réunis sous le vestibule, déploraient l'inutilité de leurs recherches. Quelques-uns récitaient des oraisons qu'ils interrompaient au plus léger bruit; car aussitôt ils croyaient entendre le bon roi qui revenait enfin. L'aumônier Marini, prêtre austère et qui possédait toute la confiance de René, s'efforçait vainement de dissimuler des craintes que trahissaient son agitation et sa pâleur. Tantôt il s'avançait vers le groupe désolé, comme s'il avait une question à faire; et puis, se retirant tout à coup sans parler, il marchait à pas précipités; tantôt il proférait à voix basse des mots sans suite. Sur ces entrefaites, parut un homme remarquable par son embonpoint et sa tournure grotesque : il portait un petit coutelas suspendu à une large chaîne d'or. — « Eh bien! Courcou, » s'écria Marini, du ton impatient d'un homme qui demande une bonne nouvelle, quoiqu'il ne sache que trop l'impossibilité de l'apprendre, « vos recherches sont-elles à la fin plus heureuses? Les sons du cor ont-ils été entendus? »

— « Que Dieu protège notre bon roi! » répondit ce personnage singulier, d'un ton grave et capable; « assurément quelque malheur lui est advenu. Sa gracieuse majesté m'avait dit en partant : Prince des queux, nous t'apporterons, avant que ne tinte l'angelus, des chevreuils, des bartavelles, voire même un sanglier, quoique les braconniers ne m'en laissent guère.... — Fatale imprudence! » murmura le prêtre en s'éloignant de Courcou, qui, malgré la douleur qu'il éprouvait, n'en fut pas moins sensible à la manière brusque dont se terminait un entretien ne laissant pas que de flatter sa vanité: « bien des fois, nous l'avions prévenu des tentatives de séduction que ne cessait de faire le traître Louis auprès de chacun de nous: trop bon, trop confiant, il n'a point voulu nous en croire; et le voilà tombé dans les embûches de son mortel ennemi!..... Grand Dieu! il en sera donc de la Provence ainsi que de l'Anjou *! » Et, comme dans son trouble il s'élançait hors du vestibule, il entendit les cris du peuple que l'inquiétude avait rassemblé autour du palais : « liesse! liesse!.... le roi! le roi! » Et René, n'ayant pour escorte qu'un er-

* Louis XI avait chassé René de l'Anjou au moment où ce vieillard trop confiant pouvait le moins prévoir cette perfidie. « Où est la main, dit un chroniqueur de l'époque, qui » pourroit satisfaire à décrire les plainctes, regrets et do- » léances des pôvres enchevins, au départ du très-débonnaire » roi de Cécile (Sicile), si curieux et si vigilant tucteur du » pays, amoureux de paix et concorde, sustenteur de pô- » vres! des Dames et Damoiselles honorable directeur et sup- » port, et de tous bening et miséricordieux frère? »

mite armé d'un bâton noueux, s'avançait environné d'une foule immense exprimant sa joie par de bruyantes acclamations !

— « Sire, s'écria Marini emporté par son zèle fougueux, dans quelle affliction avez-vous plongé vos fidèles sujets ! Est-il d'un roi de troubler toute une ville pour un frivole plaisir ! d'exposer ainsi sa liberté et le salut du royaume*? — Marini, répondit le roi avec douceur, votre attachement donne presque de l'aigreur à vos remontrances. Quoi qu'il en soit, ajouta-t-il en se tournant vers deux vénérables vieillards qui s'avançaient vers lui en pleurant de joie, nous vous en savons gré, et nous y aurons égard, comme à celles de nos loyaux et fidèles serviteurs, Jehan Binée **, et Jehan Cossa ***.

* Ces hardies paroles de Marini ne doivent pas étonner : ce prédicateur osa, un jour, en chaire, reprocher à René son goût pour les romans. Le bon roi ne s'en fâcha point. Voy. l'*Hist. de René d'Anjou*, par M. le vicomte L. F. de Villeneuve Bargemont.

** *Jehan Binée* refusa une place honorable et importante que le roi lui avait offerte. On a conservé la lettre où il entre dans des détails pleins de candeur et de naïveté pour prouver à René qu'il remplirait mal les fonctions de cette place, et qu'il n'a pas les qualités requises pour s'en acquitter dignement. « Ainsi bonnement, dit-il, ne vous y sauroye ser- » vir, au moins comme l'estat et l'office le requiert. »

*** *Jehan Cossa* était ambassadeur de René près de Louis XI, quand ce prince s'empara de l'Anjou. Le fidèle serviteur voulut réclamer contre cette infraction de tout

Mais, par saint Hubert! il faut l'avouer, jamais péril si grand ne menaça notre tête royale. Si ce courageux ermite n'était venu à mon secours, mes traîtres veneurs, malgré mes cris et mes efforts inutiles, m'auraient livré à mon cousin le roi de France. Il n'aurait pas manqué, sans doute, de me loger dans ses noires tourelles qui ne plaisent guère qu'à lui, outre que pour en sortir il faut payer de belles rançons! » Et puis, étouffant un soupir : « Allons, Courcou, sers-nous à souper : nous y ferons honneur; car ce vénérable ermite et moi, quoique vieux tous les deux, nous avons aujourd'hui agi en jeunes gens : moi, en m'exposant avec si peu de prudence, et lui, en frappant comme j'aurais pu le faire quand je combattais près de mon oncle le cardinal de Bar *, avec mon brave frère d'armes l'évêque d'Amiens **. »

droit des gens. « Si l'ambassadeur du roi de Sicile ne se re- » tire en toute hâte, dit froidement Louis XI en se retour- » nant vers ses satellites, qu'on ait à le coudre dans un sac » et à le jeter dans la rivière. »

* Le cardinal *de Bar*, oncle de René, lui donna une éducation toute guerrière; car à cette époque les prélats prenaient souvent les armes. « Et sur le champ de bataille, dit » *Monstrelet*, ils étaient obligés de porter un bassinet pour » mitre, une pièce d'acier pour chasuble, et pour crosse » d'or une hache d'armes. »

** *Conrad Brayer de Boppau*, qui resta toujours uni à René par la plus étroite amitié.

L'inconnu répondit à ces propos en faisant une respectueuse inclination. Quoiqu'il parût aussi vieux que René, tout en lui annonçait une force plus qu'ordinaire. L'expression mélancolique de ses traits inspirait un intérêt que l'on ne pouvait définir; et ses manières nobles et pleines d'aisance semblaient annoncer qu'il était de haut lignage. Dans ces temps, il n'était pas extraordinaire de voir des seigneurs qui, renonçant tout à coup au monde, allaient chercher dans une pieuse solitude le calme et le bonheur qu'ils ne savaient trouver au milieu des cours.

Ils entrèrent dans la salle des festins, précédés de maître Courcou. Celui-ci remplit de vin un gobelet d'or que René vida d'un seul trait; après quoi il présenta au roi un petit trousseau de clefs d'argent avec lesquelles le prince ouvrit les cadenas qui fermaient les quatre plats immenses dont la table était couverte. Ils contenaient quarante-huit sortes de mets différens : c'étaient des cigognes, des hérissons rôtis, des bartavelles et des faisans; au milieu s'élevait un paon artistement paré de son riche plumage et de sa longue queue, et qui était aussi merveilleux à voir que délicieux à savourer.

Tandis que Courcou tirait de sa gaîne le petit coutelas suspendu au collier d'or qu'il portait, et que, découpant avec aisance et prestesse, il montrait par un sourire de satisfaction combien il estimait relevées les hautes fonctions dont il s'acquittait, les yeux de René se remplirent tout à coup de larmes : « Hélas! s'écria-t-il avec amertume, je ne trouve à ma table qu'un cénobite! encore ne s'y est-il assis que par obéissance; et pourtant j'y fus jadis entouré de mon fils Antoine d'Anjou *, et de son frère Nicolas **; de leurs sœurs Marguerite *** et Yolande, et de mon noble gendre Ferry de Vendemour.... Il ne me reste pas même un seul de mes petits-fils, dont les joyeuses caresses charmaient encore mon âme navrée! Ah! si Dieu me les eût conservés, faible vieillard, je n'aurais pas été chassé de mes États.... **** Mais, ajouta-t-il après un moment de silence et en essuyant ses larmes, que la volonté de Dieu soit faite! »

* *Antoine d'Anjou*, fils aîné du bon roi, périt à Barcelonne au milieu des plus éclatans triomphes, et pleuré des Arragonais dont il était adoré.

** *Nicolas d'Anjou*, sa sœur *Yolande*, et *Ferry Vendemour* époux de cette dernière, ne survécurent pas de beaucoup à leur frère *Antoine*.

*** *Marguerite* épousa Henri VI, roi d'Angleterre, et rétablit deux fois sur le trône ce prince faible et sans courage. Son mari et son fils périrent sous ses yeux; elle se retira en France, « où elle mourut, dit Voltaire, la plus malheureuse » des reines, des épouses et des mères. »

**** L'un des petits-fils de René vainquit, sous les murs de Nanci, Charles-le-Téméraire, duc de Bourgogne.

Le repas fut silencieux. Comme Marini disait les grâces, un enfant âgé d'environ quinze ans entra précipitamment, et courut embrasser le prince avec cette effusion de joie qui n'appartient qu'à l'âge heureux de l'innocence. — « Ah! te voilà, mon cher Bertrand *, dit le roi en passant la main sur sa blonde chevelure. A ta rougeur et à ta fatigue je vois que tu me cherchais aussi en grande inquiétude. » Et de sa main royale lui servant à manger, il semblait prendre plaisir à voir l'appétit avec lequel Bertrand faisait honneur à son repas. « Cet enfant, dit René à l'ermite, est orphelin : c'est un legs que me fit son père Claude Alamanon, qui mourut pauvre au service de mon gendre Vendemour. Doué d'un talent extraordinaire et précoce pour la poésie, il ne le cède à aucun troubadour pour composer et chanter des

* *Bertrand d'Alamanon*, né à Aix. Voici la traduction d'une de ses chansons, pleine de grâce et de naïveté :

« On veut savoir pourquoi je fais une demi-chanson : c'est » que je n'ai qu'un demi-sujet de chanter : il n'y a d'amour » que de ma part; la dame que j'aime ne veut pas m'aimer; » mais au défaut des *oui* qu'elle me refuse, je prendrai les *non* » qu'elle me prodigue. Espérer auprès d'elle vaut mieux que » jouir auprès d'une autre, et ne pouvant résister à l'empire » de l'Amour, je ne sais de moyens pour soulager mes peines » que de penser qu'un jour peut-être elle m'aimera. »

Voy. *le Dict. des Poètes franç.*, par M. Philippon de la Madelaine, et l'*Hist. des Troub.*, par l'Abbé Millot.

romances. Mais ce que j'apprécie le plus en lui, ce sont les rares qualités de son cœur. Il m'aime de tendre amitié; il semble oublier les goûts de son âge pour se plier à toutes les faiblesses du mien : si je veux conter, il est toujours prêt à m'écouter. Si je remémore mes infortunes, il pleure avec moi : on dirait qu'il n'a d'autres plaisirs que les miens, d'autres peines que mes peines. »

L'enfant vint alors s'asseoir près du prince. — « Prends ta mandole, Bertrand, lui dit René, et chante-nous l'une de tes romances : celle que tu composas dans notre dernier voyage en Navarre, et dont tu as emprunté le sujet à un événement du pays. Chante, mon enfant, montre à ce saint homme les talens de l'élève du roi René. »

L'enfant obéit, et rejetant le léger mantel d'azur qui couvrait ses épaules, après un court prélude il commença la romance suivante :

« Renfermé dans une prison de la Bourgogne, le brave sire Vadalès reportait sans cesse ses pensers vers le doux pays de la Navarre.

« Traître Commercy, l'entendait-on s'écrier, » que le ciel te punisse ! car si tu n'avais point trahi » nos vaillans guerriers, le roi René ne gémirait pas

» dans les fers; Barbezan * le défendrait encore, et
» je serais près de Marguerite, de ma fille chérie.

» Le matin ses baisers viendraient éveiller son » père; le soir elle chanterait la romance que je » chantais à sa mère, et des pleurs amers et déli-

* Le célèbre *Barbezan* fit tous ses efforts pour faire différer une bataille qui devait décider du sort de René. *Qui a paour se retire!* dit le damoisel *de Commercy*. « Marchons » au combat, s'écria le vieux guerrier, marchons! j'approcherai si fort des ennemis, que ceux qui m'insultent n'oseront placer la tête de leur cheval où sera la queue du » mien. » La bataille fut perdue, et Barbezan se fit tuer après des prodiges de valeur. Étendu sur le champ de bataille, nageant dans son sang, mais respirant encore, il voit passer le damoisel de Commercy qui pressait les flancs de son cheval pour fuir au plus vite. Barbezan, plein d'indignation, relève sa tête expirante, et ranime ses forces pour adresser des reproches à cet indigne chevalier. *Tort ai*, répondit froidement celui-ci; *ains l'avois promis à ma mie*. « Effectivement, » dit un vieux chroniqueur, devait le damoisel aller, sur la » vesprée, voir certaine Agathe qui avoit promesse de lui que » quitteroit la meslée, et que viendroit à tout meshuy en sa » chambrette, qui valoit mieux, se disoit-elle, que champs » où n'estoient que horions et piques. » Le lieu où tomba et mourut Barbezan, marqué par deux ormes creusés par le temps, est encore célèbre et sacré. Un pont agreste, un petit coteau portent son nom, et ce nom n'est point oublié par les simples villageois, qui le répètent même aujourd'hui avec vénération.

» cieux couleraient sur mes joues, au souvenir de
» celle dont l'image chérie me serait retracée par
» la grâce et l'ingénuité de Marguerite.

» Plus d'un jeune chevalier viendrait me de-
» mander sa main ; pourtant ce ne serait ni l'éclat
» de sa naissance ni les richesses de son apanage
» qui décideraient mon choix : si un simple trou-
» badour faisait battre le cœur de Marguerite, un
» simple troubadour serait son époux.

» Mais où va s'égarer mon esprit? Je rêve aux
» fiançailles de ma fille, et elle gémit peut-être op-
» primée par quelque lâche suzerain, car elle n'a
» point d'appui, point de protecteur! Son père est
» captif, loin, bien loin d'elle!

» Voici qu'un jour les portes de sa prison s'ouvrent avec fracas. On lui dit : « Reprenez votre
» épée et votre lance; montez votre destrier.... »
Il est libre, il part....., il atteint bientôt le terme de
son voyage : il ne s'arrêtait guère en chemin, car
il allait revoir sa fille.

» Déjà il aperçoit le château de Vadalès... mais,
ô surprise! ce n'est point la bannière au champ
d'azur et à la biche d'argent qui flotte sur les

tourelles de la forteresse : c'est le sinistre drapeau du lâche Commercy.

» Qu'est devenue Marguerite?... A ce penser il défaillit, et les rênes de son coursier s'échappent de ses mains..... Tout à coup il entend les sons du clairon et le bruit des chevaux de cent hommes d'armes.

» A leur tête est le jeune Hugues d'Ostremont, seigneur cambrésien. « Guerrier, crie-t-il à Vadalès, » viens combattre avec nous celui qui a ravi le » domaine de l'orpheline ! » On donne le signal de l'assaut... et Vadalès et Hugues d'Oisy ont renversé le sinistre drapeau de Commercy.

« Brave chevalier, dit Vadalès monté sur la » brèche, vaillant et noble Hugues, tu as protégé » la pauvre orpheline : et son père, sur cette brè- » che, t'offre la main de Marguerite. »

« Quelle fut la joie de Marguerite quand elle revit son père ! quelle rougeur subite couvrit son visage, quelles douces larmes brillèrent dans ses yeux quand il lui dit : « Marguerite, voilà ton « époux ! »

« Bientôt le bruit du noble hymen se répandit dans le pays. On le célébra par un brillant pas-d'armes; car les sujets du bon roi aiment les jeux de leurs pères * : il n'appartient qu'à ceux du farouche Louis de France d'être farouches comme leur maître.

» La fiancée fut conduite à l'autel, et quand le chapelain eut dit : « Baron Hugues d'Ostremont, » noble seigneur de Cambresis, Marguerite est à » vous...Damoiselle, Hugues d'Ostremont est votre » époux, » les vassaux poussèrent des cris de joie, et des festins magnifiques et des danses bruyantes commencèrent de toutes parts.

» Fuyant ces fêtes importunes, c'est sous un ciel pur, c'est sur la montagne qui avoisine le château que les deux époux vont se livrer sans témoins à d'innocentes caresses, à de tendres entretiens.

» Ils se dérobaient aux feux du soleil sous une roche escarpée qui s'alongeait menaçante audessus de leur tête. Un églantier la couronnait de son buisson, et en levant les yeux Marguerite

* L'animosité de Bertrand contre les Français s'explique facilement par la conduite déloyale de Louis XI envers René. Le troubadour fait ici allusion à la défaveur où, sous son règne, étaient tombés les tournois.

aperçut des fleurs que balançait mollement le souffle du vent.

» Elle les montre du doigt à son époux... Hugues a déjà gravi la montagne : il cueille les fleurs charmantes, et Marguerite, sous le rocher, lève les mains pour recevoir les roses.

» O terreur !... le rocher, avec un horrible fracas, se détache, roule, bondit, et les deux infortunés ont disparu sous ses débris énormes.

» Marguerite! Marguerite!... Ce cri plaintif retentit toute la nuit dans les gorges de la montagne étincelante de flambeaux... enfin, quel spectacle pour un père ! Vadalès retrouve sa fille : elle gissait sanglante près de son époux; sa main tenait encore l'églantine fatale. »

Tout à coup l'ermite, qui s'était couvert la figure de ses deux mains, pousse un cri, et tombe pâle et sans connaissance. On s'empresse autour de lui, on épanche de l'eau sur son visage... Mais voici qu'un reliquaire caché dans son sein s'échappe et roule aux pieds du roi : il contenait une rose desséchée et deux boucles de cheveux, l'une blonde, l'autre noire, enlacées à deux anneaux tels que le prêtre en donne aux époux dont il bénit l'union.

Vadalès, car c'était lui, retourna dans son ermitage, malgré les efforts de René pour le retenir à sa cour. Mais le prince et le troubadour allèrent souvent le visiter; et plus d'une fois, durant l'hiver, dans ces lieux de plaisance abrités contre le vent, on vit le monarque se réchauffer au doux soleil de la Provence, et deviser familièrement avec le pieux vieillard et son jeune favori. Il y tenait même souvent sa cour de justice, et ses plus humbles sujets venaient l'aborder sans crainte, et implorer ses bienfaits ou sa protection. On montre encore aux voyageurs les débris de l'ermitage : ils sont connus dans le pays sous le nom de *cheminées du bon roi René*.

UNE

HISTOIRE ÉCOUTÉE AUX PORTES.

1824.

> Il y a plus de poésie qu'on ne pense dans les événemens ordinaires de la vie. Malheureusement l'habitude nous empêche de la comprendre : c'est comme un homme dont on envie de tous côtés les cent mille écus de rentes, et qui ne trouve aucune jouissance à cette fortune, parce que depuis le berceau il est habitué au bien-être qu'elle procure, et que les plaisirs qu'un autre y trouverait sont devenus pour lui des besoins aussi nécessaires que le boire, le dormir et le manger.
>
> (Contes misanthropiques, *ouvrage inédit de l'auteur.*)

J'éprouve un bonheur que je ne saurais dire, lorsque, enfoncé dans mon grand fauteuil de forme antique, je me mets à feuilleter des livres, épars sur mon vieux bureau de chêne.

Le silence, la solitude, le bien-être physique me distraient insensiblement de ma lecture, exaltent peu à peu mon imagination, et font affluer mes idées. Éparses et vagues d'abord, elles errent parmi je ne sais combien de choses différentes; puis, tout à coup, l'inspiration jaillit inattendue, forte, impérieuse. Subjugué par une sorte d'extase machinale qui tient à la fois de la somnolence et de la fièvre, j'écris, j'écris, j'écris sans m'arrêter; et, plus d'une fois, je me suis surpris écrivant malgré les ténèbres, et sans m'apercevoir des énergiques remontrances de mon estomac, à jeun depuis mon sortir du lit.

Quand viennent à cesser de pareilles sensations, j'éprouve de la fatigue et du dégoût : tout paraît froid, désert et aride autour de moi.

Oh! qu'alors j'aurais besoin de voir le sourire d'une jeune femme, d'entendre ses paroles, de m'asseoir près d'elle en lui prenant une main qu'elle m'abandonnerait!

Comme elle verrait mon front s'épanouir aux frais baisers d'un petit garçon qui grimperait sur mes genoux et qui me dirait de ces propos naïfs dont un père tressaille de bonheur!

Mais je suis seul au monde! seul!.... Et je reste là, tristement assis près de mon foyer à demi éteint, tandis que la tempête hurle, ou bien que la pluie résonne sur mes vitres qu'elle fouette.

Néanmoins, lorsqu'un beau ciel m'encourage, je surmonte parfois cet affaissement; je m'enveloppe d'un manteau et je vais errer dans les rues les plus pauvres et les plus solitaires.

Il y a dans cette obscurité silencieuse, dans cette solitude de toute une ville, je ne sais quel repos, je ne sais quelle poésie qui délasse et assérène.

Et puis, à de longs intervalles, on voit une lanterne vacillante qui reflète çà et là, comme un brouillard lumineux, sa lueur d'un jaune grisâtre. Et puis on entend retentir sur le pavé, et aller mourir au loin, le pas hâté de groupes furtifs, dont la double ombre se dresse et disparaît soudain contre les murs éclairés par un réverbère. Et puis le chant, à double partie, de quelques buveurs, à la voix rauque desquels l'éloignement donne une harmonie pleine de charme; et puis les sons gutturaux d'une orgue de barbarie, dont le vent amène par bouffée quelques notes, viennent ajouter encore aux prestiges que je vous raconte.

Je ne vous ai point dit encore tous les plaisirs d'un promeneur de nuit.

Sur les rideaux, ou sur les vitres de la plupart des fenêtres éclairées, se dessinent des silhouettes bizarres ou gracieuses; tantôt le profil crochu d'un vieillard, tantôt la taille svelte d'une jeune fille qui, demi-nue et les bras élevés, rassemble et noue sa chevelure.

Une raie lumineuse qui s'échappe d'un volet mal clos est encore une bonne fortune ; j'en approche avidement mon œil et, presque toujours, s'offre à moi un tableau plein de naïveté, et tel que se plaisaient à en reproduire nos vieux peintres flamands.

Il se trouve un charme indicible à surprendre, de la sorte, des hommes qui croient se livrer sans témoin aux actes ordinaires de la vie : toute une famille rassemblée autour d'une grande table, à laquelle une aïeule en béguin flamand remplit les fonctions d'économe : une fraîche ouvrière, à demi-penchée sur son carreau, et tout entière à l'étroit ourlet qui s'alonge sous ses doigts; ou bien des amans qui devisent, près, bien près l'un de l'autre; ou des époux qui se livrent à ces altercations, dont s'accommode si bien le caractère aigrelet de nos ménagères.

Une fois entre autres, je vis un vieux cordonnier qui travaillait auprès d'une étuve de fonte, tandis que sa femme, septuagénaire pour le moins, faisait tourner un de ces grands rouets à manivelle, connus seulement en Flandres, je le pense. Une jeune fille se tenait à genoux devant l'étuve pour se chauffer plus à son aise; elle venait de rentrer car ses joues étaient encore toutes couperosées du froid.

A chaque instant ce groupe, disposé comme Téniers l'aurait voulu, et qu'une lampe vacillante laissait quasi dans l'obscurité, se trouvait animé par des jeux de lumière de l'effet le plus pittoresque : ces effets étaient produits par des lueurs fausses qui s'échappaient des gerçures de l'étuve, et qui venaient jeter leurs reflets rouges et subits sur la physionomie pâle de la jeune fille, sur les traits rabougris de la vieille et sur le crâne chauve et luisant du cordonnier.

« — Sainte Vierge! disait la bonne femme, que nous contez-vous là? ma fille!

» — C'est une mort bien horrible, reprit le cordonnier d'un ton dogmatique, mais cela ne m'étonne point, car la famille a toujours eu du malheur, et je sais, sur le compte de son talion, de son bisaïeul et de son grand-père, des choses qui ne sont point belles à savoir. Je les tiens de mon père, qui était portier de l'abbaye du Saint-Aubert, et il les avait apprises de bonne part, car c'était monsieur le prieur qui les lui avait dites. Vous savez bien, Marthe, que, du vivant de ma mère, monsieur le prieur s'en venait souvent deviser avec elle; car il n'était pas fier, et il ne la reniait point pour sa cousine, non pas à un proche degré, mais non plus à un degré éloigné, éloigné.

» Je m'en vais vous conter cela. Écoutez :

» Un jour que son talion, bon jardinier, travaillait à son jardin au faubourg, et qu'il greffait un poirier, une vieille femme arriva à sa porte et lui demanda l'aumône.

» Pierre, ainsi s'appelait le talion de Philippe, lui répondit : Il n'y a rien à donner; que le bon Dieu vous assiste ! Et il se remit à greffer son poirier.

» La vieille femme ne s'en alla point, mais elle se mit à le prier de plus belle, disant qu'elle se mourait de faim et qu'elle n'avait rien mis sous sa dent depuis deux jours.

» Enfin, Pierre, ennuyé de ses jérémiades, lui cria brutalement de s'en aller, ou bien qu'elle verrait.

» La mendiante n'eut point de cure de ce qu'il lui disait, et demanda de plus belle; alors Pierre s'en vint à elle, la repoussa et la fit tomber.

» Dans sa chute elle alla frapper de la tête sur le grè qui sert, au milieu du seuil, à arrêter les deux battans de la porte; et le coup fut si rude, qu'elle se fit une grande blessure au front.

» Quand il vit que le sang coulait, Pierre se repentit de sa dureté et voulut la panser et lui donner de l'argent; mais la vieille femme ne voulut ni rien recevoir, ni se laisser panser, et elle s'éloigna en couvrant la terre de son sang.

» Quand elle se trouva au bout du chemin, elle se retourna, fit un grand geste, comme pour menacer Pierre, et cria quelque chose. Il n'entendit que le mot : *poirier*, répété à deux fois, et il se remit à greffer son arbre, sans prendre beaucoup de garde à ces paroles de la mendiante.

» Sept ou huit ans après, l'arbre de Pierre était devenu un grand et beau poirier, le meilleur du faubourg et le plus renommé pour ses excellentes poires de Saint-Germain.

» Or donc, l'habitude de boire plus que de raison était devenue plus forte que jamais pour Pierre. S'étant rendu à l'abbaye, dans un état peu décent, un moine lui fit de sages remontrances. Pierre, que je vous ai dit fort brutal, ne les prit pas en bonne part, ainsi qu'il le devait, et manqua grossièrement au moine. Celui-ci le fit mettre à la porte, en lui disant qu'il ne vendrait plus rien à l'abbaye. Pierre, hors de lui en ouissant de tels propos, fit les menaces les plus horribles contre le moine, et jura qu'il tirerait de lui, avant peu, une vengeance telle qu'on n'en aurait jamais vue.

» Mais la nuit porte conseil, comme on dit, et, le lendemain, Pierre voulut aller demander excuse au moine, et tâcher de ravoir la pratique de l'abbaye. Il prit à cette fin un panier de ses plus belles poires, et s'en fut l'offrir au moine, le priant de ne point garder souvenir de la veille. Le moine, pour montrer à Pierre qu'il ne lui gardait pas rancune, prit une poire dans le panier qu'il tenait, et y mordit à pleines dents; mais, à peine en avait-il un morceau dans la bouche, qu'il devint tout rouge, se débattit comme un homme qui trépasse, et tomba sans connaissance.

» Ceux qui virent cela se rappelèrent les menaces que Pierre avait faites la veille, et crurent qu'il avait empoisonné le moine. Sans plus approfondir la chose, on le traîna en prison, l'appelant scélérat et empoisonneur, et lui promettant qu'il serait roué vif.

» Quand Pierre se trouva seul dans un cachot, avec les fers au pied et les fers aux mains, il se rappela les menaces de la vieille mendiante, qui lui avait prédit que le poirier qu'il greffait lui porterait malheur : il comprit alors qu'il n'y avait point d'espoir d'en échapper, et, dans un mouvement de rage, car je vous ai dit qu'il était d'un caractère fort violent, il se brisa la tête contre la muraille et mourut sur l'heure.

» Cependant on avait appelé un médecin à l'abbaye de Saint-Aubert. Celui-ci, s'apercevant que le moine était étouffé et non empoisonné, tira de sa gorge un gros pépin de poire, qui le suffoquait, et le moine se trouva quasi aussi bien portant qu'avant de manger la poire.

» On courut à la prison de Pierre pour l'en tirer, mais il était trop tard; et le moine, fort triste, vous le pensez bien, fit serment de célébrer, sa vie durante, à l'intention de Pierre, une messe des trépassés. »

Le cordonnier, après avoir fini son récit, porta les yeux sur le petit auditoire qui l'entourait, et fit un sourire tant soit peu vaniteux, en voyant à quel point il avait intéressé. Il y eut dans sa physionomie de la joie d'un auteur que l'on prie de continuer le second chapitre d'un ouvrage qu'il lit, lorsque la jeune fille lui demanda : « Et l'histoire du grand'père Philippe? dites-la-nous, mon père. »

« — Oh! celle-là, fit le cordonnier en hochant la tête, est encore plus terrible à entendre. »

Après cette précaution oratoire, le brave homme se mit à parler, et je ne saurais dire quel bizarre accompagnement formaient à sa voix nazarde les coups répétés de son marteau et les ronflemens cadencés du rouet de sa femme.

« — Mathias, le grand-père de Philippe, avait tenu, sur les fonds de baptême, le fils du fossoyeur de la paroisse de Saint-Waast. Un soir qu'il alla s'enquérir comment se portaient son filleul et son compère, il trouva celui-ci tremblant la fièvre et dans un état à faire pitié.

« Je suis bien malade, lui dit le fossoyeur, et voyez si j'ai du guignon, il me faut à l'heure qu'il est, et par un froid comme il fait, me lever et aller creuser une fosse. »

» Mathias s'offrit obligeamment à son compère pour le remplacer, et le fossoyeur accepta avec reconnaissance.

» Il pouvait être de onze heures et demie à minuit, quand, après avoir pinté comme il faut au cabaret, — afin, suivant le dicton, de se garnir la poitrine contre le froid, — Mathias, sa bèche sur l'épaule, s'en alla au cimetière. Il se mit à l'ouvrage avec ardeur, et il avait fini la fosse, quand il vit entrer une procession de gens vêtus de blanc, et dont on ne voyait pas le visage. Ils tenaient tous un cierge allumé, mais leur main était recouverte du grand drap qui les enveloppait, et ce drap ne laissait pas même voir le bout de leur pied.

Après avoir fait le tour du cimetière, ils vinrent passer tout près de Mathias, et laissèrent tomber à ses pieds les cierges qu'ils tenaient. Le dernier de la procession y jeta une sorte de grosse boule de cire, au milieu de laquelle brûlaient deux mèches.

» C'était ce jour-là la fête de tous les saints, et Mathias ne s'étonna point de voir des religieux faire une procession dans le cimetière. Seulement il s'émerveilla de ce qu'ils le gratifiaient d'une telle quantité de cire.

» Pourquoi, songeait-il, en ramassant les cierges et en les mettant dans un sac, pourquoi mon compère le fossoyeur ne m'a-t-il point parlé de cette riche aubaine? En tous cas, je ne lui en parlerai point non plus, et ma foi, puisque j'ai eu le mal, je veux avoir le profit. Part à moi tout seul!

» Je vais cacher ce sac sous mon lit, et dans un mois ou deux, quand mon compère ne pourra plus penser à la manière dont je les ai eus, je vendrai bel et bien les cierges, et j'en ferai une petite somme d'argent, dont je ne dirai rien à ma femme; elle me servira à passer plus d'une joyeuse soirée au cabaret. »

» Il le fit comme il l'avait dit, et le sac fut caché avec soin sous le lit de Mathias.

» Le lendemain c'était le jour des morts.

» A minuit, tandis que Mathias dormait, comme il faut, à côté de sa femme, on heurta trois coups à la porte. Mathias, encore à moitié endormi, alla ouvrir.

» Grande fut sa surprise en voyant la procession de la veille : plus grande encore fut la frayeur de sa femme.

» La procession fit en silence le tour de la chambre, et puis elle vint se mettre autour du lit où Mathias était retombé à l'aspect d'un pareil spectacle dans sa maison.

» Et puis tombèrent tout à coup et en même temps les draps qui enveloppaient, des pieds jusques à la tête, ce que Mathias prenait pour des religieux, et Mathias et sa femme virent une effroyable rangée de squelettes.

» Ils n'étaient pas entiers : il manquait aux uns un bras, aux autres une jambe, à ceux-ci des côtes, à ceux-là l'épine du dos.

» Le dernier n'avait point de tête.

» Alors le paquet de cierges cachés la veille sous le lit par Mathias, vint se mettre de lui-même au milieu de la chambre. Au lieu de cierges il ne s'y trouvait plus que des os de mort.

» Et chacun des squelettes se mit à dire :

— « Mathias, mon bras.

— « Mathias, ma jambe.

— « Mathias, mon dos.

— « Mathias, ma cuisse.

— « Mathias, mes côtes. »

» Et il fallut que Mathias rendît à chacun des squelettes l'os qu'il réclamait.

» Enfin, il ne resta plus dans le sac qu'une tête de mort, la même qui avait paru la veille à Mathias une grosse boule avec deux mèches.

» Le dernier squelette s'avança en sautant, et Mathias lui remit sa tête sur les épaules.

» Il faut vous dire que Mathias jouait du violon, et que cet instrument se trouvait accroché au mur.

» Un squelette détacha le violon, le mit entre les mains de Mathias, et lui fit signe de jouer.

Après quoi il se tint derrière Mathias, les grands os de son bras levés en l'air.

» Tous les squelettes se prirent par la main et commencèrent la plus effroyable danse que l'on eût jamais vue. Et quand Mathias voulait s'arrêter, le bras du squelette qui se tenait derrière lui le frappait sans relâche, pour le faire recommencer.

» Le jour parut enfin, et les squelettes se recouvrirent de leurs grands draps et s'en allèrent.

» Depuis cette nuit-là, ni Mathias ni sa femme n'ont jamais été dans leur bon sens. Il a fallu les mettre à l'hôpital où on les a gardés par pitié, et où ils n'ont point dit une parole jusqu'à l'heure de leur mort. Ce fut seulement avant de rendre le dernier soupir qu'ils racontèrent ce qui leur était arrivé. »

Le cordonnier se tut, et à son récit succéda un silence presque effrayant. Le rouet de la vieille s'était arrêté et la jeune fille écoutait la bouche à demi béante.

Enfin, elle dit :

— « Ce que vous contez, mon père, est bien terrible, mais la mort de Philippe est bien plus terrible encore.

« S'en aller de chez soi gai et bien portant, pour danser au village, à la noce de sa sœur.

« Et puis tomber vivant dans une carrière abandonnée, et y rester huit jours sans boire ni manger.

« Gratter la terre avec ses ongles, et s'user les doigts, en de pareils mouvemens de rage et de désespoir.

« Etre retiré enfin, après un si long temps.

« Souffrir trois jours ce que n'a jamais souffert personne. Mourir après cela, et laisser neuf enfans et une femme enceinte! »

— « Ma fille! dit le cordonnier en renforçant sa voix, quand le malheur est dans une famille, il n'en est point comme on veut, et il ne reste qu'à dire : La volonté de Dieu soit faite.

« Allons, femme, sers-nous le souper. »

L'AME DU PURGATOIRE.

Légende Flamande.

1825.

> Et que m'importent à moi le désespoir, l'opprobre, la mort? Que m'importe le courroux d'un maître outragé? Que m'importent la captivité, la misère? Si c'est pour toi, mon doux ami, que je souffre tout cela.
>
> Cette folle m'importune de son amour.
>
> (*Elle et lui.*)

Il y avait six années que Henri n'avait point vu le lieu de sa naissance.

Et ce soir-là il se retrouvait dans la chambre de sa mère; — à demi-couché dans le grand fauteuil qu'il affectionnait tant jadis. — Deux grosses bûches brûlaient dans la haute cheminée gothique et jetaient dans la chambre une lueur qui se reflétait, rouge et vacillante, sur les vieux portraits de famille, sur la tapisserie de cuir doré, sur les meubles de chêne à cannelures et de forme ancienne.

C'était comme au temps de son enfance. Rien n'était changé dans ces lieux, rien n'y manquait, excepté la bonne et sainte femme qui les habitait : sa mère! sa mère qui, depuis trois ans, n'est plus, hélas!

Il y retrouve sa cousine, alors la gente Lisette, délicieuse petite espiègle aux cheveux noirs et flottans, aux reparties malicieuses et naïves; sa cousine, à présent la pensive Élise, jeune fille au regard tendre, à la voix molle et qui fait tressaillir.

Et tous les deux, séparés depuis un temps si long, se complaisent au souvenir de leur enfance, temps heureux et passé pour jamais : des courses dans les campagnes, des folâtreries, des jeux naïfs, des riens, un bouquet de fleur, une jascrie, un hochet : ils trouvent à tout cela un charme doux, suave, inexprimable; des larmes emplissent leurs yeux, et l'émotion entrecoupe leurs voix.

Il était si bon; il savait si bien redevenir enfant pour lui complaire, lui, jeune homme grave et passionné. Les amusemens de la jeune fille étaient les siens Il l'entourait de plaisirs et de jeux; car alors il ne lui fallait que des jeux pour être heureuse!

Et puis ces histoires merveilleuses qu'il aimait tant à conter le soir, quand la nuit commençait à venir de même qu'à cette heure. Oh! elle n'en a point oublié une seule! Elles sont là toutes présentes à sa mémoire comme si elle les avait ouï conter hier.

Il en est une surtout qu'elle n'a point oubliée, une qui la charmait tout en l'attristant : l'histoire d'une ame retenue en purgatoire. Il devrait la lui conter encore, ce serait comme au temps de leur enfance.

Seulement, elle ne pourra plus, comme en ce temps là, grimper sur les genoux d'Henri, s'y blottir et l'écouter immobile, respirant à peine, et se soulevant à demi à l'endroit le plus attendrissant, — lorsque des larmes roulaient dans ses yeux, et que la voix du conteur s'altérait ellemême.

Henri soupira, et prenant la main d'Élise dans les siennes, il commença le récit que la jeune fille lui demandait.

« En ce temps là, l'ange Éloïm fit entendre dans le paradis un chant si doux et si pur qu'il obtint la récompense que le Seigneur accorde parfois à ses anges : — la permission d'aller consoler, par son aspect divin, les ames retenues en purgatoire.

» Éloïm déploya sur l'heure ses ailes blanches aux extrémités d'azur, et prenant son vol, il descendit du séjour des bienheureux à la demeure obscure et froide des ames en souffrance.

» Dès qu'il parut, dès que l'auréole qui émanait de sa belle chevelure eut éclairci les limbes, un cantique d'actions de grâces fut chanté par des milliers de voix qui bénissaient le messager du Seigneur.

— » Oh ! dites-nous, esprit divin, dites-nous quelles sont les joies ineffables du paradis. Consolez-nous, par ce récit des merveilles que nous sommes appelés à voir quand viendra le jour de la miséricorde du Seigneur.

» Voilà ce que demandaient les ames du purgatoire. Et le bel Éloïm leur répondait par des paroles merveilleuses et par des consolations qui leur faisaient oublier en quels tristes lieux elles se trouvaient.

» Il n'y avait qu'une seule ame, — une femme — dont les larmes ne tarissaient pas, et qui répétait avec désespoir un nom d'homme : « Paul ! Paul ! malheureux Paul ! »

» A l'aspect de la douleur que montrait l'infortunée, Éloïm se sentit saisi d'une tristesse profonde, et il oublia toutes les autres ames pour venir consoler celle-là.

» Mais elle ne pouvait être consolée, même par les douces paroles de l'ange : et il avait beau lui parler de la miséricorde du Seigneur et du bonheur de la vie éternelle, il avait beau lui promettre d'intercéder pour elle auprès de la mère de Dieu, si puissante auprès de son divin fils, l'infortunée répétait toujours : « Paul! Paul! malheureux Paul! »

» Éloïm s'enquit alors de cette femme quelle était la cause d'un si profond désespoir, et l'enveloppant de ses ailes pour empêcher que ses confidences ne parvinssent jusqu'aux autres ames, il l'écouta tant qu'elle fit entendre sa voix plaintive et interrompue de sanglots.

» L'esprit divin savait qu'il n'est point de plus grande consolation pour ceux qui souffrent sans espoir, que de les ouïr conter leurs douleurs, et d'y compâtir en s'attendrissant avec eux. Or, plus d'une fois durant le récit de l'ame, des larmes coulèrent des beaux yeux de l'ange.

» C'était une jeune femme, Béatrix, mariée, encore enfant, au sire Hugues de Noyelles, en Cambresis.

» Depuis deux ans, elle remplissait de son mieux et en digne chrétienne ses devoirs de femme, ayant respect et soumission pour son seigneur et époux, vieillard cauteleux, dur à vivre, et sans nulle loyauté à l'encontre de la pauvre Béatrix. Alors le nevèu du sire de Noyelles, messire Paul de Quièvy, advint au châtel de sire Hugues.

» Ledit messire Paul s'énamoura de dame Béatrix, et lui tint propos de tendresse. Béatrix résista long-temps et de son mieux, mais enfin la pauvrette se laissa aller aux douces paroles de messire Paul, et ils échangèrent leur foi, jurant d'attendre de meilleurs jours, et faisant serment d'être unis si le ciel octroyait à Béatrix l'heur de devenir libre. Sinon de mourir fidèles l'un à l'autre.

» Mais le sire de Noyelles avait entendu ces voix coupables, et sans montrer combien il en était outragé, il fit à savoir que le père de madame Béatrix, seigneur des états de notre saint père le pape, se trouvait au lit de la mort et désirait revoir sa fille Béatrix avant que de se départir de ce monde. Pour ce donc, il prit quatre hommes d'armes qui devaient escorter la litière de madame Béatrix, et les accompagna un bout de chemin.

» Il revint à deux mois de là, et depuis ce temps nul n'avait ouï parler de madame Béatrix. Paul n'osait s'enquérir quand elle reviendrait, car le sire de Noyelles ne répondait à de tels propos que par une effroyable colère et en maugréant.

» Las! il avait féri de sa dague, en plein cœur, madame Béatrix, et envoyé les hommes d'armes et leurs varlets en terre sainte, achetant leur silence et leur départie par grosse somme d'argent.

» L'ame de Béatrix s'était envolée vers le terrible juge qui devait décider de son sort. Son ange gardien se cachait des ailes son front consterné, et les démons se réjouissaient et criaient : « Adultère! adultère! Place, damnés, place! Voici » une nouvelle compagne! »

» Mais le Seigneur s'était montré sur la terre miséricordieux envers Marie-Magdelaine, et il lui avait été beaucoup pardonné parce qu'elle avait beaucoup aimé.

» Et le Seigneur se montra dans le ciel miséricordieux envers Béatrix, et il lui fut beaucoup pardonné parce qu'elle avait beaucoup aimé.

» Les démons hurlèrent de rage en voyant descendre dans le purgatoire celles qu'ils avaient regardée comme leur proie; mais ces cris de détresse se changèrent bientôt en cris de jubilation, car il advint sur l'heure une autre ame, le sire de Noyelles, lequel avait été occis par le mal Saint-Ladre.

» Le juge terrible des hommes ouvrit le livre divin, et il lut : Homicide point ne seras. Les anges pleurèrent en détournant la tète, les démons s'élancèrent sur le sire de Noyelles, et le rire effroyable de tous les damnés saluèrent l'arrivée parmi eux du sire de Noyelles.

— » O bon ange! reprit Béatrix quand elle eut parfait ce récit, mon Paul ignore ces terribles événemens; il ne connaît que le trépas du sire de Noyelles, et chaque jour pour lui se traîne dans une longue et douloureuse attente, car il se dit : J'ai la foi de Béatrix et elle doit s'en revenir pour l'accomplissement des sermens qu'elle m'a faits. »

» Et chaque heure, chaque semaine, chaque jour, chaque mois se passe de la sorte sans qu'il me voie revenir.

» Et il se tourmente, et il m'accuse, disant : Elle a forfait à sa foi promise.

» Bon ange, octroyez-moi de revenir sur la terre pour un jour seulement, et de pouvoir lui dire : Je suis trépassée pour toi, et la dernière parole de mes lèvres a été le nom de mon Paul.

» Cesse donc de m'attendre, ô mon bien aimé! car je ne suis plus sur la terre et nous ne nous reverrons qu'au ciel.

» Cherche en d'autres amours consolation, et, si faire se peut, heur doux et pérenne. Seulement au nom du salut de ton ame et par les souffrances que j'ai endurées pour toi, récite à mon intention quelques *De profundis*. Il me serait si doux de devoir à tes oraisons, mon Paul, un jour de moins de purgatoire, non point pour la souffrance évitée, mais parce que cela viendra de toi.

» L'ange Éloïm pleurait, car jamais il n'avait vu tant d'amour.

— « Et il dit à Béatrix : « Savez-vous, ame chrétienne, que pour obtenir telle faveur que de revenir sur terre, il vous faudrait souffrir mille ans de plus en purgatoire ? »

— « Oh ! j'y consens, j'y consens ! s'écria l'ame de Béatrix. Sur l'heure ! sur l'heure, bon ange ! »

» Éloïm prononça le nom de Jéhovah ! et l'ame de Béatrix s'en revint sur terre en la châtellenie de Quièvy.

» C'était devers l'heure de minuit ; mais nul ne dormait en ces lieux, car il s'y faisait souper joyeux et rien n'y manquait : mets délicats, vins comme il faut, clameurs joyeuses et belles filles.

» Le sire Paul de Quièvy criait plus haut que tous les autres, car l'ivresse avait empourpré son visage, et sa tête reposait sur les genoux d'une fille folle de son corps et quasi toute nue.

» Et il disait : « Donne un baiser, mignonne, et encore un, et encore un ; jamais tu ne m'en donneras assez. Redis avec moi cette chanson que je t'ai apprise et qui t'a fait rougir ce matin : c'est une belle chanson, celle-là. Mes amis, n'est-il pas vrai ? elle a fait rougir une fille bordelière.

» Allons, allons! à bas ce mantel! à bas cette collerette. Je n'ai jamais aimé les façonnières de retenue. Par mon épée! il m'a fallu, pour cette Béatrix dont je vous parlais tout-à-l'heure, faire le cagot et le vertueux durant trois grands mois! Aussi j'espère bien qu'elle est au fin fond de l'enfer, par punition de l'ennui qu'elle m'a causé. Qu'elle y reste, et du diable si jamais un *oremus* de moi l'en retire. »

» L'ame désolée de Béatrix s'en retourna en purgatoire.

» Et l'ange Éloïm l'attendait sur le seuil du purgatoire, et il l'emmena en paradis, car elle avait plus souffert durant l'heure qu'elle avait passée sur la terre, qu'elle n'aurait souffert durant mille ans de purgatoire. »

Durant toute cette légende, la main d'Élise était demeurée entre les mains de Henri, et elle ne l'en retira point quand il eut fini, et elle n'ôta point sa tête qu'elle avait appuyée sur l'épaule de l'ami de son enfance.

Vous dire quels propos tendres ils se répétèrent, quels autres souvenirs furent évoqués par eux, n'est point possible à des paroles humaines; car il y a des sensations que les mots n'expriment point : il faut pour cela des regards et des étreintes.

Ces sensations, ces souvenirs furent bien délicieux pourtant; car, maintenant qu'Élise et Henri sont vieux, leurs enfans les entendent souvent se remémorer, avec émotion, de la soirée où ils se revirent après six années d'absence, et où Henri raconta à Élise la légende de l'ame en purgatoire.

LA DÉLATION.

Aventure Française.

1826.

LE JUGE.

Accusé, faites connaître vos complices, et la loi vous renverra absous.

LE FAUX MONNAYEUR.

Condamnez-moi, à moi. J'aime mienx le couteau de la guillotine que ce nom infâme : *Délateur*.

(S. HENRY BERTHOUD, *Angoisses.*)

LA revoir !

C'était là une idée qui brûlait son cerveau, une idée qui le faisait s'agiter et se tordre dans la chaise de poste.

La revoir! quand depuis six mois il est loin, quand depuis six mois il n'a pas seulement entendu dire son nom : Clarisse!

Si, du moins, avant de la quitter, elle lui avait dit : « Paul, je vous aime! »

Il sait bien qu'elle l'aime, qu'elle l'aime comme jamais ange du ciel n'a aimé; il l'a lu dans ses yeux humides, dans sa voix émue, dans la pression indécise de sa main qui tremblait; mais jamais elle ne lui a fait cet aveu : « Paul, je vous aime! »

Avant d'entendre ces paroles, ces paroles qu'il aurait payées d'une année de sa vie, il lui a fallu partir, partir pour un long voyage, partir sans la revoir encore une fois.

Mais il s'agissait de la vie d'un frère; car son frère n'aurait pas survécu au déshonneur, et, sans la prompte arrivée de Paul, sans le sacrifice d'une partie de sa fortune, son frère aurait été déshonoré. Il ne pouvait donc pas hésiter, et il avait tout quitté, sa vie d'artiste, sa vieille mère, et plus encore peut-être, — Clarisse.

Mais il va la revoir, et elle l'aimera davantage de son départ, car son ame généreuse sait apprécier un tel sacrifice. Il va la revoir!... Oh! les sensations qu'il éprouve à cette idée lui feraient presque bénir l'absence.

Ah !... Ce jeune homme ne la quitte pas; elle n'a de paroles que pour lui, de sourires que pour lui. Ils ne dansent qu'ensemble. Le voilà qui se penche à son oreille; elle rougit, elle le regarde avec tendresse. Malédiction ! malédiction!

Et ses poignets se serraient, et ses dents claquaient.

A cet accès de désespoir succéda une joie pire encore; malaise inquiet, délire plein d'agitation et d'abattement; lassitude excessive, mêlée à un besoin impérieux de mouvement; les yeux lui brûlaient, la poitrine lui brûlait, la tête lui brûlait.

Quand deux heures vinrent à sonner, il lui fallut sortir du bal. Il y étouffait.

Il chercha vainement une chaise pour se reposer. Pas une seule ne se trouvait dans l'antichambre : c'est en vain qu'il ordonnait aux domestiques de lui en apporter une. Ils ne lui obéissaient pas, car vingt ordres nouveaux de la maîtresse de la maison leur faisaient oublier l'ordre de Paul.

Il se souvint alors qu'un vieux canapé se trouvait au bout d'un long corridor, justement en face de la salle où l'on dansait, et il alla s'y asseoir.

Là bientôt il éprouva des sensations étranges.

Il n'entendait plus la musique : seul le vague murmure des voix venait bruire à de longs intervalles, puis il se faisait un grand calme, pour être encore interrompu, quelques instans après, par une de ces indécises rumeurs.

Une fatigue extrême, la tiède et lourde atmosphère du corridor, son obscurité, les murmures du salon, après tant de chaleur suffoquante, d'agitation et de brouhahas, cette foule qui se mouvait et qui parlait sans bruit, les danses sans musique que l'on apercevait par l'embrâsure d'une porte éloignée, et comme à travers les ondulations d'une gaze transparente, plongèrent Paul dans une sorte de cauchemar, dont l'assoupissement n'émoussait ni les angoisses de l'ame, ni les facultés des sens, mais qui les comprimait toutes de sa main de fer, et en formait je ne sais quel assemblage exécrable, auquel venait se joindre une suffocation de poitrine et un fade déboire.

Il souffrait, en un tel état, au-delà de ce que l'on peut dire, et pourtant il ne se trouvait point la force d'en sortir, et même il y trouvait une sorte de charme inexplicable. On marchait autour de lui, on venait s'asseoir près de lui, sans qu'il y prît garde, sans qu'il fît un mouvement qui aurait mis fin à cette cruelle angoisse.

Voilà ce qu'il éprouvait quand une voix claire et qui grasseyait se mit à parler, à la gauche de Paul, et à lui tenir des propos confus qu'il entendait sans les comprendre, et qui ajoutaient encore à l'étrange de ses sensations.

Il lui semblait même que cette voix était un des prestiges de son rêve, car il y avait dans ces mots bizarrement articulés une moquerie qui s'associait à ses souvenirs et qui réveillait ses peines d'une façon cruelle.

« Ah! ah! disait la voix, comme cette jeune femme, vêtue de rose, s'abandonne avec mollesse dans les bras de son valseur. La connaissez-vous? Excusez-moi, monsieur, je n'habite point Lille. Quels regards ils échangent! Ou je ne m'y connais point, ou, sur ma parole, elle est justement parvenue à ce point d'imprudence qui précipite dans l'abîme du déshonneur. »

Dès les premiers mots de cet homme, Paul avait cru entrevoir dans l'ombre les traits du mari de Clarisse, et il comprit l'urgence de faire taire la voix qui révélait le fatal secret de la jeune femme; mais il éprouvait une sorte de jouissance si étrange à entendre ces paroles délatrices, et il y avait si peu d'énergie dans ses organes engourdis, qu'il n'y trouva point assez de volonté pour sortir de son horrible état, et qu'il laissa continuer la voix.

— « Maintenant elle repasse devant nous; comme son sein palpite! comme sa main presse celle de son amant! la voilà qui tire un papier de son sein; elle le lui donne. »

Et des spectres s'assemblaient autour de Paul; et ils tournaient sur lui leurs regards glacés; et il y avait une jeune femme qui cherchait à relever de ses deux mains la cervelle qui s'épanchait de son crâne brisé; et il y avait un jeune homme qui, de la main, se couvrait le cœur, et cette main était soulevée par la force du sang qui jaillissait d'une large blessure; et cette femme était Clarisse, et ce jeune homme était son amant.

Pendant cela, la voix continuait : « Comme ils se dévorent du regard! comme il étreint sa taille! Leur trouble est à son comble : ils se perdent! ils se perdent à tout jamais! j'en étais sûr : voilà leurs lèvres qui se rencontrent..... »

Un bruit soudain, terrible, réveilla Paul de son cauchemar. Un homme, le mari de Clarisse! courait à grands pas et saisissait sur la cheminée les pistolets de voyage de Paul. Deux détonations, et la foule avec horreur se précipite hors des salons.

Et Clarisse de ses deux mains cache son front ensanglanté, et son amant d'une main mourante presse la blessure qu'il a au cœur.

LE SORT.

1829.

> Vous ne sauriez croire tous les mauvais résultats que produit en Flandre la croyance aux sorciers. Dernièrement encore on a failli, dans une ville des environs de Valenciennes, étrangler une pauvre vieille femme que l'on accusait d'avoir ensorcelé un cheval qui se mourait de la morve. De plus, elle avait jeté un sort à un enfant.
>
> (*Lettres flamandes.*)

Depuis fort long-temps, il n'avait pas vu la vieille femme. Il fut surpris et affligé du changement survenu dans tous les traits de l'infortunée. Une maigreur extrême avait décharné sa figure pâle. Il y avait du cadavre dans ces os qui saillaient sous une peau livide, dans ces yeux caves et éteints, dans ces joues creuses et flétries. Jadis ses vêtemens, d'une propreté extrême, étaient disposés avec symétrie; maintenant leur désordre décelait l'insouciance apathique du malheur.

Remué à cette triste vue, il mit dans son accueil encore plus de bienveillance qu'il n'avait coutume de le faire. La vieille femme en éprouva une sorte de consolation : car nos maux deviennent moins amers, s'ils nous valent la compassion ou l'intérêt de personnes au-dessus de nous par leur supériorité morale ou par leur rang dans la société.

Il la fit asseoir près de lui; il la réconforta par de bonnes paroles, puis il s'informa des causes de sa tristesse. Il l'avait vu : ses chagrins étaient de ceux-là auxquels il ne reste qu'une consolation unique : celle de pouvoir satisfaire au besoin de les raconter, et de s'entendre dire ensuite d'une voix émue :

— « Oh ! oui, vous êtes bien à plaindre ! »

Pauvre femme ! sa fille unique était morte depuis quinze jours.

— « Si vous saviez, monsieur, disait-elle en essuyant les larmes qui remplissaient ses yeux, si vous saviez combien elle était résignée ! Elle est morte comme une sainte.....

« Maudite sorcière qui fit mourir mon enfant !

« Oui, monsieur, c'est un sort qu'on lui a jeté..... Un jour une vieille paysanne vint nous apporter de l'ouvrage. Quand il fut terminé, nous ne voulûmes pas le lui rendre avant d'en avoir reçu le paiement; car, monsieur, quand on est pauvre et que l'on n'a pour vivre que le travail de ses mains, on ne peut faire crédit à des inconnus.

« La paysanne nous pria long-temps de lui permettre d'emporter ce que ma fille avait ouvré pour elle. Sainte Vierge! pourquoi ne le lui ai-je pas accordé, quand j'aurais dû perdre le gain d'une semaine..... Mais nous ne voulûmes pas céder. Ma fille surtout s'y opposa ouvertement, car pour moi, je l'avoue, j'aurais consenti.

« Cela mit la paysanne dans une colère! Si vous aviez vu les yeux effrayans qu'elle faisait à ma fille. Vous ne voulez donc pas? dit-elle, adieu. Elle frappa légèrement sur la poitrine de ma pauvre enfant qui n'y prit pas garde, et elle sortit en grommelant d'une voix cassée des menaces que je ne pus comprendre.

« Le lendemain, ma fille se leva avec une fièvre violente, elle ressentait à la poitrine de grandes douleurs. Ce qu'elle aimait le mieux auparavant lui causait du dégoût; et elle, si gaie d'ordinaire, ne disait plus une parole, et restait toujours là immobile.

« Cela dura six semaines.

« Les médecins n'y comprenaient rien. Il m'en coûtait chaque jour de grosses sommes pour payer des drogues. Ces drogues restaient sans effet; le mal ne faisait qu'empirer.

« Je contais un soir mes chagrins à une de mes voisines, femme de grand sens. — Tenez, me dit-elle, j'en suis certaine, on a jeté un sort sur votre fille.

« C'était une idée qui m'était venue plus d'une fois à l'esprit.

« Cette vieille paysanne inconnue à laquelle nous n'avions pas voulu faire crédit, cette paysanne qui s'en était allée pleine de colère, cette paysanne qui avait touché ma fille à la poitrine, là où elle souffrait le plus..... Il n'y avait plus à en douter : c'était une sorcière, et la cause de la maladie de ma fille.

« J'avais ouï parler d'un berger, homme savant s'il en existe et qui connaît la médecine mieux qu'un médecin. Il possède des secrets admirables pour guérir toutes sortes de maux; et dans le temps, c'est lui qui leva le sort jeté sur une de mes cousines, à laquelle on avait donné le mal Saint-Ghislain *.

« Je le suppliai de venir voir ma fille. Quand il l'eut vue, il secoua la tête et dit : — C'est un

* Nom donné en Flandre à l'épilepsie.

sort, mais un sort que je ne puis lever. Elle en mourra. Du reste, vous saurez quelle personne lui a jeté ce sort, car le sorcier viendra chez vous, le jour où votre fille rendra le dernier soupir.

« Le berger n'avait dit que trop vrai, en disant qu'elle en mourrait! Le lendemain..... »

Ici les sanglots de la pauvre femme éclatèrent malgré ses efforts pour les comprimer.

Quand elle fut un peu remise, elle continua en ces termes :

— « On venait de l'ensevelir, et je priais à genoux pour le repos de son ame, quand on frappa doucement à la porte. Entrez, dit-on. Oh! monsieur, je vois paraître la sorcière.

« Va-t-en, lui criai-je. Va-t-en, scélérate, toi qui as fait périr mon enfant.

« Si vous aviez vu la feinte surprise de l'infernale créature! Hors de moi, je me jetai sur elle pour l'étrangler. Une de mes voisines me retint.

« L'hypocrite sorcière! Elle jurait ses grands dieux qu'elle ne savait pas ce qu'on lui voulait dire..... elle était aussi innocente que l'enfant qui vient de naître..... elle venait tout bonnement chercher l'ouvrage qu'elle avait donné à faire.

« Je le pris cet ouvrage, pour le jeter dans le feu, mais les forces m'abandonnèrent et je tombai sans mouvement.

» Quand je revins à moi elle était partie. Elle avait laissé sur une table l'argent qu'elle me devait. Je n'aurais point touché à cet argent pour tout l'or du monde. Il servit à faire dire des messes pour le repos de l'ame de ma pauvre enfant, que Dieu lui fasse paix et miséricorde.

Il écouta ce récit avec le respect que l'on doit au malheur, et quand la mère eut fini, il ne chercha point à lui démontrer que les sorts et la sorcellerie sont des superstitions absurdes : Les raisonnemens les plus justes et les plus convaincans seraient demeurés inutiles devant la croyance de préjugés dont on l'entoura dès le berceau.

Il consola la vieille femme du mieux qu'il put, et lorsqu'elle l'eut quitté, il soupira amèrement. Il songeait aux étranges et absurdes contradictions que l'on trouve parmi les personnes privées des lumières de l'éducation, parmi les personnes qui croient aux sorciers, et qui mettent en dénégation les bienfaits de la vaccine. Tout ce qui dégrade, tout ce qui ravale l'espèce humaine est accueilli avec empressement : on n'est incrédule que pour la vérité.

LE SOU DU MENDIANT.

1827.

Le pauvre. Pauvre aveugle, s'il vous plaît, ma-bonne dame.

L'aubergiste. Il n'y a rien à donner, mon brave homme; que Dieu vous assiste.

Le pauvre. Que le diable t'emporte; damnée femme, avare renforcée.

L'aubergiste. Quand plaira-t-il à Dieu de nous délivrer de cette canaille de mendians?

Si vous avez voyagé en Flandre, vous avez rencontré, il n'en saurait être autrement, quelque vagabond de grande stature, revêtu d'un sarreau en haillons, un gros bâton à la main, et dont une lourde paire de sabots accentuait fortement la marche traînante. Jamais les peines du cœur ou les pensers brûlans de l'ambition n'avaient appauvri sa chevelure longue, raide, épaisse et touffue; Gall aurait accusé d'incapacité son front bas et étroit; d'après Lavater, sa physionomie ne manquait pas d'astuce, et ses yeux ternes, ses traits dégradés par d'ignobles habitudes révélaient un être flétri dès ses jeunes ans par la paresse, la misère et de contagieux exemples.

Cet homme est le type du mendiant flamand. Chaque bourg, chaque hameau se trouve affligé au moins d'un pareil misérable. Plein d'insolence dans ses prières, persévérant jusqu'à l'opiniâtreté, il vient régulièrement, chaque semaine, percevoir une aumône qu'il regarde comme lui étant due légalement. « C'est mon jour, s'écrie-t-il après avoir murmuré une oraison inintelligible et dont on a bien du mal à reconnaître la langue primitive; je ne suis point venu la semaine dernière, vous me devez ma dernière aumône. »

Il s'arrête de la façon à chaque porte, recueille son tribut, et quand vient le soir il se présente dans une ferme, où l'on s'empresse de l'abriter dans la grange, et sur une bonne botte de paille fraîche, quelquefois meilleure que le lit du propriétaire.

Il n'est point, dans toute la Flandre, un fermier assez résolu pour refuser ni l'aumône, ni l'hospitalité à un mendiant. Malheur à lui, s'il le faisait; car bientôt les flammes rouges de l'incendie s'échapperaient en tourbillonnant du toit de ses granges et du dôme de ses meules de blé; bientôt on trouverait son cadavre gissant dans quelque sentier et la tête brisée par le coup terrible d'un bâton noueux.

De plus, un mendiant, en Flandre, est un personnage redouté et sur lequel se reflète tout le mauvais renom des sorciers et des jeteurs de maléfices.

Substituer à leurs murmures de prières, des malédictions, des paroles magiques dont la puissance occulte frappe d'affliction ceux qui refusent de les secourir, fasciner d'un regard les bestiaux et faire manquer les travaux de la ferme : voilà ce dont les accusent les bonnes femmes, voire la plus grande partie des habitans de la campagne. Il n'est point de fermier qui, le soir, ne réponde d'une voix amie au salut taciturne d'un mendiant, et qui ne s'empresse de faire dévotement le signe de la croix, en préservatif du sort qu'il aurait pu recevoir.

Mais, ce que l'on redoute le plus dans les campagnes, c'est l'aide d'un mendiant en quoi que ce soit, ou, pis encore, la possession d'un objet appartenant à un individu de cette classe dangereuse. Un malheur terrible s'y trouve toujours attaché; aussi la robuste servante, le garçon de ferme, le valet de charrue se gardent bien, non seulement de requérir l'aide d'un mendiant, mais encore de recevoir de lui le moindre service. Enfin, s'il tombe de sa besace un objet de la valeur la plus mince, on s'empresse de le restituer, car cela porterait malheur assurément à celui qui le conserverait, même sans le vouloir.

Les mendians encouragent de tels préjugés qui font respecter leur paresse et leur donnent cette puissance de la crainte que Tibère ne croyait point achetée trop chèrement quand il la payait au prix de la haine.

Durant mon enfance souffreteuse, les médecins firent connaître à ma famille que l'air pur et salubre de la campagne pouvait seul me rendre une santé que les soins excessifs et les précautions exagérées d'une mère idolâtre avaient rendue frêle et languissante. Il fut donc résolu, non sans peine, que j'irais passer quelques mois chez un fermier de mon père, brave homme qui jouissait d'une honnête aisance.

En arrivant au lieu de ma destination, j'y trouvai un enfant de mon âge, le bon Hubert, — plus haut que moi de la tête, aux cheveux blonds, au teint noir et aux grands yeux bleus.

Vous comprenez si je me réjouis de me voir associer un pareil compagnon, si je fus heureux de me voir affranchir de la tendre captivité où m'avait renfermé jusqu'alors la sollicitude craintive de ma mère! C'était merveille que de nous voir,

Hubert et moi, courir toute la journée à l'ardeur du soleil et sans aucune surveillance.

Dix fois plus robuste que moi et fier du sentiment de sa supériorité physique, Hubert veillait avec une tendre sollicitude sur son petit camarade. Nul enfant dans le village n'aurait osé me faire la moindre insulte; les poings de mon protecteur l'en auraient châtié aussitôt. Si j'étais fatigué, Hubert me portait dans ses bras. Fallait-il gravir une côte, Hubert me tirait à lui par la main. Quand j'hésitais à mettre le pied dans quelque mare fangeuse, il me hissait sur ses épaules, et se mettait à courir avec gaieté et en sifflant, comme pour mieux prouver qu'il ne haletait point sous son fardeau.

Et puis, il supportait avec une patience angélique mes caprices d'enfant gâté. Rien ne le fatiguait, rien ne le rebutait, rien ne l'irritait; son amitié pour moi donnait à cet enfant une patience d'homme mûr, ou bien il m'aimait comme un jouet précieux, et dont il craignait de casser les ressorts en les comprimant.

Un jour, que nous nous étions bâti avec des rameaux une sorte de petite chapelle, et que nous nous extasions devant cette œuvre merveilleuse, il vint à passer un marchand d'images grossières. La même idée nous frappa mon camarade et moi; si nous pouvions décorer notre chapelette d'un ornement pareil ! Mais, pour cela, il fallait un sou, et nous ne le possédions pas !

Dès ce moment notre chapelle, construite avec tant de peine et naguère si parfaite à nos yeux, nous parut triste et pauvre. Découragés, nous nous assîmes à quelques pas de là sur une pierre ; et ce fut à voix haute que nous fîmes tout haut des châteaux en Espagne, désirés bien ardemment, et qu'il ne fallait qu'un sou pour réaliser.

Un grand homme, à mine peu avenante et dont l'accoutrement déguenillé, le bâton à bourrelet et la besace indiquaient du reste la profession, entendit nos doléances naïves. Il trouva piquant, sans doute, lui pauvre hère, d'accomplir les vœux de deux êtres ; et prenant dans sa main une poignée de menues monnaies, il y choisit un sou, et en gratifia Hubert.

Nous nous prîmes aussitôt à courir après le marchand d'images ; mais il nous fut impossible de le rejoindre, et il fallut revenir sans avoir dépensé notre petit trésor.

Quand la grand'mère de mon compagnon nous vit jouer avec une pièce de monnaie, et qu'elle sut la main dont nous la tenions, la bonne femme témoigna les plus vives inquiétudes. — Chers petits, dit-elle, retournez bien vite à l'endroit où vous avez laissé le mendiant, et rendez-lui sa maudite pièce. S'il est parti, s'il vous est impossible de le rejoindre, tout-à-fait impossible, — entendez-vous bien, mes enfans, — jetez le sou dans le premier fossé venu. Non, attendez; il vaut mieux le glisser dans le tronc qui se trouve au pied du Calvaire.

Vous sentez que les discours de la vieille nous remplissaient d'effroi, et que nous courûmes vite à la recherche du mendiant : il nous fut tout-à-fait impossible de le retrouver.

Durant nos courses et nos investigations, les transes et les inquiétudes que nous avaient inspirées les propos de l'aïeule d'Hubert s'affaiblirent peu à peu, et firent place à une gaieté que l'on ne perd jamais pour long-temps à l'âge que nous avions.

Bientôt même, la pièce de monnaie que naguère nous osions à peine regarder nous servit de jouet! Hubert la faisait rebondir et rouler sur les pavés de la route. Nous cherchions à la saisir de nos petites mains; nos éclats de rire redoublaient à chaque nouvelle course du sou, et rien n'égalait notre plaisir, quand la pièce de monnaie alla frapper l'essieu d'un charriot et tomber près de la roue. Hubert voulut ramasser notre jouet. Oh!... Mon pauvre Hubert fut saisi par la roue! Elle lui broya la tête.

Sa grand'mère me rappelait encore, il y a peu de temps, cette aventure effroyable; et elle demandait avec des sanglots de désespoir, pourquoi le bon Dieu octroyait aux mendians un si terrible pouvoir de faire le mal et d'ôter ainsi les enfans à leurs mères.

LA BAGUE ANTIQUE.

1829.

Oh! dites-moi que c'est un rêve... N'est-il pas vrai que tout cela est un rêve?

(Owen.) *

Pauvre raison humaine, qui ne sait pas distinguer un songe du réveil, une illusion d'une réalité!

(Alfred Mercier.)

Mon cher Édouard, depuis quinze ans l'amitié la plus dévouée nous unit l'un à l'autre.

C'est-à-dire que, depuis quinze ans, tu me soutiens, tu me consoles; c'est-à-dire que, depuis quinze ans, toi si grave, si positif, si supérieur aux écarts fougueux de notre âge, tu écoutes patiemment et tu consoles avec persévérance les chagrins d'un malheureux jeune homme, qu'une imagination désordonnée entraîne sans cesse loin du réel et du raisonnable, qu'une force irrésistible, funeste, inouie, ne se lasse point de livrer aux conséquences d'une sensibilité romanesque et pleine d'exaspération.

Écoute, Édouard : maintenant, plus que jamais, j'ai besoin de cette amitié!

Écoute, car je vais t'écrire; je n'ose aller te trouver pour te le dire, tant j'en ai honte. Je vais t'écrire un récit auquel tu ne croiras pas. Il fait naître le rire et le mépris sur le visage de quiconque l'entend, il me fait traiter d'insensé.... Mais toi, mon ami, tu ne riras pas, n'est-ce point?... tu ne me diras pas que je suis un fou, un maniaque, un rêveur; cela m'affligerait bien, et tu crains tant de m'affliger!

Et puis, ils ont beau me donner tous ces noms insultans qui me désespèrent, qui de rage me font serrer les poings et battre la terre du pied, ils ont beau refuser de me croire, je n'en ai pas moins éprouvé ce que j'ai éprouvé : je n'en ai pas moins vu ce que j'ai vu. Oh! s'il m'était permis, à moi, de le révoquer en doute... Mais le souvenir de cette scène exécrable s'acharne après moi... je ne peux m'y soustraire... cela est impossible... Là, toujours là!...

Va, Édouard, quand on souffre comme je souffre, on est bien à plaindre de ne pouvoir faire croire à ses souffrances! Oui, oui, on est bien à plaindre!

Mon ami, tu ne connais pas en entier mes peines morales. Tu sais les obstacles qui s'opposent à mon mariage avec Laure, tu sais combien chaque jour ils deviennent et plus nombreux et plus insurmontables; mais, ce que tu ne sais pas, Édouard, ce que tu ne sais pas, c'est que la jeune fille s'est effrayée de voir l'amour accompagné de tant de tourmens. Elle a levé les yeux avec terreur vers l'avenir, elle les a reportés derrière elle avec regrets: j'ai lu dans son cœur; elle préférerait un bonheur négatif, mais paisible, à l'ivresse amère d'une tendresse ardente, sublime, mais pleine de trouble et d'agitation.

Alors j'ai pris la résolution de souffrir seul; de ne pas associer cette frêle créature à la funeste destinée qui pèse sur moi.

Je lui ai écrit que je renonçais à elle, puisque mon amour lui coûtait tant d'angoisses. Elle m'a répondu par une lettre, humide de larmes, et dans laquelle elle acceptait mon sacrifice.

Oh! je le lui offrais bien sincèrement; oui, le ciel m'en est témoin!... et cependant, Édouard, mon cher Édouard, je ne saurais te dire le mal qu'elle m'a fait en acceptant ce sacrifice!

Tu m'as dit souvent qu'une bonne action, qu'un grand acte de courage soutenait l'ame et rendait moins durs les sacrifices imposés par le devoir.

Mon ami, je ne l'ai point éprouvé, je te l'avoue!

Mais j'ai reconnu, du moins, la justesse d'une autre de tes observations; c'est que l'étude, seule, charme et assoupit les peines morales. Lorsque l'on s'identifie à des personnages imaginaires, lorsqu'on leur approprie ses chagrins, lorsqu'on les fait pleurer de ses malheurs, lorsqu'on s'attendrit de sensations et de tourmens devenus communs à eux et à nous, il semble que l'on ne soit plus seul à souffrir, que l'on épanche ses souffrances dans le sein d'un ami, et qu'une voix secrète plaint, encourage et console.

Il y a deux mois, j'avais passé la nuit à écrire près d'un grand feu. Mes idées se succédaient avec rapidité; des pages, couvertes de ma grande écriture en désordre, s'étaient amoncelées sur mon bureau; elles se trouvaient remplies de pensées lugubres, d'événemens bizarres, de phrases entrechoquées, sans suite, sans intérêt pour tout autre que moi ou toi; toi, mon Édouard, qu'une amitié sans exemple a rendu familier à mes idées extravagantes, à mes fougues d'imagination, à mes accès de désespoir.

Quand vint le matin, mon sang ne s'était pas rafraîchi, ma tête n'était pas devenue moins pesante; mais j'avais pu me soustraire à moi-même durant toute une nuit, et c'était beaucoup.

J'avais ordonné la veille que l'on me préparât un bain, dont le docteur Fremont m'a recommandé plus que jamais le fréquent usage. Je n'eus que le temps de passer dans la salle de bain, car ma lampe, faute d'huile, allait s'éteindre, et j'étais à peine dans l'eau qu'elle jeta une dernière lueur et me laissa dans une obscurité complète.

Ici, mon cher Édouard, je te renouvelle ma prière de tout à l'heure : ne ris point de moi, ne révoque pas en doute ce que tu vas lire, car tu me ferais un mal!

Je ne tardai pas à me laisser aller au bien-être du bain. Une molle tiédeur rafraîchit en les détendant mes membres, échauffés par de longues veilles. Mon front brûlant de chagrin s'enveloppa d'une moiteur bienfaisante; mes idées se suspendirent sans cesser tout-à-fait, et mes yeux se fermèrent sous un assoupissement graduel.

Je me trouvais depuis quelques instans dans cette situation délicieuse, quand je crus entendre autour de moi un vague murmure : il me sembla même voir à travers mes paupières je ne sais quelle lueur; mais je me sentais si bien que je n'avais pas la force d'entrouvrir les yeux, de me bouger, ou de bégayer une parole, et, quoique étonné du mouvement qui se passait autour de moi, je ne pus prendre la résolution d'en connaître le motif.

Il éclata une secousse comme un coup de tonnerre, mais plus sec, plus déchirant.

Je m'éveillai en sursaut : devant moi se tenait un être moqueur et désespérant. Il me regardait comme jamais n'a regardé un œil d'homme.

Sa vue me suffoquait; elle me faisait souffrir au-delà de toute expression.

Il avança la main gauche et me montra la bague antique que, tu le sais, j'ai achetée d'un Juif.

Ensuite, le spectre passa la bague sous mes yeux, comme pour mieux me prouver que c'était la mienne : il me laissa le temps de reconnaître les cannelures de son gros anneau et ces deux figures d'animaux gravées sur la pierre noire du chaton.

Après quoi, il éleva la main droite. Il me montra trois doigts. Il prononça le mot *trois*. Il me frappa d'un grand coup à la tête. Il disparut.

Quand je repris connaissance j'étais dans mon lit, et entouré de personnes qui me donnaient des soins.

Attiré par un cri perçant on était accouru; on m'avait trouvé à demi-noyé dans le bain : quelques instans plus tard c'en était fait. Pourquoi, hélas! m'a-t-on rappelé à la vie!

Mes premières paroles furent pour demander à mon domestique la cassette où se trouvaient mes bijoux et la bague fatale.

A cet ordre, il pâlit, et frissonna de tous ses membres. Un rire amer contracta ses lèvres.

« — Que Satan me foudroie, bégaya-t-il, vous savez tout! »

Je crus que ce misérable faisait allusion à mon rêve de tout à l'heure; car je croyais encore que c'était un rêve.

Et puis tout à coup une autre idée, une idée absurde passa comme l'éclair devant mon imagination. Je m'y attachai avec transport. L'apparition de tantôt, c'est une plaisanterie de mes amis : ils auront gagné Antoine.

— « Oui! je sais tout, m'écriai-je. Tu seras puni comme tu le mérites. »

Antoine sortit au désespoir. Cinq minutes après j'entendis une explosion.

Je cours à la chambre de mon domestique...... Il venait de se brûler la cervelle.

Il avait laissé une lettre pour moi. « Monsieur,
» je suis un misérable. J'ai volé tous vos bijoux.
» Je suis déshonoré; je meurs. »

La fièvre, un accablement insupportable s'emparèrent de moi à cette lecture. Il fallut me mettre au lit dans un état à faire pitié.

Édouard, aussi vrai que je crois en Dieu, la figure de la veille bondit à mes regards durant toute la nuit. Seulement elle ne me montrait plus que deux doigts; seulement sa voix vibrante prononçait le mot : *deux!*

A présent, ses discours et ses gestes mystérieux n'étaient que trop clairs pour moi. La fatale bague devait coûter la vie à trois personnes. L'une d'elles avait subi son sort.

Durant ma convalescence on m'apprit qu'une jeune femme, pauvrement vêtue et portant sur le bras un petit enfant, était venue me demander à plusieurs reprises. Elle suppliait avec instances pour qu'il lui fût permis de me parler.

Je donnai ordre qu'on me l'amenât si elle revenait encore. Une heure après on l'introduisait dans ma chambre.

Jetant les yeux sur cette infortunée, pâle, les yeux rouges de larmes et se soutenant à peine, je compris qu'elle avait beaucoup souffert, mais plus encore de peines morales que de maux physiques.

— « Antoine m'aimait, » dit-elle.

Et ses genoux plièrent sous elle; et si un fauteuil ne s'était trouvé là, elle serait tombée sur le parquet.

— « C'est pour moi qu'il a volé, pour moi qu'il est mort. Je suis..... Voilà son fils. »

J'étais navré des sanglots de la pauvre fille.

— « Tenez, monsieur, reprenez cette bague. Il ne me reste que cela de ses dons. Je ne l'avais pas encore vendue pour vivre. Reprenez-la, monsieur; mais ne me dénoncez point à la justice. Que deviendrait mon enfant, le seul bien qui me reste; que deviendrait le fils du pauvre Antoine, si l'on me jetait en prison ? »

Elle me présentait l'anneau, et moi, accablé par le souvenir de ma vision, désespéré de reconnaître combien elle avait dit vrai, glacé d'effroi en songeant aux malheurs qu'elle présageait encore, je restai immobile et absorbé par mes pensers lugubres!

Pauvre créature! elle crut que je repoussais ses supplications : elle se jeta à mes pieds, elle saisit ma main, elle la baigna de larmes.

La douleur de l'infortunée me fit sortir de ma rêverie. Il faut anéantir cette bague! m'écriai-je. Qu'elle ne soit plus funeste à personne. Donnez-la; hâtez-vous.

L'enfant, pour se jouer, l'avait prise des mains de sa mère qui la lui avait cédée nonchalamment. Il l'avait portée à ses lèvres.

Tout à coup il jette un gémissement, se raidit convulsivement et retombe. — Sa mère n'étreignait plus qu'un cadavre.

La bague renfermait dans son chaton un venin mortel.

Et la figure horrible qui me poursuit apparut au-dessus de la mère au désespoir... Et cette fois elle ne parla plus; mais sa longue main dressait un seul doigt.

Quelle sera la troisième victime?

Édouard! voici une idée qui me luit pour la première fois : une idée que le ciel m'inspire; je le tiens pour sûr.

Dis-moi, si je mettais un terme aux malheurs causés par cette bague infernale. J'ai perdu tout ce qui m'attachait à la terre. L'existence me pèse, elle m'est à charge.

Si je détournais la fatalité qui menace un autre en l'attirant volontairement sur ma tête.

Le fantôme l'a prédit, et je ne suis que trop forcé de croire à ses prédictions. Il faut encore une victime! une seule. La providence me châtierait-elle de me dévouer en cette occasion?

Déjà depuis long-temps j'aurais voulu m'affranchir de la vie. La crainte du courroux céleste me retenait; à présent Dieu me bénira de mourir.

Tiens! voilà le fantôme qui revient. Il me fait signe que je puis mourir.

Adieu!

LE SÉMINARISTE.

1830.

> Il n'y a point de lieu que je n'aimasse mieux avec toi, mon doux Henri, que les plus beaux palais du monde. Oui, mon ami, il me semble que je préfèrerais au paradis sans toi, une éternité de douleur avec toi. C'est que pour moi, tu es plus que le repos, que le bonheur, que tout un monde. C'est que je t'aime plus que je ne saurais le dire, que je t'aime comme tu sais aimer.
>
> (Lettres d'amour.)
>
> N'est-il pas vrai que nous ne nous quitterons plus?
>
> — La tombe n'est-elle pas là?...
>
> (Maurice Pteuginter, *Contes allemands.*)

Je veux faire un pari de quatre pièces d'or avec vous.

Je veux parier que personne de vous, bonnes gens de Paris, ne sait net et bien au juste ce que c'était qu'un percepteur des contributions directes, dans une commune de deux mille ames, sous les ministères de MM. Villèle et Polignac.

Faites donc cercle autour de moi; et oyez de toutes vos oreilles. Je vous le conterai tout bonnement et à ma façon.

Un percepteur de campagne est un homme à qui l'on donne quinze cents francs par an.

Pour gagner cette grosse somme, il lui est enjoint de faire choses diverses, parmi lesquelles de ramasser trente à quarante mille francs dans trois hameaux, où le plus riche des ménages n'a jamais deux écus blancs en son éparmaille. Si au jour marqué, ledit percepteur n'a point rassemblé en bel et bon argent la somme requise, tant pis pour lui, il faut qu'il y mette de sa poche.

C'est merveille, aussi, de voir comme un percepteur se départ de sa résidence, au point du jour, chaperonné d'une coiffure à longs bords, s'il fait soleil; et empaqueté en un manteau, s'il pleut, vente, grèle ou neige.

Sitôt qu'il arrive en un village, malheur aux contribuables, (ainsi les nomme-t-on), qui ne se trouvent pas en *mesure;* c'est encore là le mot propre. Il leur advient d'abord les sommations sans frais, puis les sommations avec frais, puis menace de garnison collective.

Ils ont beau crier : « je n'ai rien, misère me poigne, » le garnisaire ne tarde pas à venir chez eux, animal bipède, brutal, dévorant, ivrogne sans jamais perdre sa raison. Justice, ainsi que vous le voyez, se montre fine et bonne, gaspillant en pure perte le maigre avoir de son débiteur, afin de l'aider à payer.

Or, celui dont je vous parle était percepteur des contributions en une commune de trois mille ames. Nul ne gérait si bien, ni plus loyalement : jamais au grand jamais il ne s'était trouvé en retard d'un centime au jour du versement à la caisse du receveur particulier.

Aussi, quand venait le soir, il restait coi en son logis, ou n'osait sortir qu'à la dérobée, encore était-ce muni de pistolets en bon état. Cela ne l'empêchait pas toujours, néanmoins, de s'entendre siffler aux oreilles, ou de se sentir tomber sur le dos quelque grosse pierre lancée par je ne sais quelle main.

Du reste, chaque dimanche, exact à se rendre en ville, pour aller ouïr révérencieusement la messe, toujours à l'heure où M. le sous-préfet venait y faire ses oraisons. Un mécréant se serait senti édifié de voir le digne chrétien à genoux retourner les feuillets d'un livre d'heures, et réciter, en remuant les lèvres, des litanies et des psaumes : non compris les bons *meâ culpâ* dont il frappait sa poitrine, et les yeux blancs qu'il tournait vers le ciel, quand tintait la sonnette de l'élévation.

Il arriva un jour qu'un domestique de M. le sous-préfet apporta une lettre au percepteur, et que le percepteur omit de le gratifier de quelque aubaine. Il avait pourtant fait deux lieues : c'était en temps d'élection; et pour en obtenir de *bonnes*, on n'épargnait, vous le savez, ni les messages, ni les bons soins des percepteurs.

A trois jours de là, même motif ramena ledit domestique au logis dudit percepteur. En attendant réponse, il s'introduisit dans la cuisine où la dame de séant, bonne ménagère s'il en fut, apprêtait un poulet d'appétissante apparence.

A l'entrée malencontreuse et subite du domestique administratif, le poulet fut tôt caché, car c'était par un vendredi. Mais un coup-d'œil avait suffi au bénin personnage; et la dame eut beau, quand il s'en alla, doubler la gratification d'usage, le sous-préfet n'en fit pas moins le lendemain au pauvre percepteur une mine des plus sévères.

L'honnête père de quatre enfans n'en dormit pas de toute la nuit.

Le lendemain il alla à confesse, il communia solennellement; et comme par bonheur il y avait procession, il la suivit tête nue, chantant haut et clair, ni plus ni moins qu'un chantre, et répondant plus haut qu'aucun autre des fidèles : *ora pro nobis*, ou *libera nos, Domine.*

Apparemment qu'œuvre de piété, ainsi que le bois de Sganarelle, est salée de par tous les diables : car lui, si rangé et de mœurs si édifiantes, il passa au café le reste du jour, buvant seul et à demi-rasade une bouteille de vin de Bourgogne.

Quelqu'un, par hasard, lâcha le célèbre mot *conséquent*, alors fort à la mode.

Le percepteur,... — il fallait que le vin de Bourgogne lui eût bien troublé la raison, — le percepteur,...—il n'y a que Dieu pour savoir comment il pût songer à pareille chose, — le percepteur dit à cet homme qu'il parlait comme un ventru.

Hélas! il s'avisa à l'instant même de l'immense faute qu'il venait de commettre. Pour se donner contenance, il prit machinalement un journal : miséricorde! c'était le *Courrier Français*.

Il le rejeta comme on rejetterait un morceau de fer rouge.

Mais il était trop tard. Un honnête jésuite, qui depuis long-temps enœillait, pour un sien neveu, la place du percepteur, avait tout vu. Et sans perdre un moment, il courut sonner à la porte du sous-préfet dont l'hôtel se trouvait en face du café. Il n'en sortit qu'une heure après, tant son rapport avait été long et écouté à loisir, et alla tout droit à vêpres. Vous sentez si la jubilation de cet honnête homme fit mal au pauvre percepteur!

Sa destitution était infaillible.

La mort dans le cœur il reprit lentement la route de son village, et à peine arrivé il lui fallut se mettre au lit, car il grelotait de fièvre. Sa famille, inquiète de l'altération de ses traits, s'informa des motifs qui l'avaient produite; mais il l'attribua à un malâise soudain. Hélas! songeait-il, les infortunés n'apprendront que trop tôt le coup qui va les jeter dans la misère!

J'avais, ce jour-là, chassé depuis le lever du soleil, et, fatigué plus que je ne saurais le dire, je gagnais de mon mieux la ville, dont me séparaient encore deux longues lieues, quand le village où réside M. Lefebvre (ainsi nomme-t-on le percepteur dont je vous parle) m'apparut avec son clocher grêle, au milieu d'un petit bois.

Sans le vouloir je cessai de marcher, et ma fatigue me parut plus grande que jamais.

Et puis, je me pris à songer à un accueil bienveillant et jovial, à un grand fauteuil près d'un feu qui pétille, à un souper abondant, à un lit chaud et mollet.

Madame de Staël a dit que « le meilleur moyen de se débarrasser d'une tentation, c'est d'y succomber. » Je suivis le conseil de madame de Staël, et je pris le petit chemin de traverse qui s'alongeait à mes pieds et qui conduit à la maisonnette de M. Lefebvre.

Arrivé devant sa porte, j'y heurtai de la crosse de mon fusil et m'écriai joyeusement : « Holà ! je viens vous demander un gîte. » La porte s'ouvrit ; madame Lefebvre me fit bonne réception ; mais, malgré cela, du premier coup-d'œil, il me fut aisé de voir que mon arrivée gênait.

J'aurais donné tout au monde pour sortir de cette fausse position et pouvoir retourner sur mes pas ; mais il était trop tard.

La bonne madame Lefebvre lut sur mon visage ce que je pensais, car elle s'empressa de m'expliquer la cause de son embarras.

« Mon mari, dit-elle, s'est trouvé malade en revenant de la ville ; je crains bien qu'il n'ait appris quelque chose de fâcheux, car je le crois plus malade d'inquiétude que de fièvre. »

Je demandai à le voir ; on me conduisit dans la chambre, où il était couché, et l'on nous laissa seuls. A ma vue, le pauvre homme me tendit la main, étreignit convulsivement la mienne, et se prit à pleurer.

Il me conta ensuite ce qui lui était advenu et les craintes qu'il avait.

— « Oh ! mon cher monsieur, ajouta-t-il en terminant, qu'il est affreux de n'avoir d'autre moyen pour subsister, soi et sa famille, qu'une misérable place, pour laquelle il faut craindre sans cesse, pour laquelle il faut chaque jour faire le sacrifice de ses croyances, de ses opinions, de son honneur. Mieux qu'un autre, vous savez tout ce que j'ai fait!... Malheureux! j'ai été jusqu'à laisser faire prêtre mon fils, mon pauvre Étienne, entraîné par une dévotion irréfléchie et subjugué par d'insidieux conseils... Hélas! que de chagrins lui préparent dans cette carrière sa faiblesse de caractère, son enthousiasme inconstant et sa sensibilité romanesque. Je voulus opposer à cette folle résolution mon autorité de père; on me fit savoir que si j'apportais le moindre obstacle à ce qu'ils nomment la vocation de mon fils, j'étais destitué sur l'heure; il fallut me courber et me taire. Demain, il sera prêtre.

« Faut-il vous avouer ma faiblesse, et vous laisser voir à quelle extrémité la misère me réduit?.... Je suis assez lâche pour me réjouir, malgré moi, de cette résolution insensée de mon fils; pour espérer que son accomplissement empêchera peut-être ma ruine.... Mon Dieu! quels exécrables pensers donne la misère! »

Je ne saurais dire ce que me fit éprouver cette lutte d'un honnête homme dans la perpétuelle alternative ou de forfaire à sa conscience, ou de ruiner sa famille.

Je l'encourageai de mon mieux ; je lui fis envisager les choses sous un point de vue moins désolant, et je parvins à lui rendre une sorte de calme et presque de l'espérance.

Sa femme vint nous interrompre, et j'en fus bien aise, car l'air pesant et malsain que l'on respirait dans la petite chambre du malade, joint à mon extrême fatigue et à l'émotion que me causaient les confidences du percepteur, me rendaient le front brûlant, lourd, et m'affadissaient le cœur.

Je m'empressai d'aller au grand air, mais il n'apporta point de soulagement à mon malaise.

Des nuées noires chargeaient le ciel; des éclairs se succédaient si prompts que ma vue en était fatiguée; je respirais avec peine, et il y avait dans tous mes nerfs je ne sais quelle impatience, mélange d'agitation et d'abattement.

Je m'assis à l'entrée d'une petite cabane, au fond du jardin.

Là, ce que m'avait dit de son fils Étienne le malheureux percepteur, revint à mon imagination et s'en empara fortement.

Étienne était mon camarade de collége; pendant six ans nous ne nous étions pas quittés; tous les deux d'une santé débile, tous les deux plus amis d'un roman que d'une partie de balle, nous n'avions point tardé à nous unir de cette tendre intimité qui s'empare si fortement de deux jeunes adolescens. D'un caractère plus faible que le mien, Étienne ne se laissait conduire, la plupart du temps, que par mes avis, et sa confiance en moi était sans bornes. Mon affection pour l'excellent Étienne n'était pas moindre, et je me prêtais avec complaisance aux écarts de son imagination étrange et parfois délirante. Un autre se serait moqué de ses idées bizarres, de leur exagération, de leurs fougues fantasques; épris fortement de tout ce qui tient du merveilleux, je trouvais à la conversation d'Étienne l'attrait que l'on trouve à un conte qui fait frissonner.

Il fallut nous séparer enfin; et quand, après dix ans d'absence, nous nous retrouvâmes, j'étais devenu mou, sceptique et désenchanté, lui il venait de recevoir la tonsure.

Je lui fis quelques observations; il y répondit avec âpreté, et depuis lors nous ne nous vîmes que rarement et avec froideur, car nous ne nous comprenions plus : néanmoins, mes relations avec sa famille n'en souffrirent point, on le voit, et il m'arrivait de temps en temps, comme ce jour-là, lorsque la chasse m'entraînait trop loin, d'aller demander un gîte à M. Lefebvre.

J'étais tout entier à ces souvenirs d'enfance; je me demandais, avec non moins d'anxiété que son père, quel serait bientôt le désespoir d'Étienne en se voyant enchaîné par des vœux mystiques qui s'accommodaient si mal avec son caractère, lorsque je vis un homme vêtu de noir s'avancer vers moi précipitamment et avec un geste de mystère.

C'était Étienne.

Ses vêtemens étaient en désordre, sa tête nue, et il attachait sur moi un regard égaré. Il s'assit près de moi, le visage couvert de ses deux mains, et sans répondre à mes questions.

« Henri, me dit-il enfin, je vais te faire une étrange confidence; je vais mourir tout à l'heure. Ne m'interromps pas, dit-il en posant sur ma main une main brûlante et décharnée, laisse-moi dire. Chut! je vais mourir tout à l'heure, et je suis damné! »

C'était un fou qui me parlait, il était aisé de le voir, et pourtant je ne pus m'empêcher de frissonner.

— « J'ai voulu visiter encore une fois la maison de mon père, continua-t-il sans remarquer ce mouvement, j'ai voulu appuyer contre les vitres de sa chambre mes joues pâles et creuses, et le voir, lui, ma mère et mes sœurs; mais sans qu'ils m'aperçussent, sans leur dire une parole, car mes instans sont comptés, et le désespoir ne commencera que trop tôt pour eux.

« Je suis damné, Henri, damné pour l'éternité! J'ai donné mon ame à un esprit d'enfer : il me la rendrait que je préférerais encore l'enfer au paradis; car je l'aime, ce démon, je l'aime plus qu'une éternité de bonheur. Pour lui, j'ai renoncé au sacré caractère de prêtre de Jésus-Christ, j'ai renoncé au bonheur de faire l'aumône, de réconcilier un pécheur avec Dieu, j'ai renoncé aux extases de la prière! Je veux mourir aujourd'hui pour être plus vite à lui, pour ne plus le quitter jamais!

« Écoute, Henri. Il y a deux mois, je récitais mon bréviaire; je priai d'abord avec ferveur, mais peu à peu, d'autres pensers préoccupèrent mon imagination et l'entraînèrent bien loin.

« Je me mis à songer à une ame qui répond à chaque penser de notre ame, à des transports de tendresse et d'amour, à un brûlant lien d'affection sublime que rien ne saurait affaiblir ni briser. Un soupir m'échappa.

« J'entendis à mes côtés un soupir répondre au mien.

« Il y avait là un être dont la vue faisait mal et ravissait, un être comme ne saurait en imaginer l'esprit le plus tendre et le plus fécond.

« Des formes plus ingénues, plus voluptueuses, plus délicates que celles d'une jeune fille; un sein nu, sur lequel s'épanchaient de longs cheveux noirs;

des yeux tout ensemble étincelans, doux et timides qui pénétraient jusqu'à mon ame.

« Je n'osais faire un mouvement, je n'osais laisser échapper mon souffle... L'apparition aurait pu s'évanouir!

« Elle soupira encore une fois, et des larmes qui roulaient dans ses yeux coulèrent sur ses joues comme sur celles d'un enfant malade, et s'en vinrent tomber sur son sein, et puis elle baissa la tête comme si elle eût craint de se montrer à mes regards.

— « Étienne, murmura-t-elle enfin d'une voix basse et pleine d'émotion, Étienne! »

« Je fus hors de moi; j'étendis les bras vers elle.

« Mais elle s'agenouilla à mes pieds, et me dit avec l'accent d'une jeune femme qui chercherait vainement à retenir des sanglots : « Étienne, fais un signe de croix afin que je disparaisse.

— « Oh! non! reste, reste! toujours là! toujours là! tu es si belle!

— « Fais-le, ce signe redoutable, et que je retourne au séjour de malédiction sans avoir accompli ce que Satan me demande. Fais-le, je t'en supplie, car je suis un ange de ténèbres venu sur la terre pour perdre ton ame. »

« Elle restait toujours là à mes pieds, ses beaux yeux levés sur moi, ses mains suppliantes jointes l'une à l'autre.

— « Étienne, continua-t-elle, dis-moi seulement que tu me pardonnes, dis-le-moi avant que je parte, et j'irai sans murmure m'offrir aux châtimens de mon maître irrité; je ne maudirai pas les coups horribles de son fouet de feu; car tu ne me haïras pas, Étienne.

« Et puis je garderai de toi un souvenir doux et sincère, un souvenir qui me fera rêver sous les voûtes immenses qu'empourprent de leurs reflets les flammes éternelles. Écoute, je tâcherai de dérober quelque goutte d'eau que je verserai sur les lèvres d'un damné. Je lui dirai : C'est pour l'amour d'Étienne que je te soulage; et l'enfer s'extasiera d'entendre ses tristes échos répéter une bénédiction; car le damné dira : Béni soit à tout jamais Étienne.

« Quand tu seras dans le paradis, car, Etienne, tu n'as plus guère de jours à vivre; quand tu seras dans le paradis, je tâcherai d'approcher de ses voûtes divines : peut-être au milieu des cantiques éternels distinguerai-je ta voix. Alors je rentrerai dans ma prison, et je me dirai : Je suis seule, seule malheureuse pour l'éternité, mais Etienne est heureux !

« Fais un signe de croix, Etienne, fais-le, que je disparaisse. »

« Et moi, Henri, moi je l'écoutais, dans un ravissement ineffable, j'aurais donné mon ame pour qu'elle ne cessât point de parler.

— « Etienne, reprit-elle, je m'étais figuré une sorte de bonheur avec toi, mais je n'en veux plus, il me coûterait trop cher, je l'achèterais aux dépens du tien. Je me disais : Nous ne nous quitterons jamais plus, un hymen mystérieux et indissoluble nous unira pour l'éternité, lui et moi, moi et lui ne seront plus qu'un désormais.

« Je le porterai doucement sur mes ailes, pour qu'il ne sente point les morsures des flammes : de mon haleine, je rafraîchirai son front : de mes douces étreintes, je le bercerai mollement pour que ses yeux puissent se clore sous le sommeil. Et pendant que seul dans l'enfer il dormira, je répèterai à mi-voix des paroles d'amour et des chants qui suspendront les souffrances et les cris des réprouvés. »

« Henri, je ne pus résister à ces paroles; j'entourai de mes bras l'ange déchu, et l'étreignis contre ma poitrine. — Je veux être à toi, lui dis-je, je veux être à toi, car tu sais aimer, comme moi je sais aimer, comme dans les rêves insensés de ma jeunesse j'avais conçu l'amour.

— « Non! fais le signe de croix, m'interrompitelle, fais-le, on aime aussi bien dans le paradis, et tu seras aimé d'un chérubin au cœur de flamme. Les tourmens d'Asraelle s'accroîtront de ton bonheur. Mais qu'importe? tu seras heureux.

— « Je veux être à toi, à toi que l'on nomme du

doux nom d'Asraelle, à toi pour l'éternité. Je renie pour toi mon Dieu, je renie pour toi le salut de mon ame. Asraelle, Etienne t'appartient. »

« Les bras nus de l'ange s'enlacèrent aux miens, nos lèvres se rencontrèrent .... et quand je revins d'une longue extase d'amour, Asraelle se prit à pleurer, car j'étais damné.

« Chaque nuit, elle est venue visiter son époux; chaque nuit, elle est venue reposer sa tête sur mon épaule, et m'entourer de ses bras caressans.

« Hier elle m'apparut triste, et au lieu de couvrir mon front de baisers, elle se croisa tristement les bras sur sa poitrine et dit : — Etienne, demain nous ne nous quitterons plus.

« Je la compris.

— « Demain ! Asraelle, répondis-je; oui demain, j'y consens; mais laisse-moi revoir encore une fois ma mère et mes sœurs, laisse-moi revoir encore une fois mon père.

— « Tu les reverras, dit-elle, mais sans leur parler. »

« Ce matin j'ai fui du séminaire, je me suis tenu caché dans ce jardin, et tantôt je les ai revus tous. A cette heure Asraelle m'attend. »

L'orage avait commencé à sévir avec violence, les vents mugissaient, la pluie tombait par torrens, et les coups précipités de la foudre me laissaient à peine entendre la voix d'Etienne.

Je ne saurais vous dire la terreur que j'éprouvais durant le récit étrange de mon malheureux ami.

— « Ne te laisse point aller ainsi aux écarts de ton imagination, » lui fis-je sans trop savoir ce que je disais.

Un éclair jaillit tout à coup, et à sa lueur je vis sourire tristement Etienne, puis il écouta avec attention, comme s'il eût entendu quelque bruit : — « Asraelle, mon Asraelle, s'écria-t-il, te voilà, ma bien-aimée, viens, viens, il me tarde... » La foudre tomba à mes pieds, et quand je repris mes sens, le cadavre d'Etienne gissait là.

Le père d'Etienne a été destitué, pour avoir, selon le sous-préfet, engagé son fils à fuir du séminaire.

Le curé du village, jeune prêtre de vingt-cinq ans, fit un sermon, dans lequel il prouva clairement que Dieu avait foudroyé Etienne pour le punir de son apostasie.

La mère d'Etienne a perdu la raison. On m'a assuré que déjà dans sa famille, deux autres personnes avaient été atteintes d'aliénation mentale.

BIBLIOTHÈQUE NATIONALE
R.F.
IMPRIMÉS

TABLE.

CONTES MISANTHROPIQUES,

PAR M. H. BERTHOUD,

AUTEUR DES CHRONIQUES DE LA FLANDRE.

Un vol. in-8, orné d'une jolie gravure, d'après Tony Johannot. Prix : 7 fr. 50 c.

MÉMOIRES DE MAUBREUIL,

MARQUIS D'ORVAULT;

OU PRÉCIS POUR SERVIR A L'HISTOIRE DE L'USURPATION BOURBONIENNE, DITE RESTAURATION, RÉDIGÉ SUR DES DOCUMENS INÉDITS FOURNIS PAR M. DE MAUBREUIL.

Deux vol. in-8. Prix : 15 fr.

LE BONNET VERT,

PAR MÉRY.

Un vol. in-8, orné d'une jolie vignette. Prix : 7 fr. 50 c.

CONFESSIONS D'UN HOMME DE COUR,

CONTEMPORAIN DE LOUIS XV;

RÉVÉLATIONS HISTORIQUES SUR LA FIN DU XVIIIe SIÈCLE,

PUBLIÉES PAR MM. P.-J. DUSAULCHOY ET J. CHARRIN.

DEUXIÈME ÉDITION.

Cinq forts vol. in-12, imprimés avec soin, couvertures imprimées.

Prix : 17 fr. 50 c.

LES PETITS APPARTEMENS DES TUILERIES,

DE SAINT-CLOUD ET DE LA MALMAISON.

Deux vol. in-8. Prix : 15 fr.

www.ingramcontent.com/pod-product-compliance
Ingram Content Group UK Ltd.
Pitfield, Milton Keynes, MK11 3LW, UK
UKHW022325190726
13856UKWH00001B/206